नारी कलाकार

नारी कलाकार

आशारानी व्होरा

ज्ञान गंगा, दिल्ली

प्रकाशक : ज्ञान गंगा, २०५-बी चावड़ी बाजार, दिल्ली-११०००६
 / संस्करण : २०१६ / मूल्य : तीन सौ रुपए
मुद्रक : नरुला प्रिंटर्स, दिल्ली ISBN 978-81-907341-1-0

NARI KALAKAR *biographies* by Smt. Asha Rani Vohra ₹ 300.00
Published by Gyan Ganga, 205-C Chawri Bazar, Delhi-110006

समर्पित

सभी कला-साधकों को

नारी और कला

सभ्यता एवं संस्कृति मनुष्य की बाह्य और आंतरिक आवश्यकताएँ हैं। सभ्यता हमारी भौतिक आवश्यकता है तो संस्कृति आध्यात्मिक। संस्कृति में शिक्षा, साहित्य, कलाएँ सभी का समावेश है। यों कलाएँ मनुष्य का मनोरंजन भी करती हैं, किंतु उनका काम केवल मनोरंजन करना नहीं। कलाओं का मूल उद्देश्य मन को स्वस्थ दिशा में मोड़ना अथवा उसका परिष्कार करना है। कलाएँ ही सत्य, शिव, सुंदर के संपर्क में लाकर मानव-मन का परिष्कार करती हैं और मनुष्य की आध्यात्मिक भूख को तृप्त करती हैं।

इधर बाजार व्यवस्था ने संस्कृति को केवल मनोरंजन तक सीमित कर दिया है। बाजार की शक्तियों के सहारे चलनेवाली सरकारों ने भी संस्कृति के नाम पर केवल मनोरंजन की व्यवस्था करके अपने कर्तव्य की इतिश्री कर ली है। दूसरे शब्दों में कहें तो संस्कृति को भी धन अर्जित करनेवाला उद्योग बना दिया गया है। आकाशीय मार्ग से हमें 'अपसंस्कृति' का प्रसार या कहें, 'सांस्कृतिक बलात्कार' का वार झेलना पड़ रहा है। ऐसे समय आवश्यक है अपसंस्कृति की काट के लिए कलाओं के शुद्ध, शास्त्रीय, स्वस्थ स्वरूप को सामने लाना और इस ओर जन-चेतना जगाना।

नारी और कला तो जैसे एक-दूसरे के पर्यायवाची शब्द हैं। यों भी कह सकते हैं कि नारी सृष्टि की सबसे अधिक खूबसूरत कलाकृति है। अतः ललित व रूपंकर कलाओं से उसका निकट संबंध स्वाभाविक है। यह अध्ययन बड़ा दिलचस्प होगा कि जब-जब, जहाँ-जहाँ नारी को अभिव्यक्ति की स्वतंत्रता मिली, उसने विभिन्न कलाओं के क्षेत्र में ही नहीं, जीवन के हर क्षेत्र में उन्नति की।

आदि पाषाण युग से लेकर आज तक इतिहास का कोई कालखंड ऐसा नहीं मिलेगा, जब नारी ने अपनी कलाप्रियता और सृजन-क्षमता का परिचय न दिया हो। पत्थरों, कौड़ियों, सीपियों, हड्डियों के आभूषण, घास-फूस व मिट्टी की कलाकृतियाँ,

भित्ति-चित्र एवं हर युग में रचे गए लोकगीत, उनकी धुनें और उनपर थिरकते पैर इन कलाओं की कहानी स्वयं ही बयान करते हैं।

मोहनजो दड़ो की अनाम नर्तकी, वैदिक काल की कलाकार, मंत्र रचने व गानेवाली ऋषिकाएँ, उत्तरवैदिक काल की राजकुमारी उषा को उसकी कल्पना के राजकुमारों के चित्र बनाकर दिखानेवाली चित्रलेखा, रामायण काल की उर्मिला, बौद्ध व जैनकाल की अनुपमा और रंभल देवी, आगे चलकर चित्रलेखा की तरह ही छवि-चित्रों के लिए प्रसिद्ध चंचला, 'गीतगोविंद' की चित्रमाला की चित्रकार मनकू, मुगलकाल की साहिफा बानू, उन्नीसवीं सदी के काँगड़ा शैली के चित्रों की कलाकार पारो आदि अनेक नाम तो केवल चित्रकला में ही गिनाए जा सकते हैं। वीणा, बिगुल, मृदंग बजाती प्रस्तर-मूर्तियों और उर्वशी, मेनका आदि अप्सराएँ यानी नृत्य-पारंगत नर्तकियाँ भी आदि काल की उत्कृष्ट कला और कला-मर्मज्ञता के प्रमाण हैं। बाद के इतिहास में भी माधवी संगीत विशेषज्ञ थी, आम्रपाली कुशल वीणावादिका, मदुपलानी तंजौर दरबार की मुख्य गायिका। अभिनय में अवंति सुंदरी, शांतला देवी, वसंतसेना, वासवी, रूपणिका आदि नाम प्रसिद्ध हैं। और लोकगीतों का विपुल भंडार तो मुख्यतः स्त्रियों की ही देन है। पर यह प्राचीन इतिहास का एवं प्रागैतिहासिक अध्ययन अलग शोध का विषय है।

प्रस्तुत पुस्तक का उद्देश्य है आधुनिक काल की प्रमुख नारी कला-साधिकाओं से नई पीढ़ी का परिचय कराना एवं कलाओं के प्रति उनकी रुचि जाग्रत् करने के साथ-साथ उनमें सीखने की प्रेरणा जगाना। पुस्तक में सलाह-सहायता के लिए नामी नारी कलाकारों की एक लंबी सूची है, सभी के सहयोग के लिए आभार। विशेष सलाह-सहायता के लिए शरण रानी (प्रख्यात सरोद वादिका), शन्नो खुराना (प्रसिद्ध गायिका) एवं हेलेन आचार्य (उप सचिव—नृत्य, संगीत नाटक अकादमी) के प्रति विशेष आभार।

पुस्तक का मूल्यांकन स्वयं कला-पारखी पाठकों के हाथ में···

—आशारानी व्होरा

११४, कैलाश हिल्स,
नई दिल्ली-११००६५

विषय-सूची

खंड : १—सुर (गायिकाएँ/लोक गायिकाएँ)

खंड : २—नृत्यांगनाएँ

खंड : ३—वादक

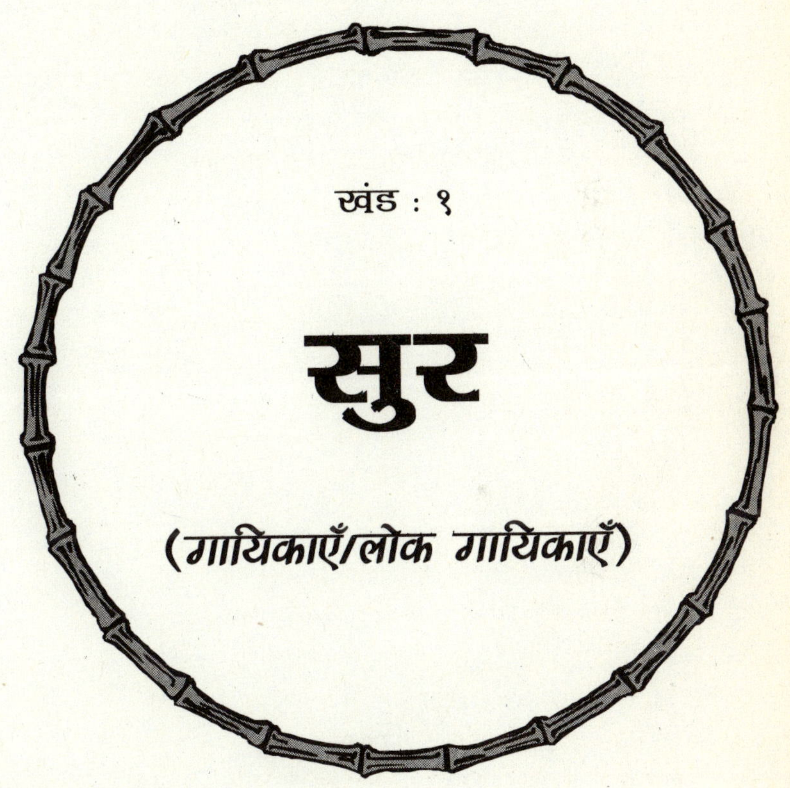

खंड : १

सुर

(गायिकाएँ/लोक गायिकाएँ)

गर्वीली गायिका : गौहर जान

"हम दतिया रियासत के महाराज भवानी सिंह की ओर से आए हैं। महाराज ने आपका गाना सुनने की इच्छा जाहिर की है।"

"कितने की रियासत है आपके महाराज की?" एक गर्वीला प्रश्न आया।

"रियासत तो नौ लाख की है, लेकिन हमारे महाराज जैसा गुणी और शान-शौकतवाला कद्रदान दूसरा न होगा।"

"इतनी छोटी रियासत का राजा हमारा गाना क्या सुनेगा, हमें क्या देगा? खैर, छोड़िए इस बात को। आजकल हमें फुरसत ही नहीं है, इसलिए माफी चाहती हूँ।" यह कहती हुई वह महिला सोफे से उठकर भीतर चली गई।

उस जमाने में अपने बँगले के भीतर विक्टोरिया और मुगल शैली के शानदार सोफों पर विराजनेवाली यह गर्वीली गायिका थीं—गौहर जान। दतिया महाराज १८९४ में बनारस, गया की तीर्थयात्रा से होते हुए कलकत्ता भी गए थे। तभी कलकत्ता में गौहर जान की बढ़ी-चढ़ी ख्याति सुनकर उन्होंने गौहर का गाना सुनने की इच्छा प्रकट की थी और उनके मुसाहिब यह उत्तर सुनकर खिन्न मन लौट आए थे।

उन्नीसवीं सदी के अंतिम चरण में कलकत्ता की प्रसिद्ध गायिकाओं में गौहर जान का नाम अग्रणी रूप में लिया जाता था। दतिया के महाराज भवानी सिंह अपने पूर्व-निमंत्रण के उपर्युक्त उत्तर से अपमानित हुए थे। यह कसक उनके मन में निरंतर बनी रही थी। इसका बदला लेने के उचित अवसर की प्रतीक्षा में उन्होंने कई साल काट दिए, फिर अपने पुत्र गोविंद सिंह के विवाह पर उन्हें दतिया बुला भेजा था। इस दूसरे निमंत्रण और गौहर जान के दतिया जाने की कहानी बड़ी रोचक है।

सन् १९०२ में युवराज गोविंद सिंह के विवाह के समय अनेक गायक और वादक बुलाए गए थे। अंग्रेज एजेंट महाराज भवानी सिंह की कलाप्रियता से परिचित था। उसने महाराज के कहने पर कलकत्ता के कमिश्नर को व्यक्तिगत पत्र लिखकर आग्रह किया कि वह किसी भी तरह गौहर जान को दतिया आने के लिए राजी करें। उनकी जो भी फीस होगी, दी जाएगी। इसके बाद गौहर जान दतिया आने को राजी हो गई थीं। कलकत्ता से दतिया तक एक स्पेशल ट्रेन का प्रबंध किया गया। अपने एक सौ ग्यारह आदमियों के दल सहित, जिसमें दस धोबी, चार नाई, पाँच घोड़े, पाँच सईस, हकीम और गायकों व वादकों के अलावा बीस नौकर तथा पाँच नौकरानियाँ थीं। गौहर जान की दो शिष्याएँ दुअन्नी और चवन्नी भी साथ थीं, जिन्हें वह अपने अगल-बगल बैठाती थीं। महाराज भवानी सिंह ने एक शानदार कोठी में गौहर जान के ठहरने की व्यवस्था की और उन्हें नई पोशाक के साथ दो हजार रुपए रोजाना दिए जाने लगे, उनके पूरे अमले का भोजन प्रबंध अलग। इसके अतिरिक्त भी उनकी हर माँग पूरी की गई।

पर मजे की बात यह हुई कि युवराज का विवाह संपन्न हुए आठ दिन बीत गए, गौहर जान को महाराज ने गाने के लिए एक दिन भी नहीं बुलाया। गौहर जान एक ओर आतिथ्य से प्रसन्न थीं, दूसरी ओर इस उपेक्षा से क्षुब्ध। युवराज के विवाह में आए सभी कलाकार अपनी-अपनी कला का प्रदर्शन कर चुके थे। उनके मुँह से महाराज की गुण-ग्राहकता की प्रशंसा भी वह सुन चुकी थीं, इसलिए भी परेशान थीं कि उन्हें अपनी कला दिखाने का मौका क्यों नहीं दिया जा रहा। आखिर जब सब लोग जाने की तैयारी करने लगे, गौहर जान ने दरबार के उस्ताद से अपनी इच्छा जाहिर की।

संदेश सुनकर महाराज कुछ देर चुप रहे, फिर कहा, "ठीक है, गौहर जान गाने के लिए तैयार हैं तो मैं भी प्रबंध किए देता हूँ कि गौहर का जौहर देखे बिना कोई कलावंत यहाँ से नहीं जाएगा। गौहर जान से जाकर कह दो कि हमारी रियासत छोटी है, पर यहाँ के लोग शायद बड़ी रियासतों से अधिक कला-पारखी निकलें। गायन-वादन हमारे लिए विलास की सामग्री नहीं, श्रद्धा की चीज है।" गौहर जान समझ गईं, महाराज ने अपने अपमान का बदला ले लिया। लेकिन इससे पहले कि उन्हें गाने का निमंत्रण मिलता, वह पुरुष वेश में घोड़े पर सवार हो महाराज की संध्या की सैर के समय उनसे जा मिलीं। परस्पर परिचय में पहले उन्होंने एक पुरुष अश्वारोही की ही पहचान दी, फिर बात-बात में सुलह पर उतर आईं।

अगले दिन दरबार में उनका गाना हुआ और खूब जमकर हुआ। इसके बाद उन्हें दरबार में गाने के लिए छह महीने तक शाही मेहमान बनाकर रखा गया। फिर उन्हें सवा लाख रुपए और एक हाथी उपहार में देकर उसी सम्मान और ठाट-बाट के साथ विदा किया गया। कहते हैं, जॉर्ज पंचम के दिल्ली दरबार में भी वह सम्मान के साथ गाने के

लिए बुलाई गई थीं और इसी तरह शानो-शौकत के साथ समारोह में सम्मिलित हुई थीं। उनकी एक समकालीन गायिका जानकीबाई के अनुसार भी—गौहर जान बहुत गोरी-चिट्टी, सुंदर, सलीकेदार और शानदार व्यक्तित्व की स्वामिनी थीं।

''श्याम हो मोरी बहियाँ धरो ना,
मैं हूँ नारी पराए घर की, मेरे भरोसे गुपाल रहो न।''

ऐसा एक-एक गाना दो-ढाई घंटे में पूरा करनेवाली गौहर जान महफिल में ऐसा समाँ बाँधती थीं कि उपस्थित श्रोताओं को वे पंक्तियाँ कंठस्थ हो जाती थीं और उसके मन में वे दृश्य अविस्मरणीय बनकर रह जाते थे।

हमारे नीतिशास्त्रों के अनुसार शिष्टाचार दो जगह सीखा जा सकता है—एक राजसभा में, दूसरे वारांगनाओं के पास। हमारे सांस्कृतिक इतिहास की ये वारांगनाएँ, जिन्हें मुसलिम प्रभाव से बाद में 'तवायफें' कहा गया, विशुद्ध शास्त्रीय गायिकाएँ थीं, जिन्हें मान-सम्मान से राजदरबारों और महफिलों में गाने के लिए बुलाया जाता था तथा राजघरानों की युवतियाँ उनसे कला और तहजीब सीखती थीं। संगीत-प्रेमी और कला-पारखी संभ्रांत लोग शाम को उनके निवास पर आयोजित महफिलों में जमा होते थे। वे बड़े अदब से बिठाकर उनका आदर-सत्कार करती थीं और उन्हें अपना गाना सुनाती थीं। इन महफिलों में आनेवाले कला के कद्रदान होते थे, न कि देह-लोभी। राजदरबारों का और धनी-मानी संभ्रांत समाज का संरक्षण समाप्त होने के बाद की तंगहाली में ही प्राय: उन्हें अपना शरीर बेचने के लिए बाध्य होना पड़ा और वे वेश्याएँ बन समाज की नजरों से गिरने लगीं। यही सम्मानजनक स्थिति पहले अपने इष्ट को समर्पित हो मंदिरों में मूर्तियों के आगे व भक्त-सभाओं में अपना नृत्य प्रदर्शित करनेवाली देवदासियों के साथ भी थी, जिन्हें बाद में भ्रष्ट पुजारियों व संस्कारहीन रईसों की वासना की शिकार हो अपने पवित्र-प्रतिष्ठित स्थान से नीचे आकर नारकीय जीवन बिताने को बाध्य होना पड़ा। भारत में नवजागरण काल के बाद समय ने एक बार फिर करवट बदली। हमने अपनी प्राचीन कलाओं का महत्त्व पहचाना और उनके पुनरुद्धार, पुनर्संस्कार के बाद आज हम फिर इन कला-साधिकाओं के आगे नतमस्तक हैं, जिन्होंने बीच के संकट काल में भी हमारी शास्त्रीय कलाओं को जीवित रखा और इस समृद्ध कला-परंपरा को आगे बढ़ाया।

□

छप्पन छुरी : जानकीबाई

बोलती फिल्मों से पूर्व गायन की ग्रामोफोन रिकॉर्डिंग के प्रथम दौर में उत्तर भारत की दो प्रसिद्ध गायिकाओं का नाम सबकी जुबान पर चढ़ा था—कलकत्ता की गौहर जान और इलाहाबाद की जानकीबाई 'छप्पन छुरी'। जानकीबाई के नाम के साथ 'छप्पन छुरी' जुड़ने की एक अलग मार्मिक कहानी है।

जानकीबाई का जन्म सन् १८७५ में काशी में हुआ। माँ का नाम मनकी था। पिता शिवबालक पहलवान थे। पहलवानी में नाम कमाने के साथ-साथ उन्होंने दूध के व्यापार में पैसा भी खूब कमाया था। अपने इलाके में उनकी धाक थी। शिवबालक ने एक खूबसूरत जवान औरत को आत्महत्या करने से बचाया था, फिर उस बेसहारा औरत को भी अपने साथ रख लिया था। जानकी सात-आठ साल की ही थी कि एक पुलिस कर्मचारी की उसपर निगाह पड़ी और उसने बालिका जानकी को अपने जाल में फँसा लिया। कुछ समय बाद समझ आने पर जानकी ने इनकार किया तो गुस्से से बिफरे उस पुलिस कर्मचारी रघुनंदन ने उस पर छुरी से हमला कर दिया। जानकी बच गई, पर उसके जिस्म पर छुरी के छप्पन घाव लगे थे, जिससे आगे चलकर ठीक होने के बाद उसका नाम ही 'छप्पन छुरी' पड़ गया। रघुनंदन पकड़ गया था और उसे जेल की सजा हो गई थी।

समय ने पलटा खाया। घर से शिवबालक का साया उठ जाने पर परिवार आर्थिक तंगी का शिकार हो गया। माँ-बेटी बेसहारा हो गईं। तब मनकी की एक सहेली ने उनकी मजबूरी का फायदा उठाया। वह काम दिलाने के बहाने माँ-बेटी को अपने साथ इलाहाबाद ले गई और वहाँ उन्हें एक कोठे पर बेच दिया। मनकी मन मसोसकर रह गई; पर उसने अपनी बेटी को गाना सिखाने के लिए एक अच्छा उस्ताद रख दिया,

जिसका वेतन उस जमाने में भी दो हजार रुपए था। जानकी की आवाज अच्छी थी, इसलिए उसकी माँ ने उसे उच्च कोटि की गायिका बनाने का संकल्प लिया कि जानकी तो कम-से-कम उस माहौल से निकलकर समाज में अपना एक स्थान बना सके।

समय ने जानकी का साथ दिया। उसके गले में जो मिठास थी, वह अभ्यास से दिन-प्रतिदिन निखरने लगी। यह मीठी आवाज अब इतनी बुलंद भी हो चली थी कि मीलों तक सुनाई दे। माइक के अभाव के उस युग में आवाज की बुलंदी भी बहुत मायने रखती थी और यह बुलंदी निरंतर अभ्यास व दैनिक रियाज के साथ ही हासिल की जाती थी। इसके लिए उस्ताद भी अपनी शिष्याओं से कड़े अनुशासन का पालन करवाते थे।

जानकीबाई अब हिंदी के साथ संस्कृत, फारसी, अंग्रेजी भी सीखने लगी थी। लगातार अभ्यास और रियाज से उसकी आवाज गजब का जादू बिखेरने लगी थी। उसके गायन के बोल जन-जन की जुबान पर चढ़ने लगे थे। ये बोल थे—'राम कहे कहीं नैना ना उलझे' (दादरा), 'रुम झुम बदरवा बरसे' (मल्हार), 'काहे साजन काहे रार मचाई' (सोहिनी), 'मैं भी चलूँगी तेरे साथ' (भैरवी), 'कान्हा ना कर मोसे रार' (असावरी), 'होरी मची रे सैंयाँ की नगरिया' (होरी) आदि। कहते हैं, जब इलाहाबाद में रिकॉर्डों की एक दुकान पर पहली बार जानकीबाई के गाने का रिकॉर्ड बजा तो दुकान के बाहर इतनी भीड़ इकट्ठी हो गई थी कि पुलिस को हस्तक्षेप कर भीड़ को नियंत्रित करना पड़ा था। और इसके बाद जानकीबाई की माँग और उसके रिकॉर्डों की बिक्री भी बढ़ गई थी। इसी के साथ बढ़ गई थी उसके प्रशंसकों की संख्या।

ऐसे प्रशंसकों में दो वकील भी उनके दीवाने थे, जिनके बीच जानकीबाई को पाने के लिए होड़ लगी थी। इनमें से एक शेख अब्दुल हक ने इस होड़ में आगे निकलकर जानकीबाई से निकाह कर लिया और उन्हें एक आलीशान मकान एवं मोटरगाड़ी भेंट की। छह-सात साल तक उनके कोई संतान नहीं हुई तो जानकीबाई ने एक लड़का गोद लिया; पर वह जल्दी ही चल बसा। बाद में अपने रंगीन मिजाज पति शेख से भी उन्होंने तलाक ले लिया और पूरी तरह अपने गायन को समर्पित हो गईं। रीवाँ-नरेश भी जानकीबाई के प्रशंसक थे। उन्होंने इज्जत-मान के साथ उन्हें अपनी रियासत में आ बसने के लिए आमंत्रित किया। पर अब न उन्हें कोई प्रलोभन स्वीकार था, न इलाहाबाद छोड़ना। उन्होंने विनम्रता से इनकार कर दिया।

अपने गायन में एक मुकाम हासिल करने के बाद जानकीबाई अब इलाहाबाद की एक सम्मानित हस्ती थीं। बड़े लोग उनके यहाँ गाना सुनने आया करते थे और संभ्रांत परिवारों की लड़कियाँ उनके पास गाना सीखने आया करती थीं। प्रयाग संगीत समिति की ओर से सन् १९११ में इलाहाबाद के जॉर्ज टाउन में कलकत्ता की गौहर जान के

साथ उनका गायन-मुकाबला रखा गया था। उसी वर्ष दिसंबर में जॉर्ज पंचम के राज्याभिषेक के अवसर पर दिल्ली दरबार में आमंत्रित इन दोनों गायिकाओं ने साथ-साथ गाया था और जॉर्ज की ओर से बेशकीमती उपहार प्राप्त किए थे। इसके बाद इलाहाबाद में उनका रुतबा और बढ़ गया था। समारोहों में भाग लेने वह अपनी दो घोड़ोंवाली बग्घी में बैठकर जाया करती थीं और उनके आगे-पीछे दो बंदूकधारी सुरक्षा गार्ड चलते थे। शहर में उनके कई मकान थे, जिनमें से कुछ उनके प्रशंसकों ने उन्हें भेंट किए थे। गंगा किनारे यात्रियों के लिए बनवाई गई उनकी धर्मशाला आज भी जनसाधारण के काम आ रही है।

जानकीबाई को अपने हुनर पर नाज था। वह अच्छी गायिका थीं, इसके अलावा कुछ नहीं। उस जमाने में गायन के पारखी और कद्रदान होते थे, जो उनके घर और उनकी महफिलों में गाना सुनने जाया करते थे। समाज में इन गायिकाओं का मान-सम्मान था। जानकीबाई को स्वयं भी अपने मान-सम्मान का बहुत ध्यान था। किसी हलके स्तर के मजाक को भी वह सहन नहीं करती थीं। जरा सी बात या फरमाइश पर कुपित हो वह न केवल फटकार लगातीं, बल्कि तुरंत अपना कार्यक्रम भी रद्द कर देती थीं। बेसुरे होने पर अपने साजिंदों को भी नहीं बख्शती थीं।

नारी कलाकारों की सामग्री जुटाते समय पहली बार मैंने 'धर्मयुग' में इलाहाबाद के एक पत्रकार श्री कैलाश गौतम का शोध-लेख देखा था। इसके बहुत बाद 'जनसत्ता' में छपे श्री प्रेमकृष्ण टंडन के एक लेख से यह जानकारी मिली कि ऑस्ट्रेलिया के एक भारतीय संगीत-प्रेमी मिशेल कीनियर ने जानकीबाई की गायकी पर विशेष अध्ययन कर ठोस सामग्री प्रस्तुत की है। वे कई वृहद् संगीत-कोश प्रकाशित कर चुके हैं। उन्होंने जानकीबाई की रिकॉर्डिंग, रिकॉर्डों की संख्या, उनकी बिक्री आदि के विस्तृत ब्योरे प्रस्तुत किए हैं। विदेशियों द्वारा हमारी विरासत की खोज कोई नई बात नहीं; पर यह हमारे लिए चिंता व चिंतन का विषय तो है ही कि हम क्यों इस ओर से आँखें मूँदे बैठे रहते हैं और बाहर से अपनी जानकारियाँ प्राप्त करने के बाद ही प्रायः चेतते हैं। बहरहाल श्री मिशेल के अनुसार, जानकीबाई की प्रथम रिकॉर्डिंग दिल्ली में मार्च १९०७ में हुई थी और अंतिम रिकॉर्डिंग इलाहाबाद में १९२८ में। उनके उपलब्ध रिकॉर्डों की संख्या १०० से ऊपर है।

प्राप्त विवरणों के अनुसार, वर्ष १९२० के आस-पास जानकीबाई देश की शीर्षस्थ गायिकाओं में से एक थीं। वे राजाओं-महाराजाओं, नवाबों और जागीरदारों के आयोजित समारोहों में मान-सम्मान के साथ बुलाई जाती थीं और प्रति कार्यक्रम अच्छा-खासा मेहनताना तय करके जाती थीं; इनाम-इकराम अलग। ग्रामोफोन रिकॉर्ड कंपनियों में भी उनका रेट बढ़ गया था। जब वर्ष १९३१ के आस-पास बोलती फिल्मों का दौर आया

तो गायकी में बुलंद आवाजों के दिन लद गए। पुरानी गायिकाओं की पूछ धीरे-धीरे कम होती गई, बस फनकार के फन की मिसाल भर बची रह गई।

अपने अंतिम समय में जानकीबाई साँस की तकलीफ की शिकार हो गई थीं। १८ मई, १९३४ को इस फनकारा ने अंतिम साँस ली। वे चली गईं, उनकी याद भर रह गई। संतोष की बात यही है कि अपनी विरासत की खोज और पुनरुद्धार के इस दूसरे दौर में नए-नए प्रयोगों के साथ शास्त्रीय व अर्धशास्त्रीय संगीत की माँग भी फिर से देश-विदेश में बढ़ गई है। इसी क्रम में जानकीबाई की आवाज भी संरक्षित किए जाने की कोशिश की जा रही है। एक कंपनी द्वारा उनकी गायकी का कैसेट जारी करने की सुखद सूचना है, जिसका स्वागत होना चाहिए। देर आयद, दुरुस्त आयद।

□

पूरब-ठुमरी की कलाकार : रसूलनबाई

ठुमरी के दो अंग प्रसिद्ध हैं—पूरब अंग और पंजाबी अंग। इसमें भी अधिक लोकप्रियता पाई पूरब अंग की ठुमरी ने, और बनारस घराने की सुप्रसिद्ध गायिका रसूलनबाई इसी से जुड़ी थीं। हिंदुस्तानी संगीत की महान् परंपरा को सजा-सँवारकर आगे बढ़ाने और संपन्न बनाने में उच्च कोटि की तवायफ गायिकाओं का भी महत्त्वपूर्ण योगदान रहा है। एक जमाना था, जब जलसों और महफिलों में गौहर जान, मलका, जानकी, हुस्ना, विद्याधरी देवी, बड़ी मोतीबाई आदि के गायन की धूम मची रहती थी। संगीत की दुनिया में इनकी प्रतिष्ठा किसी भी शास्त्रीय गायन के उस्ताद से कम न थी। इन्हीं गायिकाओं की विशेष परंपरा की उपज थीं रसूलनबाई, जो ठुमरी और टप्पा गाने में अपना सानी नहीं रखती थीं।

रसूलनबाई का जन्म सन् १९०२ में मिर्जापुर में हुआ था। १९०२ से १९७४ तक अपनी ७२ साल की जिंदगी का लंबा सफर उन्होंने निहायत खूबसूरती, शान और कामयाबी के साथ तय किया। वह इलाहाबाद और बनारस के बीच कछुवाह बाजार की रहनेवाली थीं। उनकी माँ का नाम अदालत था। मियाँ शोरी खानदान के उस्ताद शंभू खाँ से तालीम पाकर रसूलनबाई छोटी उम्र से ही चर्चा का विषय बन गईं। हिंदुस्तानी संगीत के चोटी के कई कलाकार तब सारंगी वादक हुआ करते थे। रसूलनबाई ने आशिक खाँ और नज्जू खाँ सारंगी वादकों से भी शिक्षा-दीक्षा प्राप्त की। पाँच-सात साल बाद ही रसूलनबाई को धर्मजयगढ़ दरबार में गाने का मौका मिला। उनका यह पहला कार्यक्रम ही इतना सफल हुआ कि इसके बाद रामपुर, रतलाम, दरभंगा, रीवाँ, पन्ना, इंदौर रियासतों से तथा जगह-जगह होनेवाले संगीत सम्मेलनों से उन्हें लगातार निमंत्रण मिलने लगे। महफिलों, जलसों में गाने का यह सिलसिला जब चला तो तब तक चलता रहा जब तक

वह बीमारी से शिकस्त पाकर गाना न गा पाने के लिए मजबूर हो गईं। इसी बीच शायद ही कोई ऐसा जलसा होगा, जिसमें उनकी बुलंद और सुरीली आवाज न गूँजी हो।

रसूलनबाई की आवाज भारी मर्दानी आवाज कही जाती थी, फिर भी उसमें गजब की कशिश थी। भाव-प्रवणता, विविधता, ठुमरी शैली की विशिष्ट तानों और मुरकियों की कुशलता उनके शास्त्रीय संगीत की विशेषता थी। बनारसी ठुमरी में लखनवी ठुमरी की शहरी सजावट और कला की बारीकियाँ भी हैं तथा लोक संगीत का सहज प्रवाह और ग्रामीण अल्हड़पन भी। रसूलनबाई ने बनारसी ठुमरी की इसी विशेषता को उभारा और इसे उस ऊँचाई तक पहुँचाया कि वह स्वयं बनारसी ठुमरी की एक कीर्ति-स्तंभ बन गईं। भारी आवाज के बावजूद वह सुरीले स्वर में गाती थीं और उनकी ठुमरियों से शांति का सुखद अहसास होता था। ठुमरी और दादरा पर सर्वाधिकार पाने से पहले वह खयाल गायिका थीं, पर किन्हीं कारणों से बाद में उन्होंने मंच पर खयाल गाना छोड़ दिया था, पर टप्पा गायन तो जैसे उनकी अपनी जागीर ही थी। टप्पे के अंदाज को जब वह अपनी ठुमरियों में पेश करतीं तो गजब का समाँ बँध जाता था।

उनकी ठुमरी—'आँगन में मत सो री सुंदर', भैरवी ठुमरी—'फूल गेंदवा न मारो, लगत करेजवा में चोट', दादरा—'कंकर मोहे मार गइलन ना', कजरी—'नाहि लागे जियरा हमार नइहर में', टप्पा—'मान राजी रखना वे' (तिलंग), 'ओ मियाँ जानेवाले' (सिंधु काफी) आदि के बोल, ख्याल की ठुमरी—'कौन गली गए श्याम' और उनके चैती गायन को भुला पाना कठिन है।

रसूलनबाई भारत के प्रथम राष्ट्रपति डॉ. राजेंद्र प्रसाद के हाथों 'पद्मश्री' अलंकरण से सम्मानित हुई थीं। बाद में संगीत नाटक अकादमी ने भी उन्हें 'हिंदुस्तानी कंठ संगीत' के लिए पुरस्कृत किया। राजा-रजवाड़ों से अन्य अनेक इनाम-इकराम भी उन्हें मिले। रेडियो, टेलीविजन पर भी वह लंबे समय तक गाती रही थीं। इस तरह वह पूरे पाँच दशक तक हिंदुस्तानी संगीत के आकाश में छाई रहीं। उनकी शिष्याओं में नैना देवी, सुमति मुटाटकर, माधवी भट्ट और गीता बेन जैसी प्रसिद्ध गायिकाओं के नाम हैं। उनकी समकालीन सिद्धेश्वर देवी के अनुसार—'''रसूलनबाई बहुत ही मिलनसार और हँसमुख थीं। चोटी की कलाकार होने के बावजूद वह तहजीब, शाइस्ता की जीती-जागती मिसाल थीं। हर एक से 'भइया', 'बचवा' कहकर इखलाक से मिलती थीं और हँसी-मजाक में भी पीछे नहीं रहती थीं। खेद है कि ऐसी कलाकार की भी पिछली जिंदगी दुःख-तकलीफ में बीती।''

१५ दिसंबर, १९७४ की सुबह इलाहाबाद में उनके देहांत पर लगभग सभी पत्र-पत्रिकाओं ने उनपर श्रद्धांजलि लेख छापे। तभी उनकी जिंदगी के अंतिम दिनों की यह दुःखद दास्तान भी उनके संगीत-प्रेमी पाठकों के सामने आई कि आर्थिक तंगी के कारण

बनारस का उनका पैतृक घर बिक चुका था और वह अपने दस बच्चों की गृहस्थी लेकर बंबई चली गई थीं। आर्थिक मार से वहाँ रहना भी दूभर हो गया तो साराभाई की पुत्री और उनकी शिष्या गीता ने उन्हें अहमदाबाद बुला लिया। वहीं १९६८ में उन्हें लकवा मार गया और उनके दोस्तों, शागिर्दों व दिल्ली की संस्था 'राग रंग' की मदद से उनका इलाज कराया गया। इलाज से ठीक हुई ही थीं कि १९६९ के दंगों में उनका घर, उनकी संपत्ति, सनदें आदि जलकर स्वाहा हो गए। तब अक्तूबर १९६९ में वह फिर दिल्ली लौटीं और दिल्ली से इलाहाबाद चली गईं, जहाँ १९७४ में उनका इंतकाल हुआ। इलाहाबाद लौटते हुए दिल्ली में पत्रकारों से उन्होंने कहा था, "अब अहमदाबाद कैसे जाऊँ¨? अब तो गाना भी खत्म हो गया, मुसीबत में आदमी क्या गाएगा? मेरे भीतर का सारा संगीत भी जल चुका है।" और यह जलन, यह लपट उनकी आँखों में भी उतर आई थी, "मेरे मरने पर लोग मेरी तसवीरें अखबारों में छापेंगे, मेरी मौत पर मातम मनाएँगे; लेकिन कोई है, जो मेरे अंतिम जीवन के लिए एक झोंपड़ी खड़ी करा दे? बड़ी कलाकार के नाम और शोहरत से इस बुढ़ापे में मुझे क्या मिल रहा है? दो पोतियों की शादी करने के लिए मुझे बनारस का अपना मकान बेचना पड़ा। शादी के वक्त शौहर द्वारा लगाई गई शर्त के मुताबिक मैंने अपने किसी लड़के-लड़की को संगीत की तालीम भी नहीं दिलाई—अब?" यह है हमारे देश में बड़े-से-बड़े कलाकार की तकदीर, लेकिन बनारस घराने की इस बड़ी गायिका को क्या लोग भूल पाएँगे? हिंदुस्तानी संगीत के इतिहास में इनका नाम अमिट है।

□

असगरी बेगम

ध्रुपद-धमार की विशिष्ट गायिका

सन् १९९० के गणतंत्र दिवस पर राष्ट्रीय अलंकरणों से सम्मानित होनेवाले कलाकारों में एक नाम असगरी बेगम का भी था।

यदि कुछ वर्ष पूर्व श्री सत्यार्थी नाम के एक कला-पारखी उन्हें खोजकर फिर से सामने न लाए होते तो जनसामान्य क्या, कला क्षेत्र के लोग भी उन्हें लगभग भूल चुके थे। यह एक विडंबना ही है कि कला-साहित्य जगत् की कुछ बड़ी हस्तियों को भी सामने लाने के लिए जब तक कोई विशेष प्रयत्न न करे (वे स्वयं तो कुछ करने से रहे! जो करते हैं, वे सही मायने में शायद ही इसके हकदार होते हों।), समाज का बहुसंख्यक वर्ग उसकी विपुल देन से अपरिचित रह जाता है।

असगरी बेगम के साथ भी यही हुआ था। अपने जीवन के ३५ सुनहरे वर्ष गुमनामी और गर्दिश में झोंक देने के बाद जब वह पुनः प्रकाश में आईं तो कई पुरस्कार-सम्मान उनकी झोली में आ गिरे। मध्य प्रदेश शासन द्वारा अपने प्रदेश की इस कला-गरिमा को पहले 'तानसेन पुरस्कार' और फिर कला का 'शिखर पुरस्कार' देकर सम्मानित किया गया; इसके बाद 'पद्मश्री' के राष्ट्रीय अलंकरण से अलंकृत होकर उन्होंने एक बार फिर सारे देश का ध्यान अपनी ओर खींचा, जबकि इस सबकी हकदार वह चालीस वर्ष पूर्व ही थीं। तब उनकी आवाज में जो खनक थी, वह अब कहाँ रह गई थी?

स्वयं असगरी बेगम के अनुसार—"जब न मुँह में दाँत रहे, न पेट में आँत तब सतना रेडियो स्टेशन पर मेरी रिकॉर्डिंग करवाकर सत्यार्थी ने मुझे दोबारा कला-जगत् में प्रवेश दिला दिया। मैं तो रियाज तक छोड़ चुकी थी, इसलिए घबरा उठी कि रेडियोवालों

ने मुझे कहीं फेल कर दिया तो मेरी तो जीते-जी मौत हो जाएगी। पर भगवान् ने, खुदा ने (मैं सबको एक मानती हूँ) मेरी लाज रख ली। मैंने गाया, रिकॉर्डिंग हुई और उसी टेप ने मुझे नया जन्म देकर श्रोताओं से मेरी नई पहचान करा दी।

"अब दुर्दिन की बात क्या करना। कला न बेचने की अपनी ही जिद पर मैं गुमनामी में धँसती चली गई। रेडियोवालों को भी मैंने अपनी कला बेचने से इनकार कर दिया था। तब क्या मालूम था, आगे मंच भी छूट जाएगा और रेडियो ही मेरी आवाज को बचा पाएगा। गर्दिश के दिनों में तो अपने ही पराए हो गए थे। पैंतीस साल तक मैंने घरेलू कार्य करके अपने को जीवित रखा। बड़ी शिद्दत की, बड़ी तकलीफों की जिंदगी जीती रही, फिर भी कला नहीं बेची। फिर लोग भूल गए और मैंने रियाज तक छोड़ दिया। आखिर एक कला-प्रेमी और पारखी आँख ने मुझे ढूँढ़ निकाला। सत्यार्थी की जिद के आगे मेरी जिद हार गई। सत्यार्थीजी प्रतिदिन साइकिल पर कुंडेश्वर से टीकमगढ़ आते, मुझे प्रेरित-प्रोत्साहित कर मेरा गाना सुनते, मुझे विश्वास दिलाते कि मैं अब भी किसी अच्छे उस्ताद की तरह गा सकती हूँ। उन्हीं के बार-बार प्रयास से मैं संगीत सभा में बुलाई गई और आकाशवाणी से जुड़ पाई और आज आप सबके सामने हूँ। यूँ समझिए कि मेरा पुनर्जन्म हुआ है।"

मुँह में दाँत और पेट में आँत न होने की उम्र में भी जिस गायिका ने सारे कला जगत् का ध्यान अपनी गायकी की ओर खींच लिया, उनका गायन अपने समय में कैसा रहा होगा, इसका अनुमान सहज ही लगाया जा सकता है।

कला के क्षेत्र में इस प्रकार पुनर्जन्म लेनेवाली असगरी बेगम का जन्म १९१८ में मध्य प्रदेश के बिजवारा ग्राम में हुआ था। बचपन में ही उनकी दानेदार आवाज की खनक और तीनों सप्तकों में सहज विचरण की क्षमता को पहचानकर ओरछा राज्य के प्रमुख गायक जहूर खाँ ने इस प्रतिभा को गोद ले लिया और अपनी दत्तक पुत्री बनाकर उसे विधिवत् शिक्षण देना आरंभ कर दिया। जहूर खाँ बड़े सख्त स्वभाव के कठोर अनुशासनप्रिय गुरु थे। कला-साधक भी तब कला की ऊँचाइयों को छूने के लिए न केवल कड़ी मेहनत करते थे, कला-हित में ये सख्ती भी सहते थे। असगरी बेगम के शब्दों में—"गुरु जितना सख्त, शिष्य उतना ही पारंगत। मेरे गुरु जहूर खाँ इतने कठोर इनसान थे कि कुछ लोग उन्हें 'जालिम खाँ' तक कहा करते थे। मेरी ये टूटी उँगलियों की गठानें, टेढ़ी कलाई, कान के पीछे की फटी नस गवाह है कि मैंने उनसे किस तरह सीखा। जरा सी भूल पर बेंत और हंटर से पिटाई की जाती। पेड़ के साथ रस्सी से बाँधकर भूखा-प्यासा रखा जाता। एक बार सहेलियों की देखा-देखी मैंने आँखों में सुरमा डाल लिया तो गुस्से में भर गुरुजी ने न केवल मेरी पिटाई की, मेरा सिर भी मुँड़वा दिया कि शृंगार मेरे रियाज में बाधक न बने। यह थी उस समय की गुरु-शिष्य परंपरा,

जिसके कठोर अनुशासन में हमारी कला निखरती थी। आज कौन करेगा इतनी मेहनत और कौन करवाएगा? किसी स्कूल की तालीम से कला का ऐसा रंग चढ़ ही नहीं सकता। मैं जो भी हूँ, उन्हीं बेमिसाल गुरु की देन हूँ।''

गोहद निवासी उस्ताद जहूर खाँ ने बीस वर्ष तक अपनी इस दत्तक पुत्री को कठोर अनुशासन में रखकर कड़ी साधना करवाई और फिर अपनी कला का समूचा उत्तराधिकार सौंपकर उसे संगीत की बहुविध कलाओं में पारंगत बना दिया, वह भी ध्रुपद-धमार की बेहद कठिन समझी जानेवाली शैली में। यों ओरछा नरेश वीरसिंह जू देव असगरी बेगम से बुंदेलखंडी ठाट के विशिष्ट दादरा, खयाल, ठुमरी, लेद, गजल, पद, भजन आदि सुनकर झूम उठते थे और अपने दरबार की इस गरिमा पर गर्व करते हुए उन्हें दरबार की 'गजासाही' (शाही सिक्का) कहते थे, ध्रुपद-धमार में तो आज तक न ऐसी गायिका हुई, न आगे होने के आसार हैं।

ध्रुपद एक जटिल शैली है, जो दानेदार बुलंद मर्दानी आवाज के अनुकूल मानी जाती है। इतने दमखम की लयकारी कि साथ देनेवाला पखावज वादक बेदम हो पसीने से नहा उठे। ध्रुपद अंग की सिद्ध महिला गायक कम ही होती हैं। ध्रुपद-धमार की इसी कठिन शैली में व्यावसायिक स्तर के साथ रसानुभूति का सामंजस्य कर असगरी बेगम ने अपना शीर्षस्थ स्थान बनाया था। सशक्त कंठ से राग-निर्वाह करते हुए, सहज प्रवाही, स्वच्छंद उड़ान भरना उनकी गायकी की अनूठी विशेषता थी, जिसमें शास्त्रीय शुद्धता के साथ मिट्टी की महक घुली-मिली थी।

श्री सत्यार्थी ने इसी गायकी का गुणगान सुनकर सन् १९८१ में उन्हें वर्षों बाद 'उस्ताद अलाउद्दीन खाँ संगीत अकादमी' की ओर से आयोजित 'ध्रुपद समारोह' में सादर आमंत्रित किया था और फिर यह भूली-बिसरी गायिका घरेलू काम और बड़ी-अचार के निर्माण से निकलकर पुन: कला मंच पर आ विराजी थीं। बीच के पैंतीस-चालीस साल की गुमनामी और गरीबी उनके अपने कलाभिमान की देन थी और एक लाख का 'शिखर पुरस्कार' व 'पद्मश्री उपाधि' उनकी निगाह में टीकमगढ़ रियासत से उन्हें ग्यारह साल की उम्र में मिले पंद्रह रुपए मासिक के वजीफे या दरबारी कद्रदानी से अधिक कीमती नहीं थे। उनके अनुसार—''कला के वैसे कद्रदान अब कहाँ!'

असगरीबाई अब नहीं हैं, पर उनके प्रश्नों '...कैसे जगाया जाए?' का सामना कौन करेगा? वर्तमान सरकारें या कला-चिंतक और कला-प्रेमी?

राज्य संरक्षण की समाप्ति के बाद इन अमूल्य कला-संपदाओं, कला-धरोहरों को कैसे सुरक्षित रखा जाए? इन्हें उस समर्पित साधक पीढ़ी से 'शॉर्टकट संस्कृति' की इस उतावली पीढ़ी को सौंपनेवालों का कैसे सम्मान किया जाए? कला-हित में साधना की इस खाई को कैसे पाटा जाए? साधना-चेतना को कैसे जगाया जाए? □

पुरानी पीढ़ी की प्रसिद्ध गायिका
बड़ी मोतीबाई

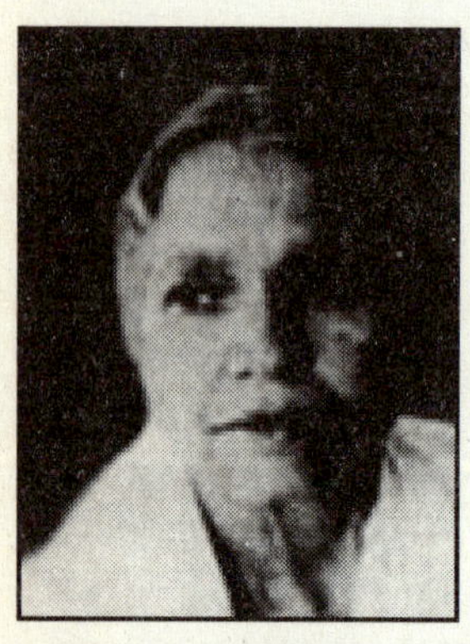

सन् १९६४ की बात है। बड़ी मोतीबाई तब सत्तर वर्ष की थीं। किसी ने पूछा, ''क्या आप अब भी गा लेती हैं?'' उत्तर में एक बड़ा ही आत्मविश्वासपूर्ण स्वर गूँजा, ''हाँ'' और फिर 'झूठा ही दोष लगाए हैं...' अपनी प्रिय ठुमरी के स्वर में उन्होंने 'अब क्या गा सकती होंगी' कहनेवालों को उलाहना देकर निरुत्तर कर दिया।

बड़ी मोतीबाई अपने समय की एक बहुत ही प्रसिद्ध और लोकप्रिय गायिका थीं। एक वक्त था, जब चारों ओर उनका ही बोलबाला था। कोई भी महफिल या उत्सव तब तक सूना समझा जाता था, जब तक कि उसमें बड़ी मोतीबाई का सुरीला, मासूम स्वर श्रोताओं के कानों पर मीठी थपकियाँ न दे देता। वह एक दरबार से दूसरे दरबार में, एक उत्सव से दूसरे उत्सव में बुलाई जातीं। राजकुमारों में बड़ी मोतीबाई को अपने राजदरबार में बुलाने की होड़ लग जाती और बड़ी मोतीबाई सोने-चाँदी के सिक्कों से तौली जातीं। उनके शब्दों में—''तब पैसा कागजी नोटों में नहीं दिया जाता था, तराजू से सिक्के तौलकर ट्रकों में भरकर साथ रवाना कर दिए जाते थे और साथ गए नौकर उन्हें ढोने के लिए बड़बड़ाया करते थे। पुरस्कार आभूषणों, उपाधियों और प्रशंसा-पत्रों के रूप में दिया जाता था। कलाकार के लिए जीवन-संघर्ष का तब कोई प्रश्न न था। कला के कद्रदान मिल जाते थे। उनकी माँग थी। आज की तरह नौकरशाही की कृपा पर आश्रित नहीं थे वे।''

अपने समय पर बड़ी मोतीबाई को बड़ा नाज था। बीते दिनों की स्मृतियों पर ही वह जिंदा थीं और उन्हें सुनाते समय गर्व और करुणा के मिश्रित स्वर में कहीं गहरे

डूब-डूब जाती थीं। अपनी कला के प्रति वह पूरी तरह सचेत थीं—''मैं कोई बड़ी कलाकार नहीं हूँ, मैं तो केवल गाती हूँ, पर यह जानती हूँ कि वह गाना बुरा नहीं होता।'' सचमुच बड़ी मोतीबाई की गायकी की कभी इतनी धूम रही कि संगीत-प्रेमियों के मन में आज भी उनकी याद ताजा है। वह 'ठुमरी', 'टप्पा' और 'कजरी' की सर्वोत्तम गायिका थीं। एक खुली हुई निर्दोष आवाज, जिसे सुविधानुसार अलग-अलग रंग देना उनके बाएँ हाथ का खेल रहा। आयु बढ़ने पर भी उनकी आवाज के ये गुण कायम रहे। बुढ़ापे और बुरे दिनों की मार ने उन्हें भले तोड़ दिया था, पर सत्तर की अवस्था में भी मोतीबाई ने तीन घंटे तक लगातार मंच थामे रहने की जब गर्वोक्ति की थी तो सुननेवाले संगीत और अपनी आवाज के प्रति उनके आत्मविश्वास की दाद दिए बिना नहीं रह सके थे।

आकाशवाणी पर उनके संगीत कार्यक्रम उनके वर्चस्व तक होते रहे, पर उनकी मान्यता थी, ''रेडियो पर जिंदा रहना भी कोई जिंदा रहना है! मैं लगभग मर चुकी हूँ!'' समय ने उन्हें झिंझोड़कर रख दिया था और पचहत्तर वर्षीया बड़ी मोतीबाई को दुःखद भाग्य के आगे पूर्ण आत्मसमर्पण करने को विवश होना पड़ा था। मेरे पत्र के उत्तर में उन्होंने लिखा था—''इस संसार में बड़ी-बड़ी कलाएँ और कलाकार अंधकार के परदे में रहकर विलीन हो गए हैं, हो रहे हैं, मेरा क्या!''

समय की गति स्वाभाविक है। पर बड़ी मोतीबाई अपनी प्रतिभा और गायकी के स्तर के प्रति पूरी तरह सचेत थीं। समकालीन गायकों में बड़े गुलाम अली खाँ और अपने गुरुओं शियाजी मिश्रा, मिथाई लाल और मौजुद्दीन खान साहब के सिवा अन्य किसी को वह महान् गायक मानती ही नहीं थीं।

बड़ी मोतीबाई का जन्म दरभंगा, बिहार में हुआ था। पाँच बहनों में वह सबसे छोटी थीं। दो वर्ष की थीं तो पिता चल बसे। पाँच वर्ष की आयु से उन्होंने संगीत-साधना आरंभ की थी और किशोरावस्था से तरुणावस्था तक आते-आते उनका नाम सबकी जुबान पर चढ़ गया था। अपनी लोकप्रियता के चरम शिखर से लेकर अंत तक बनारस ही उनका निवास रहा। उनके शब्दों में—''आज न वह बनारस है, न कला के वे कद्रदान!''

आजादी के कुछ वर्ष पूर्व बड़ी मोतीबाई के मकान में एक बड़ी चोरी हुई थी और वह अपना सबकुछ गँवाकर एक साड़ी और नथ में रह गई थीं। अपने अंतिम दिनों में न केवल कलाकार के रूप में जिंदा रहने के लिए ही उन्हें संघर्ष करना पड़ रहा था, बल्कि व्यक्ति के रूप में भी उनका वार्धक्य-जर्जरित शरीर संघर्षरत था। कला को नौकरशाही पर आश्रित देख, समय-समय पर अपना आक्रोश व्यक्त करनेवाली यह गर्वीली वृद्धा कलाकार आज हमारे बीच नहीं है, पर उनकी कला जीवित है, याद जीवित है, और जीवित रहेगी। □

कठोर तपश्चर्या की मिसाल
केसरबाई केरकर

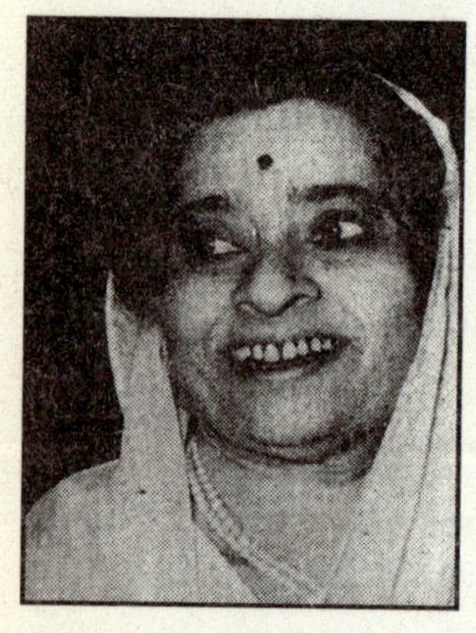

सन् १९३८ में स्व. रवींद्रनाथ टैगोर के हाथों 'स्वरश्री' की उपाधि, १९५३ में 'संगीत नाटक अकादमी पुरस्कार', फिर 'पद्मश्री' और 'पद्मभूषण', इसके बाद महाराष्ट्र राज्य सरकार द्वारा 'राज्य-गायिका' का सम्मान, पर यह सब बहुत बाद में। यहाँ तक पहुँचने में इस तप-निष्ठ साधिका को कैसी-कैसी परीक्षाओं और कठिन साधना की सँकरी-चौड़ी कला-वीथियों से गुजरना पड़ा, यह अपने आप में एक ऐसी मार्मिक कहानी है, जिसका मर्म आज 'शॉर्टकट' से प्रसिद्धि पाने के लिए लालायित युवा कलाकार समझ ही नहीं सकतीं।

कौन सा था यह स्वर? कैसा था इसका जादू?

केसर-सी स्वर-सुगंध कही जानेवाली और हिंदुस्तानी गायिकी की सर्वोत्तम गायिका की मान्यता प्राप्त करनेवाली इस गायिका का नाम था—केसरबाई केरकर।

यह एक स्वर था, जो पूरे महाद्वीप में अपने ढंग का अकेला ही था, पूरे युग में भी अकेला। पैंतीस-चालीस वर्ष की निरंतर साधना, कठोर और अथक साधना में पगा-पका, जो सत्तर वर्ष की आयु तक भी थका न था। उसका जादू चुका न था। इतनी उम्र में भी उनकी दम पचाने की क्षमता देखकर कला-समीक्षक दंग रह जाते थे। १६ सितंबर, १९७७ को छियासी वर्ष की आयु में उनका देहांत हुआ। बीमारी के अंतिम कुछ वर्ष ही उनसे गायिकी छूटी, अन्यथा वह वृद्धावस्था में भी श्रोताओं को उसी तरह मंत्र मुग्ध करती रहीं। बड़े-बड़े दिग्गज उस्तादों को चुनौती देतीं। सत्तर वर्ष की उम्र तक उनके रिकॉर्ड भरे जाते रहे—

घटन लागी रैन—राग ललित की प्रभाती और उसकी गहरी अपील।

हाय रे दय्या—राग तोड़ी की करुणा।

मेरे द्वारे आओ—राग भैरवी से समारोह की समाप्ति का समाँ।

मान ना करी—राग गौड़ मल्हार की मध्य रात्रि की निस्तब्धता को भेदती झनझनाती स्वर-लहरी।

और "देवी दुर्गे—राग कुकुभ बिलावल का जीवट का गीत।

केसरबाई केरकर के स्वर में जिन्होंने ये राग सुने हैं और जो समझने की जरा सी दृष्टि रखते हैं, वे उन्हें सुनने के बाद कभी भूल नहीं पाए होंगे। एक दोष-रहित स्वर, खुली हुई आवाज, जिसे सुविधानुसार ऊँचाई में चढ़ाना और निचाई पर उतारना, अपेक्षानुसार बारीक व मोटी करना, मंद पंचम से तार मध्यम व फिर पंचम तक पहुँचाना जैसे उनके बाएँ हाथ का खेल था। संगीत नाटक अकादमी के संगीत विभाग के एक अधिकारी श्री दवे से एक बार जब मेरी बातचीत हुई तो उनका उत्तर था—"उफ! क्या गाती हैं केसरबाई! मैंने ऐसी आवाज दूसरी नहीं सुनी। पूरी पीढ़ी में इनका मुकाबला नहीं। गायकी की भाषा में एक परीक्षणात्मक शब्द है, दम साँस यानी गायन-प्रक्रिया में साँस पचाने की शक्ति का विकास किस सीमा तक हो पाया है? केसरबाई 'दम साँस' की सबसे सशक्त गायिका मानी जाती हैं। इनकी साँस पचाने की शक्ति और स्वर की बुलंदी देखकर सभी उस्ताद दंग रह जाते हैं।"

"लेकिन इस सर्वोत्तम गायिका पर इतना कम क्यों लिखा गया?"

"इन्हें प्रचार से कोई मतलब नहीं। यह तो तप-निष्ठ साधिका हैं, जिन्हें अपनी कला पर नाज है। अपने स्वाभिमान के कारण ही यह प्रचार से कोसों दूर भागती हैं, पर प्रतिभा कहीं छुपती है! कला-पारखी इन्हें खूब पहचानते हैं। इसीलिए तो इतने सम्मान मिले इन्हें!"

"माना केसरबाई व्यावसायिक कलाकार नहीं, लेकिन क्या विशुद्ध कला भी मान्यता पाने के बाद उसके स्थायित्व की चाह नहीं रखती? पर कई-कई पत्र लिखने व दिल्ली आगमन पर मिलने का समय लेने का प्रयत्न करने पर भी वह तो उत्तर ही नहीं देतीं।"

"नहीं, वह नहीं देंगी उत्तर। अपने बारे में कुछ नहीं कहेंगी। इनसे ऐसी आशा भी नहीं की जानी चाहिए। इन्हें प्रकाश में लाने की आवश्यकता आप समझती हैं तो कुछ भी करिए। इन्हें सुनिए, समझिए, इन कलाभिमानी का सहयोग साक्षात्कार के रूप में आपको नहीं मिलेगा।"

विज्ञापन के इस युग में भी केसरबाई जैसी कलाकार अपवाद हो सकती हैं, यह बात श्री दवे से हुई उपर्युक्त बातचीत से स्पष्ट हो गई थी और मैंने प्रयत्न करना छोड़

दिया था। मन में कहीं यह मलाल भी उपजा था कि क्या किसी सिद्धहस्त कलाकार का विनम्रता या सामान्य शिष्टाचार से भी कोई सरोकार नहीं होता? पर उनकी कठोर तपश्चर्या की रोंगटे खड़े कर देनेवाली कहानी पढ़-सुनकर उनके स्वाभिमान की बात समझ में आ गई और यह मलाल जाता रहा। उनके जीवन की तुलना मात्र एकलव्य से ही की जा सकती है—कला-सिद्धि के लिए जान की बाजी तक लगा देनेवाली लगन!

केसरबाई का जन्म १८९२ में गोवा के निकट केरी ग्राम में हुआ था। खेतों-घरों में काम करते हुए, सुबह-शाम मंदिरों और चर्च की घंटियों में गूँजती गोवानी स्वर-लहरियोंवाली भूमि की ही देन हैं केसरबाई केरकर और लता मंगेशकर जैसी गायिकाएँ। दोनों का क्षेत्र अलग, किंतु दोनों ही अपने-अपने क्षेत्र में उत्कृष्टता की उपलब्धि के साथ शीर्ष स्थान पर।

आठ साल की केसरबाई कोल्हापुर के खाँ साहब अब्दुल करीम के पास संगीत शिक्षा के लिए भेजी गईं। दस माह की अवधि में ही खाँ साहब ने बालिका को बहुत से अलंकार कंठस्थ करा दिए। एक-दो राग भी सिखा दिए। परिवार के पास गोवा लौटकर नौ-दस महीने अभ्यास बंद रहा, क्योंकि वहाँ हिंदुस्तानी संगीत का कोई गुरु न था। भाग्य से उन्हीं दिनों पं. वझे बुआ गोवा के निकटवर्ती गाँव में आ बसे। केसरबाई उनके गाँव लाम में जाकर वझे बुआ से सीखने लगीं। तेरह की उम्र तक सीखने के बाद क्रम टूट जाता कि वझे बुआ एक जमींदार की पुत्री को संगीत शिक्षा देने के लिए बाँदोर चले गए, पर केसरबाई ने क्रम टूटने नहीं दिया, वह बाँदोर जाकर गुरु के पास ही रहने लगीं।

सन् १९०९ में केसरबाई अपने परिवार के साथ बंबई आ गईं और सोलह वर्ष की आयु में उनका शिक्षण सितारवादक बरकतुल्ला खाँ साहब से शुरू हो गया। खाँ साहब भी बीच-बीच में बंबई से बाहर चले जाते थे और उनके बंबई लौटने पर ही केसरबाई उनसे सीख पाती थीं। खाँ साहब अल्लादिया १९१२ में बंबई आकर आठ महीने के लिए रुके तो केसरबाई उनके पास ही सीखने पहुँच गईं। कुछ महीने सीखा, पर अल्लादिया खाँ साहब की गायकी आसान न थी, केसरबाई उसे पचा नहीं पाईं। खीझकर इन गुरु ने उन्हें मना कर दिया। निराश केसरबाई पं. भास्कर बुआ से सीखने लगीं, पर वे भी चार माह बाद बंबई छोड़कर चले गए। फिर पं. रामकृष्ण बुआ गुरु बने। इनसे १९१७ तक शिक्षण चला। केसरबाई काफी आगे बढ़ीं, पर अल्लादिया खाँ साहब की गायकी न पचा पाने की कचोट वह भूल नहीं पाईं। बहुत अनुनय-विनय हुआ। सिफारिशें लड़ाई गईं, पर अल्लादिया खाँ टस-से-मस न हुए। इधर केसरबाई ने भी संकल्प ले लिया, 'मैं उनके योग्य बनकर रहूँगी, चाहे कितने भी कष्ट झेलने पड़ें!'

दो साल के निरंतर प्रयत्न के बाद केसरबाई निराशा से भर उठीं। दिनोदिन कमजोर होकर पीली पड़ने लगीं, पर हठ नहीं छोड़ा, ''मुझे अल्लादिया खाँ साहब से सीखना

ही है।'' उनकी बिगड़ती दशा देख पिता ने बंबई के एक सेठ की सहायता ली। सेठ ने अपनी बीमारी का तार देकर खाँ साहब को बुलाया और लड़की की दशा बयान की, ''चाहे जैसे हो, इसे अवश्य सिखाएँ, वरना यह तो जान देने पर तुल गई है।'' बहुत मनाने पर खाँ साहब माने और केसरबाई की कठिनतम संगीत-शिक्षा आरंभ हुई। इस बार गुरु ने अपनी शर्तें और कड़ी कर दी थीं। जहाँ गुरु जाएँगे-रहेंगे, केसरबाई को वहीं जाकर उनसे सीखना होगा। एक निश्चित वेतन पर दस साल का ठेका हुआ। इन दस सालों में प्रतिदिन नौ घंटे का रियाज। इस कठिन शिक्षण में छह महीने के बाद केसरबाई की आवाज कुछ खुली, अन्यथा प्रारंभ में घबराहट के कारण बैठ ही गई थी। दो साल बाद गुरु को कुछ संतोष हुआ। इसके बाद भी आठ साल तक यह कड़ी साधना चली, वह भी जहाँ-जहाँ खाँ साहब जाते, उनके पीछे वहीं जाकर। एक-एक पल्टा केसरबाई को लाखों बार दुहराना पड़ता था, तब कहीं जाकर निर्दोष तान निकल पाती थी। इतनी लंबी व कठिन साधना के बाद कहीं केसरबाई का स्वर निखरकर उस रूप में सामने आ पाया, जिसे अल्लादिया खाँ साहब की देन माना गया।

पिता सखाराम पंत केरकर और माँ भीमाबाई केरकर ने जिस लड़की को महज एक गायिका बनाने का सपना देखा था, कड़ी साधना के बाद मिली, उसकी यह सफलता देखकर दंग रह गए। उन्होंने बेटी के हठ को तोड़ने का प्रयत्न करने के बजाय उसकी लगन को बढ़ावा दिया था और इसके लिए खर्च करने से लेकर अनेक कष्ट सहने तक उसका साथ दिया था, इसलिए भी उसकी इस सिद्धि पर वे फूले न समाए। हिंदुस्तानी संगीत की यह अग्रणी गायिका जयपुर घराने के 'खयाल' के लिए विशेष प्रसिद्ध थीं। सत्तर वर्ष की आयु में भरे गए उनके रिकॉर्ड को सुनकर कोई पहचान नहीं पाता कि यह किसी वृद्धा का स्वर है। शास्त्रीय संगीत-प्रेमियों में आज भी उनके रिकॉर्डों की बहुत माँग है। साधना की अनवरत आँच में तपे-निखरे ऐसे स्वर क्या कभी भुलाए जा सकते हैं!

□

किराना घराने की कोकिला
हीराबाई बड़ोदकर

आज से पैंतीस-चालीस वर्ष पूर्व भी भारतीय समाज में ऐसी स्थितियाँ नहीं थीं कि कोई लड़की मंच पर गाए और आदर पाए, फिर सात-आठ दशक पूर्व तो उसकी कल्पना भी नहीं की जा सकती थी। हीराबाई बड़ोदकर उन गिनी-चुनी अग्रणी गायिकाओं में से एक थीं, जिन्होंने निर्भीकता से इन रूढ़ियों को तोड़ा और भारतीय स्त्रियों के लिए सदियों से बंद पड़े दरवाजों पर दस्तक दी। दरवाजे पहले भड़भड़ाए, फिर पूरी तरह खुलने लगे। आगे चलकर तो 'पद्मश्री', 'पद्मभूषण' आदि अलंकरणों और अकादमी पुरस्कारों ने इन खुले दरवाजों पर सामाजिक व राजकीय मान्यता की मोहर भी लगा दी।

हीराबाई बड़ोदकर को इसी बात का श्रेय नहीं है कि उन्होंने हिंदुस्तानी संगीत (गायन) में पहला 'संगीत नाटक अकादमी' पुरस्कार प्राप्त कर एक संगीत घराने की प्रतिष्ठा बढ़ाई, बल्कि इस बात का भी है कि अपने सादा-संयमित जीवन, उच्च विचारवाले आदर्श चरित्र से उन्होंने उस रूढ़िगत भ्रामक धारणा का खंडन किया, जो पेशेवर गायिकाओं के साथ प्राय: जुड़ी होती है। सफेद सूती साड़ी, सीधी माँग, ललाट पर टीका, घरेलू स्त्री का-सा सादा श्रृंगार, सरल व्यवहार और धार्मिक निष्ठा, इन सब गुणों के साथ मिलकर यदि कोई मधुर कंठ प्रवाहित होता है तो उसकी लोकप्रियता असंदिग्ध ही है। हीराबाई ने अपनी मधुर आवाज से हजारों-लाखों संगीत-प्रेमियों के दिल तो जीते ही, अपने शालीन व्यक्तित्व का प्रभाव छोड़कर उस सम्मान को भी अर्जित किया, जो सामान्य भारतीय लड़कियों के लिए संगीत के प्रचार-प्रसार के लिए एक आवश्यक शर्त थी।

मंच-गायन के साथ मंच-अभिनय के क्षेत्र में भी उन्हें अग्रणी माना जाता है। उन

दिनों जबकि मंच-अभिनय लड़कियों के लिए एक बाधित क्षेत्र था और इस अकाल के कारण स्त्री पात्रों का पार्ट भी पुरुष अभिनेता ही अदा किया करते थे, हीराबाई ने मंच पर उपस्थित होकर लोगों को चकित कर दिया था। इस परंपरा को आगे बढ़ाने के लिए उन्होंने अपने बड़े भाई सूरज बाबू और दो बहनों कमलाबाई और सरस्वती के साथ मिलकर एक थिएटर कंपनी की स्थापना भी की थी। हीराबाई स्वयं नायिका की भूमिका अभिनीत करती थीं और उनकी बहनें सह-नायिका और खलनायिका की। अपने इस मंच पर हीराबाई ने कई संगीत नाटकों का सफल प्रदर्शन किया, जिनमें से प्रसिद्ध मराठी नाटककार अन्ना साहब किर्लोस्कर लिखित 'संगीत सुभद्रा' बहुत लोकप्रिय रहा। सभी नाटकों का संगीत स्वयं हीराबाई के मधुर कंठ से प्रवाहित और प्रसारित होता था। अपने समय में ये संगीत नाटक बहुत पसंद किए गए।

तब मंच अभिनय और मंच संगीत की दृष्टि से यह एक बड़ा क्रांतिकारी कदम था। हीराबाई को पर्याप्त ख्याति भी मिली, पर शीघ्र ही चलचित्रों की व्यावसायिक सफलता से नाटक कंपनियों को जो भारी धक्का लगा, उनमें हीराबाई की थिएटर कंपनी भी बैठ गई। उन्हें भारी आर्थिक हानि उठानी पड़ी, किंतु तब तक वह गायिका के रूप में पर्याप्त लोकप्रियता हासिल कर चुकी थीं। इसलिए अगले अनेक उतार-चढ़ावों के बावजूद उनकी माँग बढ़ती ही गई। अब भी कहीं से रेडियो या रिकॉर्ड से हीराबाई बड़ोदकर की आवाज आ रही हो तो लोग न केवल उसे पहचान जाते हैं, बल्कि सुनने के लिए ठिठक भी जाते हैं। शास्त्रीय शुद्धता और लोकप्रियता को एक साथ कायम रख पाना प्रायः कठिन होता है, पर हीराबाई की आवाज इसी समन्वय से सम्मोहन पैदा करने में समर्थ थी।

हीराबाई बड़ोदकर का जन्म २९ मई, १९०५ को संगीत के बीच ही हुआ था। वह रसमय किराना घराने के संस्थापक उस्ताद अब्दुल करीम खान की बेटी थीं। यद्यपि वह उनकी शिष्या नहीं बनीं। उनकी दादी बड़ौदा के राजदरबार की गायिका थीं। उनके भाई सुरेश माने भी अपने समय के अच्छे ठुमरी गायकों में से थे। इस प्रकार संगीत उन्हें जन्मघुट्टी में मिला था। उन्होंने शंकर बुआ, गौहर जान, वझे बुआ, फैज मुहम्मद खाँ जैसे कई उस्तादों से भी सीखा, पर उनके विधिवत् गुरु बने श्री अब्दुल वहीद खान। गंधर्व महाविद्यालय द्वारा आयोजित सांस्कृतिक कार्यक्रम में जब उन्होंने पहली बार सार्वजनिक मंच पर अपना गायन प्रस्तुत किया, तब उनकी आयु केवल पंद्रह वर्ष थी। इस पहले कार्यक्रम की सफलता ने ही उन्हें इतना प्रोत्साहित किया कि उनके कार्यक्रमों की संख्या बढ़ी और फिर बढ़ती ही चली गई। शास्त्रीय संगीत के इतिहास में वह पहली गायिका थीं, जिन्होंने मंच पर कार्यक्रम प्रस्तुत करने की शुरुआत की।

प्रारंभ में हीराबाई ने अपने घराने की परंपरानुसार ही कदम बढ़ाए। पर आगे

चलकर अपनी प्रतिभा और सूझ-बूझ से अपना एक विशिष्ट स्थान बनाने में सफल हुईं। उनका क्षेत्र विशुद्ध शास्त्रीय संगीत का ही रहा, पर उनकी आवाज में लय और ताल का ऐसा अनोखा मिश्रण था, जो उन्हें दूसरे शास्त्रीय गायकों से अलग करता है। सीधे राग और राग में आध-आध घंटे तक स्वर-विस्तार उनके गायन की विशेषता रही।

हीराबाई की एक दूसरी विशिष्टता थी 'खयाल' गायन के साथ 'नाट्य संगीत' और 'भाव-गीतों' पर भी समान अधिकार। किराना घराना 'खयाल' के लिए ही प्रसिद्ध था। हीराबाई ने उसके साथ नाट्य संगीत और भाव गीतों के क्षेत्र में भी प्रवेश कर अपार ख्याति एवं लोकप्रियता प्राप्त की। विशेष रूप से भाव-गीत गायन ने तो भारतीय संगीत के इतिहास में उन्हें अमर कर दिया।

सन् १९५३ में चीन सरकार के निमंत्रण पर भारत का जो प्रथम सांस्कृतिक प्रतिनिधिमंडल चीन भेजा गया था, हीराबाई उसकी सदस्या थीं। चीन सरकार ने उनके सामने चीनी लड़कियों को भारतीय शास्त्रीय संगीत सिखाने के लिए एक प्रतिष्ठित पद पर नियुक्ति के प्रस्ताव के साथ उन्हें वहीं रहने के लिए आग्रह किया, पर हीराबाई ने अपना देश छोड़ने से नम्रतापूर्वक इनकार कर दिया। इसके बाद वह पूर्वीय अफ्रीकी देशों में अपने संगीत-दौरे पर रवाना हो गईं। देश के भीतर तो उनके संगीत दौरों की संख्या अनगिनत रही। एक अग्रणी और लोकप्रिय गायिका के नाते उन्होंने पूरे देश का भ्रमण कर स्थान-स्थान पर हजारों सार्वजनिक सभाओं में अपने कार्यक्रम प्रस्तुत किए। विविध वाद्ययंत्रों की लय पर गूँजते उनके सुमधुर कंठ से श्रोता मंत्र-मुग्ध हो जाते थे। उनके आकाशवाणी कार्यक्रमों की संख्या भी अनगिनत रही और उनके रिकॉर्ड भी खूब बिके। फिर भी हीराबाई आर्थिक दृष्टि से सदा निश्चिंत नहीं रहीं, क्योंकि पच्चीस सदस्यों के एक बड़े संयुक्त परिवार का अधिकांश भार उन्हीं के कंधों पर था। अपनी संगीत साधना के बीच भी वह सभी की सुख-सुविधा का ध्यान रखती रहीं।

साठ-पैंसठ वर्षों तक अपने संगीत-जीवन की अनवरत सफलता और ख्याति के बावजूद अहं हीराबाई को छू तक नहीं गया था। अवकाश पाते ही घर के कामों में वह एक साधारण गृहिणी की तरह ही रुचि लेती थीं। व्यस्त कार्यक्रमों के बीच भी पूजा-पाठ व ईश्वरोपासना के लिए उनके पास पर्याप्त समय होता था। उनकी इस दैनिक चर्या में कभी एक दिन का भी व्यवधान नहीं आ पाया। संभवत: यही कारण था कि जीवन में अनेक ऊँच-नीच देखने पर भी उन्होंने कभी संतुलन नहीं खोया, न ही अपनी साधना में कोई व्यवधान उपस्थित होने दिया। व्यस्त कार्यक्रमों के साथ वह बंबई और पूना में संगीत शिक्षण कक्षाएँ भी चलाती रहीं।

हीराबाई बड़ोदकर उन थोड़े से सौभाग्यशाली कलाकारों में से थीं, जिन्होंने अपने जीवन में ही अपने सपनों को साकार होते देखा। उन्होंने लड़कियों के लिए सार्वजनिक

गायन के बंद द्वार खोले, इसलिए अपनी प्रौढ़ावस्था में आकर संभ्रांत परिवारों की लड़कियों को हॉबी या व्यवसाय के रूप में मंच-गायन और अभिनय में रुचि लेते देख उन्हें बेहद संतोष होता था। वृद्धावस्था तक उनका अपना जीवन संगीतमय ही रहा। २० नवंबर, १९८९ को उनके देहावसान पर आकाशवाणी, दूरदर्शन पर समाचार-प्रसारण के अलावा देश भर की कला संस्थाओं द्वारा उनकी स्मृति में श्रद्धांजलि सभाएँ आयोजित की गईं और उनके निधन को संगीत जगत् की अपूरणीय क्षति माना गया। सन् १९६५ में उन्हें 'संगीत नाटक अकादमी पुरस्कार' और १९७० में 'पद्मभूषण' के राष्ट्रीय अलंकरण से अलंकृत किया गया। इसके अलावा करुणा और शांति की इस सुमधुर गायिका को 'संगीत-कोकिला' और 'गान-हीरा' नाम से भी पुकारा जाता था। सचमुच ही वह कोकिल-कंठी गायिका थीं और गायन में हीरे की कनी।

□

जयपुर घराने की प्रसिद्ध गायिका
मोगूबाई कुर्डीकर

सन् १९६८ में संगीत नाटक अकादमी के राष्ट्रीय पुरस्कार से सम्मानित होनेवाली मोगूबाई कुर्डीकर भी उसी गोवा की सुरम्य स्थली की देन थीं, जिसने देश को एक-से-एक बढ़कर गायिकाएँ दीं। गोवा के कुर्डीकर गाँव में जन्म व निवास के कारण ही वह कुर्डीकर कहलाईं। जीवन के पैंसठ-सत्तर वर्ष संगीत-साधना में बितानेवाली मोगूबाई कुर्डीकर ने इस लंबी अवधि में संगीत के विभिन्न संस्कारों को आत्मसात् किया और अपनी गायन-शैली को निरंतर परिमार्जित करते हुए उसे निखारा।

हमारी अन्य अनेक सुप्रसिद्ध गायिकाओं की तरह मोगूबाई का बचपन भी अर्थाभाव में बीता। बहुत छोटी उम्र में ही उन्हें गाकर अपनी रोजी-रोटी कमानी पड़ी थी। परिवार की सहायतार्थ बालिका मोगूबाई पहले 'पर्वतकर नाटक मंडली' में शामिल हुईं, फिर 'सातारकर नाटक मंडली' में। तब ये नाटक मंडलियाँ जगह-जगह घूमकर अपने प्रदर्शन किया करती थीं और उनमें शामिल कलाकारों को भी घर से दूर उनके साथ शहर-दर-शहर घूमना पड़ता था। इन नाटक मंडलियों के कलाकार अधिकतर स्वयं गाते हुए अभिनय करते थे। पार्श्व-संगीत का उदय उस समय नहीं हुआ था। अतः बालिका मोगूबाई की गायन व अभिनय, दोनों कलाओं में गति देखकर ही उसे इन मंडलियों में काम दिया गया था। 'सातारकर नाटक मंडली' के एक प्रमुख अभिनेता चित्तोपंत दिवेकर अभिनय के साथ अच्छे संगीतज्ञ भी थे। मंडली में काम करते हुए ही मोगूबाई उनसे संगीत शिक्षण लेती रहीं। यही बुनियाद आगे काम आई।

एक बार एक संगीत सभा में मोगूबाई को उस्ताद अल्लादिया खाँ का गायन सुनने

का अवसर मिला। तब तक यह बालिका किशोरी बन चुकी थी। मोगूबाई उस्ताद से इतनी प्रभावित हुईं कि उनकी शिष्या बन, उनसे सीखने के लिए लालायित हो उठीं। पर उस्ताद तो उस्ताद ठहरे! एकदम कैसे मान लें? उन्होंने मना कर दिया। मोगूबाई को कुछ निराशा जरूर हुई, पर इससे उन्हें निरंतर साधना की प्रेरणा भी मिली। फिर एक दिन वह आया कि एक जगह मोगूबाई का गाना सुनकर अल्लादिया खाँ प्रभावित हो स्वयं उन्हें सिखाने के लिए तैयार हो गए। बस शिक्षण का क्रम चल पड़ा।

कुछ समय बाद मोगूबाई के बंबई आकर रहने के कारण यह तारतम्य टूट गया। फिर उस्ताद हैदर खाँ और उस्ताद विलायत हुसैन की शिष्या भी रहीं, पर उन्हें घराना बदल जाने से काफी कठिनाई उठानी पड़ी और ध्यान अल्लादिया खाँ की गायिकी में ही रमा रहा। अल्लादिया खाँ अतरौली-जयपुर घराने के प्रमुख गायक थे, मोगूबाई इसी घराने की कलाकार बनना चाहती थीं। इसलिए जब अल्लादिया खाँ बंबई आ गए तो उनकी खुशी का ठिकाना न रहा। वह उनके पास सीखने के लिए फिर पहुँच गईं। खाँ साहब ने कहा, "तुम्हारी गायकी का घराना बदल जाने से अब मुश्किल होगा।" पर मोगूबाई हर मुश्किल का सामना करने के लिए तैयार होकर ही आई थीं, पीछे कैसे हटतीं? उनकी अनुनय-विनय पर अल्लादिया खाँ राजी हो गए और मोगूबाई की पूर्व गायकी का टूटा क्रम फिर चल निकला। पर कठिनाई पहले से बढ़ गई थी। गोद में छोटा बच्चा लेकर मोगूबाई को घंटों रियाज करना पड़ता, पर अपने उस्ताद की शक्ति और कला की लगन से अभ्यास जारी रहा। यह अटूट अनुराग देखकर अल्लादिया खाँ साहब ने भी मोगूबाई के साथ जमकर मेहनत की और मोगूबाई ने भी कड़ी साधना से केसरबाई केरकर की ही तरह अल्लादियाँ खाँ साहब का नाम रोशन किया और अतरौली-जयपुर घराने की प्रमुख गायिका बनकर दिखा दिया।

यह गायकी शास्त्रीय शुद्धता और जटिल तानों के लिए विख्यात है। ताल की किसी भी एक आवृत्ति में किसी भी मात्रा में जाकर सम पर आते समय मुखड़े की बंदिश में नवीनता पैदा करना और कल्पना-शक्ति के प्रयोग से, सम्मिश्रण से गायकी में निखार लाना इस घराने की विशेषता रही, जिसे मोगूबाई कुर्डीकर ने सिद्ध कर दिखाया और इसीलिए नाम कमाया तथा लोकप्रियता अर्जित की। कई दशकों तक वह संगीत सभाओं के मंचों पर और आकाशवाणी पर छाई रहीं। संगीत-प्रेमियों की माँग पर वह शुद्ध गायकी की जटिल तानों के साथ प्रचलित राग भी सुनातीं और सबका मन जीत लेतीं। लोकप्रियता प्राप्त करने के साथ संगीत-शिक्षा देकर गुरु के रूप में भी उन्होंने नाम कमाया। उन्हें नई पीढ़ी के अनेक कलाकार तैयार करने का श्रेय प्राप्त है। अपनी बेटी को भी साथ बैठाकर प्रशिक्षण दिया और उसे अपनी गायकी में निपुण बनाया; पर उसकी रुचि देखकर उन्होंने खयाल-गायकी में उसे विशेष पारंगत बना दिया।

संगीत के क्षेत्र में लंबी साधना के बाद विशिष्टता प्राप्त करने और संगीत जगत् को अपने महत्त्वपूर्ण योगदान के लिए ही उन्हें संगीत नाटक अकादमी के राष्ट्रीय पुरस्कार से सम्मानित किया गया। हिंदुस्तानी संगीत में गायन का यह पुरस्कार प्राप्त करते समय उनकी आयु पैंसठ वर्ष की थी।

□

गजल सम्राज्ञी : बेगम अख्तर

पंजाब की शोखी और पूरब का बाँकपन, आवाज की मिठास और अभ्यास की परिपक्वता, सौंदर्य-प्रेम और बौद्धिक अंदाज, गजल के बोल और ठुमरी की गायकी—इन सबका अद्भुत सम्मिश्रण किसी एक नाम में देखना हो तो वह नाम है—बेगम अख्तर।

बेगम अख्तर उन थोड़े से चोटी के कलाकारों में से एक थीं, जो संगीत-प्रेमी जनता और संगीत-विशेषज्ञों में एक साथ लोकप्रिय थीं। बड़े गुलाम अली खाँ उस्ताद अमीर खाँ जैसे महान् कलाकारों ने भी उनकी प्रशंसा की। संगीतज्ञ उनके स्वर के विशुद्ध रचाव और उनकी निर्दोष रागीयता की दाद देते थे, तो संगीत-प्रेमी श्रोता उनकी गजलों के प्रस्तुतीकरण के अंदाज और उनकी आवाज के जादू पर मुग्ध होते थे। शास्त्रीय जगत् और सामान्य-जन, दोनों ही उनसे प्रभावित रहे, उनका सम्मान करते रहे।

उनकी इस लोकप्रियता और सम्मान से प्रभावित हो, भारत सरकार ने सन् १९६८ के गणतंत्र दिवस समारोह के अवसर पर उन्हें 'पद्मश्री' की उपाधि से सम्मानित किया और वर्ष १९७२ में 'संगीत नाटक अकादमी पुरस्कार' से। उस समय आम राय यह थी कि अकादमी पुरस्कार उन्हें इसके पहले ही मिल जाना चाहिए था। यह कमी पूरी की गई उसी वर्ष संगीत नाटक अकादमी की फैलोशिप प्रदान करके।

प्राय: ऐसा होता है कि शास्त्रीय गायन के कार्यक्रम में कुछ समय बाद या अंतराल पर सामान्य श्रोता उठकर जाने लगते हैं, पर सप्रू हाउस में 'इंडियन कल्चरल सोसाइटी' के आयोजन में 'राग-रंग' द्वारा उसके वार्षिक 'नाज़-ओ-अदा' आयोजनों में तथा अन्य कई अवसरों पर भी मैंने देखा कि बेगम अख्तर के सरल शास्त्रीय गायन कार्यक्रमों में श्रोताओं की भारी उपस्थिति अंत तक बनी रहती थी। कार्यक्रम अत्यंत सफल और

आनंददायक होते। श्रोता मंत्र-बिद्ध से मुग्ध बैठे निरंतर दाद देते रहते। सप्रू हाउस के खचाखच भरे हॉल में ही कार्यक्रम शुरू होने से पूर्व मंच के पीछे जाकर मैंने उनसे भेंट की थी और दूसरे दिन कनॉट सर्कस के एक होटल में उनसे भेंटवार्त्ता का समय निश्चित हो गया था।

गजल सम्राज्ञी और सुमधुर ठुमरी गायिका बेगम अख्तर अपने व्यक्तिगत जीवन में भी एक लोकप्रिय व सुलझी हुई महिला थीं। पंजाब की बेबाकी और उत्तर प्रदेश का लखनवी सलीका, कलाकार की अदा और देश-विदेश में घूमे अनुभवी अदाकार की संजीदगी उनके व्यक्तित्व के सहज अंग थे। जीवन में मिली अपार सफलता ने उन्हें विनम्र ही बनाया था। हर मिलनेवाले से इस तरह पेश आतीं, जैसे वर्षों से उसे जानती हों। पर उनके बारे में या उनकी कला से संबंधित प्रश्न उठाने पर अकसर मौन हो जातीं, जैसे कह रही हों, मेरा गायन ही क्या मेरा परिचय नहीं? या कि ऐसे प्रश्न पूछना अपनी अज्ञानता जाहिर करना नहीं? बस बैठिए, गपशप कीजिए, चाय पीजिए और चले जाइए। अपने बारे में बातचीत करने के लिए वह विशेष उत्सुक नहीं रहती थीं। अपने बारे में न तो उन्होंने कोई छपा 'बायोडाटा' दिया, न विशेष बताया। यों इधर-उधर की बहुत बातें हमारे बीच होती रहीं, जो उनके व्यक्तित्व के खुलाव के लिए काफी थीं। उनका यह दृष्टिकोण भी उन्हें दूसरे कलाकारों से अलग करता था। शायद इसलिए भी कि उनकी गायकी के चाहनेवालों की संख्या अनगिनत थी। तभी मुझे लगा था, आनेवाले कई वर्षों तक वह संगीत-जगत् पर छाई रहेंगी।

बेगम अख्तर का जन्म ७ अक्तूबर, १९१४ को फैजाबाद में हुआ था। संगीत शिक्षा सात साल की उम्र से पंजाब के पटियाला घराने में शुरू हो गई थी। पटियाला में दस वर्ष तक वह उस्ताद अता मुहम्मद खाँ से खयाल की गायकी सीखने में व्यस्त रहीं। प्रारंभ से ही संगीत से अत्यधिक लगाव होने के कारण वह तीन-चार घंटे शौकिया गा लेती थीं। गुरु के निर्देशों के अनुसार रियाज भी बराबर चलता था। पर भारतीय संगीत शिक्षा में तालीम के साथ रियाज पर जितना जोर दिया जाता रहा है, वैसा रियाज करने के पक्ष में वे कभी नहीं रहीं। इस संबंध में उनके अपने विचार थे। उनके अनुसार, "संगीत में रुचि हो और सीखने की सच्ची लगन, तो अभ्यास पर जरूरत से ज्यादा मन मारकर जोर देने की या दमघोंटू रियाज की कोई जरूरत नहीं। अभ्यास सहज ढंग से चले तो वह ज्यादा असरकारी होगा।"

इसी सहज अभ्यास के बल पर सन् १९३४ में बीस वर्षीय अख्तरीबाई बिहार के भूकंप पीड़ितों की सहायतार्थ कलकत्ता में आयोजित एक संगीत सम्मेलन में आमंत्रित कर ली गई थीं। इस पहले सार्वजनिक कार्यक्रम में ही उनकी गायकी का ऐसा रंग जमा कि फिर वह जमता ही चला गया और अख्तरीबाई बेगम अख्तर बनकर देश के बड़े-

बड़े गायकों की पंक्ति में आ बैठीं। इसके तीन-चार साल बाद उन्होंने कुछ फिल्मों और नाटकों में अभिनय किया। यहाँ खूब प्रसिद्धि पाई, पर शीघ्र ही अपनी गायकी के क्षेत्र में लौट आईं। अगले पचास वर्षों तक बेगम अख्तर के संगीत का जादू भंग नहीं हुआ था बल्कि प्रौढ़ावस्था में आकर वह अपने पूरे निखार पर आ गया था। यहाँ तक कि वृद्धावस्था में भी वह उतार पर नहीं आया था, अपनी मृत्यु के पाँच दिन पूर्व तक वह मंच पर गा रही थीं। आयु के साथ बेगम अख्तर का संगीत भी बढ़ता गया और सम्मान भी। लोकप्रियता में तो वे बड़ों-बड़ों को पीछे छोड़ चुकी थीं। आखिर उनके संगीत में क्या जादू था कि चार दशकों के बाद भी लोग उनकी गायकी के दीवाने बने रहें? लोकप्रियता बढ़ती ही जाए? कई नाम जुबान पर चढ़ें-उतरें पर इस नाम की, इस स्वर की पहचान बनी रहे? यह पहचान उनके जाने के बाद भी कायम है। आकाशवाणी के स्वर, दूरदर्शन के स्वर-चित्र तथा उनकी गजलों के अनगिनत रिकॉर्ड उन्हें जीवित रखे हुए हैं।

इसीलिए कि बेगम अख्तर सरल शास्त्रीय संगीत की एक ऐसी अद्‌भुत गायिका थीं, जिन्होंने शायद ही किसी को निराश किया हो। वह गजल गाएँ या ठुमरी, बोलों के विशुद्ध उच्चारण का बड़ा ध्यान रखती थीं। गजल में तो शब्दों का शुद्ध उच्चारण आवश्यक होता ही है, ठुमरी में भी, जहाँ एक-एक बोल कई तरह से बनाना, दबाना, खींचना पड़ता है, उन्होंने शब्द उच्चारण की शुद्धता को बनाए रखा। उनकी गायकी में पंजाब की तेज-तर्रार शैली और पूरब का सहज सौंदर्य-माधुर्य मिलकर एक अनोखा अंदाज, एक नया रंग पैदा करते थे। वह स्वर को दबाती नहीं, सहज ढंग से बढ़ा ले जाती थीं। कंठ की इस मिठास और इस स्वर-संधान ने ही मिलकर उनकी गायकी को आकर्षण और अमरता प्रदान की।

उनकी दूसरी विशेषता थी, ठुमरी-दादरा और गजल, सभी में उनकी निजी गायन-शैली, गजलों के प्रस्तुतीकरण में शास्त्रीय संगीत का-सा वातावरण पैदा करना तथा ठुमरी, दादरा में सरल गायन की सहजता और नूतन बंदिशों को लाना। यही अंदाज उन्हें दूसरे गायकों से अलग पहचान देता था। गजलों में मल्हार, खमाज, कलावती, भैरवी आदि विभिन्न रागों की बंदिशें, कशिश भरी संवेदनशीलता और सुरीलेपन के साथ बोलों का चमत्कारिक रूप उनकी निजी विशेषता रही। इसी तरह, ठुमरी और दादरा की भाव-प्रधान कोमल गायकी में उच्चकोटि के स्वर के साथ, नई-नई कल्पनाओं की सृष्टि, उत्कृष्ट भावाभिव्यक्ति, मींड़, मुरकियों आदि का सहज उपयोग और अर्थ एवं भाव का अनूठा समन्वय करके वह श्रोताओं को भाव-विभोर कर देती थीं। इतनी सधी, पुरअसर आवाज और इतनी मँजी-मीठी गायकी कि श्रोताओं के हृदय देर तक झंकृत होते रहें। अकसर कार्यक्रम के कई दिन बाद भी मैंने श्रोताओं को उनकी गाई पंक्तियाँ

गुनगुनाते हुए देखा।

गजल-गायन में तो वह खूब-खूब लोकप्रिय रहीं, पर उनकी संगीत-सभाओं में मैंने उन्हें हमेशा प्रारंभ अपनी ठुमरी शैली की ही किसी सुमधुर रचना से करते देखा, चाहे श्रोताओं की माँग पर बाद में उन्होंने कितनी ही गजलें सुनाई हों। संगीत-सभाओं और महफिलों की जान थीं वह। उनकी कुछ गजलें फिल्मों के लिए भी रिकॉर्ड की गईं, पर उनकी गजलों के सैकड़ों रिकॉर्ड बाजार में भी अपना भाव ऊँचा बनाए हुए हैं।

अपनी कला के जौहर बेगम अख्तर ने भारत के कोने-कोने में और देश से बाहर अफगानिस्तान, रूस, अरब देशों में भी दिखाए थे। उत्तर भारत और मध्य भारत का तो शायद ही कोई संगीत-प्रेमी होगा, जो उनके नाम से परिचित न हो। आकाशवाणी के अखिल भारतीय संगीत-कार्यक्रमों में देश के कुछ प्रमुख गायकों के साथ उनका नाम भी अकसर सुना जाता रहा। उनकी गजलों के रिकॉर्ड तो आकाशवाणी से बजते ही रहते हैं और श्रोता उनकी फरमाइश करते ही रहते हैं, उनकी ठुमरी-गायकी भी प्राय: सुनाई दे जाती है। संगीत-प्रेमी दूर से ही उनकी आवाज पहचान लेते हैं। 'दिल के बहलाने को तदबीर तो है, तू नहीं है, तेरी तसवीर तो है।'...'हम अपने गम को अफसाना उन्हें सुना न सके, जब उनको सामने पाया तो खुद को पा न सके।'—गालिब, फिराक, खुमार, जिगर, फैज अहमद फैज, शफीक जैसे शायरों की गजलें और बेगम अख्तर की आवाज मिलकर एक समाँ जो बाँध देते थे।

"जाने क्यों, आज तेरे नाम पे रोना आया"—३० अक्तूबर, १९७४ की रात यह गजलमलिका गजल गाते-गाते सो गईं। गाते-गाते यूँ कि पाँच दिन पूर्व ही वह अहमदाबाद के एक जलसे के मंच पर गा रही थीं कि गाने के बाद वहीं उन्हें दिल का दौरा पड़ा और चार-पाँच दिन अस्पताल में बिताकर वह चली गईं। उनके निधन पर देश भर के अखबार उनके प्रति श्रद्धांजलि लेखों से भरे पड़े थे। सभी को लगा था, जैसे सरल शास्त्रीय संगीत का एक युग बीत गया और हिंदुस्तानी संगीत का एक जगमगाता सितारा डूब गया, पर क्या वह सचमुच डूब गया है?

□

आधुनिक मीरा : सुब्बलक्ष्मी

कर्नाटक संगीत की महान् कलाकार एम.एस. सुब्बलक्ष्मी सारे भारत में 'भजनों की रानी' और 'आधुनिक मीरा' के नाम से जानी जाती रहीं। सुब्बलक्ष्मी के गीत दिल्ली, जालंधर और लंदन में समान रुचि से सुने जाते हैं। एक संगीतकार के रूप में पूर्व और पश्चिम के कला-प्रेमियों, कला-समीक्षकों और रेडियो-श्रोताओं में वह जितनी अधिक चर्चित और लोकप्रिय रहीं, उतनी अन्य कोई महिला संगीतकार नहीं। उनकी लोकप्रियता अंत तक ज्यों-की-त्यों बनी रही थी।

सरोजिनी नायडू, महात्मा गांधी, जवाहरलाल नेहरू जैसे नेता भी उनके बहुत प्रशंसक रहे। महात्मा गांधी अपने जन्मदिवस २ अक्तूबर को उनके भजन या भजनों के रिकॉर्ड सुना करते थे।

सन् १९६३ में इंग्लैंड से महारानी एलिजाबेथ के चचेरे भाई लॉर्ड डेयरबुक के निमंत्रण पर, जो अपनी भारत-यात्रा के दौरान दिल्ली में उनका संगीत सुन चुके थे, सुब्बलक्ष्मी ने एडिनबरा में आयोजित अंतरराष्ट्रीय संगीत समारोह में भाग लिया था। फिर १९६७ में सितंबर से नवंबर तक उन्होंने समस्त यूरोप और अमेरिका का दौरा करके जगह-जगह अपना गायन प्रस्तुत किया था।

इसी भ्रमण के दौरान २३ अक्तूबर को उन्होंने 'संयुक्त राष्ट्र दिवस' के उपलक्ष्य में संयुक्त राष्ट्रसंघ के भवन में सभी देशों के प्रतिनिधियों के सम्मुख अपना संगीत कार्यक्रम प्रस्तुत किया था। इस अवसर पर स्व. चक्रवर्ती राजगोपालाचारी द्वारा लिखित एक अंग्रेजी गीत उन्होंने इतनी स्वाभाविक लय में गाया था कि एक रिपोर्टर के अनुसार, "यदि लोग उन्हें अपने सामने भारतीय पोशाक में न देखते तो यही समझते कि कोई पश्चिमी महिला गा रही है। कंठ पर अधिकार का यह अनुपम उदाहरण था।"

संगीत दक्षिण भारतीय संस्कृति का, विशेषतया तमिल संस्कृति का अभिन्न अंग है। हर साल दिसंबर के अंतिम और जनवरी के प्रथम सप्ताह में एक 'संगीत पर्व' मनाया जाता है। 'राज्य संगीत अकादमी' द्वारा यह आयोजन लगभग साठ वर्षों से किया जा रहा है। इस संगीत-पर्व में सारे दक्षिण से संगीतकार एकत्रित हो, अपनी-अपनी कला का प्रदर्शन करते हैं। दो सप्ताह के इस पर्व की अध्यक्षता किसी भी कलाकार के लिए बहुत बड़ा सम्मान समझी जाती रही है। दिसंबर, १९६८ में सुब्बलक्ष्मी को यह सम्मान प्राप्त हुआ, जो पहली बार किसी महिला को मिला था।

इसी समारोह में अपने संगीत से रसवर्षा करनेवाली सुब्बलक्ष्मी को 'संगीत कला निधि' की उपाधि से भी विभूषित किया गया था। यह उपाधि कर्नाटक संगीत की सर्वोच्च उपाधि है और संसार की महानतम उपलब्धियों में से एक मानी जाती है। इससे पूर्व १९५४ में वह 'पद्मभूषण' की उपाधि तथा १९५६ में 'राष्ट्रीय संगीत नाटक अकादमी पुरस्कार' से सम्मानित हो चुकी थीं। १५ मई, १९७३ को दिल्ली विश्वविद्यालय ने एक समारोह में श्रीमती सुब्बलक्ष्मी को मानद डी.लिट्. की उपाधि से सम्मानित कर उसी शृंखला को आगे बढ़ाया और स्वयं को गौरवान्वित किया था। सन् १९७४ में उन्हें विश्वविख्यात 'मैगसेसे पुरस्कार' भी मिला। १९७५ में राष्ट्रीय संगीत नाटक अकादमी की वह 'फैलो' चुनी गईं। १९८१ में विश्व भारती द्वारा 'देशिकोत्तम' उपाधि से विभूषित की गईं। १९८१ में भारत सरकार की ओर से राष्ट्रीय अनुसंधान प्रोफेसर के रूप में उनकी नियुक्ति की गई। १९४६ में उन्हें देश के सर्वोच्च नागरिक सम्मान 'भारतरत्न' से भी सम्मानित किया गया था।

सुब्बलक्ष्मी तमिल के अतिरिक्त हिंदी, बँगला, कन्नड़ गीत और संस्कृत श्लोक भी गाती थीं। तीन दशकों से कर्नाटक संगीत शिरोमणि बन वह अपना कंठ-सौरभ बिखेर रही थीं। मधुर गीतों के स्वर में अपनी आत्मा को उड़ेलती जा रही थीं। अपने रिकॉर्डों से उन्होंने प्रचुर धनराशि अर्जित की, जिसे उन्होंने मुक्त हृदय से अनेक सत्कार्यों में लगाया। भगवान् तिरुपति वेंकटेश्वर की स्तुति में चालीस श्लोकों का उनका रिकॉर्ड आकाशवाणी से निरंतर बजता रहा, उससे प्राप्त साठ हजार की रॉयल्टी उन्होंने तिरुपत्ति की वेद-पाठशाला को ही दान कर दी थी। अमेरिका में अर्जित आय का अधिकांश वहीं की जनसेवी संस्थाओं को दे आईं। बाद में तो वह केवल ऐसे समारोहों में ही गाती थीं, जिनका उद्देश्य दातव्य होता था या उनका कोई राष्ट्रीय महत्त्व होता था। तमिलनाडु में शायद ही कोई ऐसा नगर हो, जहाँ सुब्बलक्ष्मी के गायन से किसी शुभ कार्य के लिए धन न एकत्रित किया गया हो। एक उदाहरण—चेन्नई में एक बार आम जनता के लिए सुब्बलक्ष्मी का गायन सुलभ कराने के लिए केवल चार आने का टिकट रखा गया था। इसपर भी उस समारोह के आयोजन से तेरह हजार की धनराशि इकट्ठी हो गई थी। सन् १९९० तक वह लगभग २००० गायन समारोहों में गा चुकी थीं। कला-क्षेत्र में उनकी उपलब्धियाँ असाधारण रहीं। भक्ति गायन और

जनसेवा को समर्पण के कारण ही उनकी अपार लोकप्रियता रही। भारत का शायद ही कोई नागरिक हो, जो उनके नाम से परिचित न हो।

भारत के भक्त-कवियों की परंपरा में गिनी जानेवाली सुब्बलक्ष्मी का जन्म १६ सितंबर, १९१६ में मदुरै में हुआ था। उनकी माँ वीणा-सन्मुखवादिनी अपने समय की प्रख्यात संगीतज्ञ थीं। इस प्रकार संगीत की प्रेरणा उन्हें घर से ही नहीं, बल्कि माँ के गर्भ से मिली। दस वर्ष से कम आयु में ही उनकी संगीत-प्रतिभा प्रकट हो गई थी। बारह-तेरह की आयु में वह मंच पर गाने लगी थीं। पंद्रह-सोलह की आयु के पहुँचने तक तो वह प्रसिद्ध भी हो चुकी थीं। सन् १९४० में उनका विवाह श्री सदाशिवम के साथ हुआ और सौभाग्य से यह साथ उनके संगीत जीवन के लिए बहुत ही प्रेरणाप्रद और सहायक सिद्ध हुआ। अपने जीवन की सफलता में वह दो ही व्यक्तियों का प्रमुख हाथ मानती थीं—एक अपनी माँ का, दूसरा अपने पति का। उनका बचपन संगीतमय था और उनका वैवाहिक जीवन भी संगीतमय ही रहा। इसीलिए वह संगीत में जीती रहीं, संगीत में बातें करती रहीं। उनके शब्दों में—"गृहस्थ जीवन भी कला की तरह ही एक साधना क्षेत्र है। उसे साधे रहिए, जीवन संगीतमय हो उठेगा। मैं तो भारतीय नारी का विशुद्ध प्रतीक बनना चाहती हूँ। हिंदू धर्मशास्त्रों में वर्णित 'स्त्री का आचरण' करने में ही विश्वास रखती हूँ। बाहर मैं संगीतज्ञ हूँ, घर में केवल स्त्री, पत्नी, माँ। मेरे पति प्रमुख तमिल साप्ताहिक 'कलिक' के संपादक हैं, इस नाते भी वह मुझसे ऊपर हैं।" १९९७ में उनके पति का देहांत हो गया और वह अकेली रह गई थीं। संतान उनके कोई नहीं थी। देश के सभी बच्चों और अपने भक्तों को ही वह अपनी संतान मानती थीं।

प्रसिद्धि के शिखर पर पहुँचकर अकसर कलाकार अपनी महिमा के मोह में फँसने लगते हैं, उनमें अहं घर करने लगता है, लेकिन सुब्बलक्ष्मी का भोलापन और सादगी ऐसे किसी भाव को पास तक नहीं फटकने देती थी। यह भक्तिमय संगीत और संगीतमय भक्ति का ही प्रभाव था। 'हरि तुम हरो जन की पीर'—इस गहन भक्तिभाव के कारण ही उन्हें 'आधुनिक मीरा' कहा जाता, केवल 'मीरा' फिल्म में काम करने के कारण नहीं। उनके विचार में 'संगीत में राष्ट्रीय एकीकरण की अद्भुत शक्ति है' तो कर्नाटक संगीत व हिंदी भजन को समान भाव से अपनाकर पूरे देश में लोकप्रियता अर्जित करनेवाली सुब्बलक्ष्मी स्वयं भी राष्ट्रीय एकता की अद्भुत मिसाल बन गई थीं। गांधीजी के प्रिय भजन 'वैष्णव जन तो…' को देशव्यापी लोकप्रियता प्रदान करने में उनका योगदान अविस्मरणीय रहेगा। मंदिरों से शुरुआत कर पूरे देश के मंचों पर और संयुक्त राष्ट्र संघ के समारोह तक अपने स्वर का जादू बिखेरनेवाली यह स्वर-कोकिला ११ दिसंबर, २००४ को इस संसार से विदा हो गई। उन्हें पूरे राजकीय सम्मान के साथ विदाई दी गई। तत्कालीन राष्ट्रपति अब्दुल कलाम भी उनके अंतिम संस्कार में उपस्थित हुए। जैसा शानदार उनका जीवन, वैसी ही गरिमामय विदाई! □

कर्नाटक संगीत में शास्त्रीय और लोक-शैलियों का समन्वय

दामल कृष्णास्वामी पटम्माल

एक स्कूल समारोह। सत्यवान-सावित्री पर नाटक। १४ वर्षीया दामल सावित्री बनी। उसके गाए गीत ने दर्शकों को मुग्ध कर दिया। एक सदस्य विशेष प्रभावित हुआ। वह था, एक प्रसिद्ध ग्रामोफोन कंपनी का प्रतिनिधि। नाटक समाप्ति पर उसने दामल को बुलाया और दो गीत रिकॉर्ड कराने के लिए उसे राजी कर लिया। रिकॉर्ड शीघ्र ही लोकप्रिय हो गए, इतने कि लोग गायिका को मंच पर लाने की माँग करने लगे।

यह थी दामल कृष्णास्वामी अय्यर के संगीत कैरियर की शुरुआत। प्रायः संगीतज्ञ अपनी आवाज रिकॉर्ड करवाने के लिए उत्सुक रहते हैं और उनकी बिक्री बढ़वाने का प्रयत्न कर, प्रसिद्धि पाने के लिए लालायित, पर दामल के साथ उलटा हुआ। उसने एक संगीतज्ञ परिवार में जन्म लिया था। पिता कृष्णास्वामी अय्यर एक प्रसिद्ध कोरियोग्राफर थे। अपने बच्चों को भक्ति संगीत और लोकगीत गाने के लिए प्रोत्साहित करते रहते थे। लड़की की आवाज और संगीत-प्रतिभा को पहचानकर उन्होंने उसे संगीत-शिक्षण देना प्रारंभ कर दिया था। वह संगीत को कैरियर के रूप में अपनाएगी, ऐसा उन्होंने कभी सोचा भी न था। पर स्कूल समारोह की उस विचित्र घटना ने उसका भविष्य निश्चित कर दिया।

स्कूल समारोह से अकादमी समारोह तक की लंबी यात्रा। फिर १९६१ का 'संगीत नाटक अकादमी पुरस्कार'। सप्रू हाउस के समारोह में श्रीमती दामल पटम्माल ने अपने

चार सर्वोत्तम कार्यक्रम प्रस्तुत किए—राग 'अतना' में महाराजा मैसूर द्वारा लिखित 'गणपति वंदना', दीक्षितर का राग 'पूर्व विहार' जो एक दशक से भी अधिक समय से पटम्माल द्वारा गाया जाकर लोकप्रिय हुआ, राग 'चिंतामणि' में श्याम शास्त्री का एक गीत और राग 'तोड़ी' में पापनाशं शिवम् द्वारा लिखित गीत। ये गीत पटम्माल के गायन का महत्त्वपूर्ण अंश माने जाते हैं। समीक्षकों ने इसे एक संतुलित चुनाव और सर्वोत्तम अंश की संज्ञा दी थी।

गणतंत्र दिवस, १९७१ पर श्रीमती डी.के. पटम्माल को 'पद्मभूषण' की उपाधि से सम्मानित किया गया।

बीच के समय में श्रीमती पटम्माल ने संगीत-साधना की सारी मंजिलें तय कीं। अन्य संगीतज्ञों की तरह कई गुरुओं से सीखा, जिनमें से दो का उनपर विशेष प्रभाव है। वह दीक्षितर स्कूल से भी प्रभावित हैं। एक बार संगीत की परीक्षा थी। दो परीक्षकों में से एक थे अंबी दीक्षितर। पटम्माल के गायन के कुछ अंशों ने उन्हें विशेष प्रभावित किया था। परीक्षा के बाद पूछताछ के लिए उन्हें बुलाया गया। अंबी दीक्षितर कठोर प्रशिक्षक थे और शास्त्रीय कट्टरता के हामी। उन्होंने पूछा, "मुझसे सीखोगी?" पटम्माल कुछ हैरान हुई, कुछ डरीं, फिर उन्होंने हामी भर दी। सीखने जाने लगीं। 'भैरवी' और 'कमला मनोहरी' में दो रचनाएँ सीखीं। पर दुर्भाग्य से पाठ्यक्रम पूरा न कर सकीं। दीक्षितर मद्रास (आज चेन्नई) में थे, पटम्माल कांचीपुरम् में। बार-बार इतनी दूर जा नहीं सकती थीं। फिर भी बुनियाद बन गई और पटम्माल पर दीक्षितर स्कूल का प्रभाव जम गया, जो अंत तक चला।

इस प्रशिक्षण को आगे बढ़ाया जस्टिस टी.एल. वेंकटेरम्मा अय्यर ने। वे अंबी दीक्षितर के शिष्य थे। दीक्षितर परिवार के संग्रहालय की कई रचनाएँ पटम्माल के गायन के माध्यम से सामने लाई गईं। तमिल और संस्कृत भंडार से चुनी हुई कृतियाँ भी। बाद में पटम्माल ने इसका अपनी निजी शैली में समन्वय कर लिया। उन्हें प्रसिद्ध रचनाकारों की रचनाएँ संग्रह करने का इतना शौक है कि अपने संग्रह में से एक ही रचनाकार की चयनित रचनाओं से उन्होंने पूरे-पूरे कार्यक्रम प्रस्तुत किए हैं।

दामल कृष्णा स्वामी पटम्माल के गायन की विशेषताएँ हैं—घरेलू गायन जैसी सहजता, प्रभावशाली अभिव्यक्ति, सधी हुई आवाज और शास्त्रीय माधुर्य। तकनीकी शुद्धता के साथ घरेलू गायन जैसी आडंबरहीन सरलता बहुत कम गायकों में देखने को मिलती है। दक्षिण भारतीय घरों में दैनिक संगीत का जो शांत, सरल, सहज प्रवाह बहता है, उसी स्पर्श और आनंदानुभूति के साथ पटम्माल के गायन में ललित आत्माभिव्यक्ति मिलती है, लगभग छह दशकों से वह गा रही हैं। इस अवधि में उन्होंने अनेक महत्त्वपूर्ण रचनाओं को राग-रागगिनियों के नए जीवन में ढाला और घरों की सहज, सात्त्विक

परंपरा को परिष्कृत शास्त्रीय रूप दिया। अपने गायन में उन्होंने गति, गीत की भावना, अभिव्यक्ति, सभी को राह दी है, इतने सहज ढंग से कि उतार-चढ़ाव के सचेतन आग्रह से वह सर्वथा मुक्त है। चाहे वह सहज प्रवाह की 'अल्पना' हो या 'स्वर प्रस्तर' की जटिल रचना, उन्हें वह जिस ढंग से गाती हैं, वैसे ही सरल ढंग से उनकी व्याख्या भी कर सकती हैं। यही डी.के. पटम्माल की विशेषता है और यही पहचान।

बचपन से संस्कृत श्लोकों का गायन भी उनके इस सहज गायन में सहायक सिद्ध हुआ होगा। इसके अतिरिक्त जब भी वह कोई संगीत रचना सीखती थीं, उसका शास्त्रीय अध्ययन भी साथ ही कर लेती थीं, इस तरह उसे पूर्ण रूप से जानने का प्रयत्न करती थीं। अर्थ और भाव की इसी पहचान ने उन्हें लय के बीच सही उच्चारण और सफल भावाभिव्यक्ति दी। उनके संगीत पर अनेक प्रभाव हैं, पर दीक्षितर स्कूल की ओर उनका झुकाव अधिक है। संभवतः यही उनकी आवाज के अधिक अनुकूल है और सफलता का राज भी।

डी.के. पटम्माल की अनेक संगीत-रचनाएँ आकाशवाणी से बार-बार प्रसारित होती हैं। श्याम शास्त्री शताब्दी कार्यक्रमों के राष्ट्रीय प्रसारणों में भी उन्हें सम्मिलित किया गया था। राग आनंद भैरवी, कंबौजी, वर्ली, मोहन भैरवी, सावरी, शहाबा, तोड़ी, विलाहारी उन्हें विशेष प्रिय हैं। पुराने घन रागों के अलावा, बाउली जैसे परंपरागत लोक-गायन को भी नियमित गाकर उन्होंने उन्हें पुनर्जीवित किया है। कर्नाटक-संगीत की गायिकाओं में उनका अग्रणी स्थान है।

□

कर्नाटक संगीत की चर्चित प्रतिभा

एम.एल. बसंतकुमारी

सन् १९४०। बंगलौर के टाउन हॉल में एक 'महिला संगीत समारोह' आयोजित किया गया था। प्रसिद्ध संगीतज्ञ श्रीमती एम. ललितांगी मुख्य अतिथि के रूप में पधार रही थीं। समय पर जब वह नहीं पहुँचीं, तो जल्दी में उनका स्थान उनकी कम उम्र लड़की को दे दिया गया। यद्यपि उस लड़की का प्रस्तुतीकरण बहुत अच्छा रहा, संगत भी सधी हुई थी, पर दर्शकों, श्रोताओं का ध्यान संगीत से ज्यादा लड़की की ओर था। इतनी छोटी उम्र, इतनी चमत्कारी आवाज और इतना सम्मान!

यह लड़की थी, एम.एल. बसंतकुमारी, जो संगीत में अपनी माँ को बहुत पीछे छोड़, शीघ्रता से आगे निकल गई। एम.एल. बसंतकुमारी कर्नाटक संगीत के तीन प्रमुख नामों में से एक हैं। उम्र में तीनों से छोटी, पर उनका नाम तेजी से उभरकर सामने आया।

संगीत के वातावरण में पोषित बसंतकुमारी ने नाटकों में अभिनय से शुरुआत की थी। फिर संगीत को उन्होंने कैरियर के रूप में अपना लिया। जब तक कि वह संगीत-जगत् पर छा नहीं गईं, उन्होंने अपना अभ्यास निरंतर जारी रखा, अपनी कठिन साधना में कभी एक दिन की भी कोताही नहीं बरती। जब उनके कार्यक्रम का प्रथम मंचन हुआ, उनकी उम्र बहुत छोटी थी, पर वह डर से कंपित नहीं, उत्साह से आलोकित थीं। कुछ बड़ी होने पर कभी-कभी प्रसिद्ध गायकों के सामने (उनकी तुलना में) स्वयं को हीन पा, वह अवश्य 'नर्वस' हुईं, पर हर बार उनके उत्साह ने उनके डर पर विजय पाई और अपनी कमियों के अहसास ने उन्हें और कड़ी साधना करके आगे बढ़ने के लिए प्रेरित किया।

प्रारंभिक सफलता के बाद धारावाहिक रूप से उनके कार्यक्रमों का मंचन होने लगा। उनकी जन्मजात प्रतिभा उत्तरोत्तर सफलता और विकास-विस्तार पाती गई। तभी किसी मित्र ने सुझाया, ''फिल्मों के लिए गाओ, धन और ख्याति दोनों भरपूर मिलेंगे।''

त्यागराज भगवतार ने अपनी फिल्मों के लिए उनकी आवाज रिकॉर्ड की। उनसे सुगम संगीत की माँग भी की गई, पर बसंतकुमारी ने फिल्मों में शास्त्रीय संगीत देना ही मंजूर किया, सुगम संगीत नहीं। उनके आग्रह को ध्यान में रखकर ही फिल्मकारों ने धुनों का चुनाव किया। 'राजमुक्ति', 'कंचनम्', 'कृष्ण भक्ति' आदि फिल्मों में उनका संगीत बहुत प्रशंसित हुआ और बसंतकुमारी एक उच्चकोटि की पार्श्व गायिका के रूप में प्रशंसकों की भीड़ से घिर गईं। पर फिल्म संगीत से वह शीघ्र ही ऊब गईं। इसमें उन्हें अपने शास्त्रीय स्तर की गिरावट का आभास हुआ। उन्हें शुद्ध शास्त्रीय गायन ही प्रिय था। इसी के माध्यम से वह आगे बढ़ना चाहती थीं। अत: फिल्मों के लिए गाना छोड़कर वह पुन: अपने क्षेत्र में लौट आईं।

एम.एल. बसंतकुमारी की आवाज में मिठास के साथ सहज उतार-चढ़ाव और एक कलात्मक संतुलन था। उन्हें त्यागराज की रचनाएँ और दीक्षितर स्कूल की प्रसिद्ध रचनाएँ गाना विशेष प्रिय था। अन्य तमिल संतों की प्रसिद्ध रचनाएँ भी गाती थीं। उनकी माँ एम. ललितांगी ने संत हरिदास की प्राचीन परंपरा को अपने संगीत के माध्यम से आगे बढ़ाया था।

बसंतकुमारी ने उनके चरण-चिह्नों पर चलने के लिए संत पुरंदरदास के गीतों का गायन किया। रचनाएँ प्रसिद्ध कवियों की हों या संतों की, शुद्ध शास्त्रीय गायकी ही उन्हें पसंद थी। इसी स्तर की गायिका के रूप में उन्हें प्रसिद्धि और समृद्धि दोनों की प्राप्ति हुई। फिर भी आधुनिक माँग के अनुरूप शास्त्रीय संगीत में नए प्रयोगों के विरुद्ध वह नहीं थीं। हाँ, वे प्रयोग शास्त्रीयता पर आधारित होने चाहिए। अपने अभूतपूर्व प्रयोगों के कारण ही उन्होंने अपने शास्त्रीय गायन को लोकप्रिय गायन भी सिद्ध किया। आधुनिक रुचि रखनेवाली महिलाओं की तो एक प्रिय गायिका थीं वह। उनकी लोकप्रियता का एक कारण यह भी रहा कि उन्हें सरल व जटिल दोनों तरह के रागों में समान रूप से कमाल हासिल था। 'पल्लवी' आदि ताल में हो या जटिल ताल में, उनका गायन दोनों में सामान्य अपेक्षाओं से अधिक रहेगा। कुछ समीक्षकों की राय में सर्वोत्तम भी। खचाखच भरे हॉल में श्रोता उनका संगीत साँस रोककर सुनते थे। उनके अनेक रिकॉर्ड भी बहुत लोकप्रिय हुए।

एम.एल. बसंतकुमारी दक्षिण भारत की उन गिनी-चुनी गायिकाओं में से एक थीं, जो प्रसिद्ध गायिका सुब्बलक्ष्मी की तरह हिंदुस्तानी संगीत के प्रति भी वैसा ही खुला दिमाग और झुकाव रखती थीं। पिता की प्रेरणा से उन्होंने हिंदुस्तानी संगीत के भक्ति-गीतों और महाराष्ट्रीयन 'अभंग' गायन का भी अच्छा अभ्यास किया। हिंदुस्तानी संगीत में भी वह उतनी ही सिद्धि हासिल करने को उत्सुक और प्रयत्नशील रहीं, जितनी कि कर्नाटक संगीत में।

अपने संगीत कैरियर की चार दशाब्दियों के बाद ख्याति के शिखर पर पहुँचकर भी

बसंतकुमारी अपनी सफलता से अप्रभावित और गर्व से रहित थीं। उनके शब्दों में—"सीखने को हमेशा ही बहुत कुछ शेष रहता है, अत: सफलता या पूर्णता का प्रश्न उठाना बेकार है। गाँवों के घरों में, मालाबार की पहाड़ियों में जाकर देखिए, संगीत का कितना सहज प्रवाह बह रहा है, जिसे पकड़ना हमारे लिए भी कठिन है। उन गायकों को भी क्यों न सामने लाएँ?" बसंतकुमारी अंग्रेजी, तमिल, तेलुगु, तीनों भाषाओं में धाराप्रवाह बोलती थीं। कलाकार के रूप में कला पर बातचीत में कुशल थीं और व्यक्ति के रूप में उतनी ही सहज घरेलू नारी भी। एक माँ के नाते उन्हें खलता रहा कि अपने दौरों और व्यस्त कार्यक्रमों के कारण वह अपने बच्चों को अधिक समय नहीं दे पाईं, जो कि उनका अधिकार था। जब वे आत्मनिर्भर हो गए तो उनके भीतर की माँ भी निश्‍िचत हो गई थी।

श्रीमती एम.एल. बसंतकुमारी कई बार उत्तर भारत के विभिन्न नगरों में और विदेशों में भी अपने कार्यक्रम प्रस्तुत कर चुकी थीं। अनेक संगीत समारोहों में उस्ताद बड़े गुलाम अली खाँ जैसे संगीतज्ञों से प्रशंसा पा चुकी थीं। 'मैट्रोपोलिटन ओपेरा हाउस' न्यूयॉर्क की एक कलाकार इलीनोर स्टेवर उनकी 'मोह' नाम की 'अल्पना' से इतनी प्रभावित हुई कि उसे उसने तुरंत रिकॉर्ड कर लिया था।

श्रीमती एम.एल. बसंतकुमारी की इन्हीं उपलब्धियों को देखते हुए उन्हें राष्ट्रपति द्वारा 'पद्मभूषण' अलंकरण तथा 'राष्ट्रीय संगीत नाटक अकादमी पुरस्कार' से सम्मानित किया गया था।

१३ अगस्त, १९९० की रात्रि को दूरदर्शन से 'संगीत के अखिल भारतीय कार्यक्रम' के अंतर्गत जिन्होंने भी उनका शास्त्रीय संगीत सुना था, वे संगीत-प्रेमी उनकी संगीत-प्रतिभा व गायन-शैली से अभिभूत हुए बिना नहीं रहे होंगे। दक्षिण भारतीय सांस्कृतिक सुवास लिये एक कलात्मक सज्जा-मंच पर उनके साथ संगत कर रहे पाँच कलाकारों के समूह ने तो सबका ध्यान आकर्षित किया ही, बसंतकुमारी की प्रौढ़ आवाज में तब भी वैसा ही लोच-माधुर्य और स्वर के उतार-चढ़ाव के बीच भी वैसा ही सहज प्रवाह देखकर सभी श्रोता मंत्र-मुग्ध से बैठे रह गए थे।

'नमामि विघ्नेश्वर...' विनायक वंदना से प्रारंभ करके राग सारामती और राग मालिका में उन्होंने त्यागराज की रचनाएँ प्रस्तुत कीं, और प्रस्तुति देखकर लगा था कर्नाटक संगीत की तीन प्रमुख गायिकाओं में अपनी समकालीन एम.एस. सुब्बलक्ष्मी और डी.के. पटम्माल दोनों से उम्र में वह भले ही छोटी हों, पर इनसे कहीं आगे कदम भी बढ़ा रही हैं।

उत्तरोत्तर प्रौढ़ता और सहजता की ओर उन्मुख उनका संगीत एक अंतहीन प्रवाह था—सामान्य श्रोता और कलापारखी दोनों को समान रूप से अपने साथ बहा ले जानेवाला प्रवाह। अब वह प्रवाह रुक गया है, पर अपनी कलकल ध्वनि पीछे छोड़कर। □

हिंदुस्तानी संगीत की एक भारी आवाज
गंगूबाई हंगल

२१ फरवरी, १९९० को रात १० बजे दूरदर्शन पर गंगूबाई हंगल का गायन और उनसे की गई बातचीत सुनकर मैं हैरत में पड़ गई थी। अभी भी, इस उम्र में वह उसी तरह गा रही हैं। उम्र के निशान भी चेहरे पर उतने नहीं, जितने सामान्यत: इस उम्र में दिखाई देते हैं। सामने होतीं तो पूछती उनसे, इस राज की बात। पर क्या यह बात एक राज है भी? निरंतर साधना, निरंतर रियाज और गायन, यह कसरत और इस शारीरिक कसरत के साथ अंतर्मन के जुड़ाव से यह सिद्धि अकल्पनीय नहीं। अकसर लगातार रियाज करनेवालों के फेफड़े साफ रहते हैं और उन्होंने लंबी उम्र पाई है।

हिंदुस्तानी संगीत की पुरानी गायिका गंगूबाई हंगल के नाम से संगीत-प्रेमी अपरिचित नहीं। सर्वप्रथम १९२४ में बेलगाँव में हुए कांग्रेस-अधिवेशन में सार्वजनिक मंच पर गाकर वह एकाएक सामने आई थीं और फिर १९३४-३५ के आस-पास उसके ग्रामोफोन रिकॉर्ड की माँग जोर पकड़ गई थी। १९३८ में कलकत्ता संगीत सम्मेलन में अपने गायन से उन्होंने श्रोताओं को मंत्र-मुग्ध कर दिया था। फिर तो लखनऊ, इलाहाबाद, कराची, अमृतसर, बंबई, बड़ौदा, देहरादून, पटना आदि सभी जगह के संगीत सम्मेलनों से बुलावा आने लगा और उनकी गणना हिंदुस्तानी संगीत के शीर्ष कलाकारों में होने लगी।

अभी कुछ समय पहले तक विभिन्न रेडियो स्टेशनों से उनके कार्यक्रम निरंतर प्रसारित होते रहे हैं, अब भी अकसर होते हैं और रिकॉर्ड तो बजते ही रहते हैं। दूरदर्शन पर भी कभी-कभी दिखाई दे जाती हैं। भारतीय शास्त्रीय संगीत की गायिकाओं

में आज भी उन्हें उच्च स्थान प्राप्त है।

गंगूबाई हंगल का जन्म फरवरी, १९१३ में धारवाड़ में हुआ था। माँ अंबाबाई स्वयं कर्नाटक संगीत की अच्छी गायिका थीं। गंगूबाई ने प्रारंभिक शिक्षा माँ से ही पाई, पर कर्नाटक संगीत में उसकी विशेष रुचि न थी। यह देखकर माँ ने हुबली के पं. कृष्णाचार्य के पास उसे हिंदुस्तानी संगीत सीखने के लिए भेज दिया। एक वर्ष तक हुबली में प्रशिक्षण लेने के बाद गंगूबाई ने श्रीराम भाव कुंडगोलकर से गंडा बँधाया। गंडा बँधाने का अर्थ होता है, कुछ निश्चित दक्षिणा देकर गुरु धारण करना। गुरु राम भाव कुंडगोलकर एक नाटक कंपनी में काम करते थे, इसीलिए उन्हें स्थान-स्थान पर घूमना पड़ता था। इस बाधा के कारण गंगूबाई उनसे लगातार न सीख सकीं। तब मामा श्री दत्तोपंत देसाई उनकी शिक्षा का भार उठाते रहे। जब गुरु नाटक छोड़कर हुबली से ग्यारह मील दूर कुंडगोल में जा बसे तो गंगूबाई की संगीत शिक्षा फिर नियमित चलने लगी, पर इसके लिए उन्हें मूल्य चुकाना पड़ा।

गुरु तक पहुँचने के लिए उन्हें हुबली से ग्यारह मील प्रतिदिन यात्रा करके वहाँ पहुँचना होता था। इसी तरह तीन साल निकल गए। इस कठिन परिश्रम से बीमार हो जाने के कारण उनके शिक्षण का यह तारतम्य टूट गया। पुराने कलाकारों की इस कठिन साधना का अनुमान इस एक घटना से ही लगाया जा सकता है। कला के प्रति समर्पण और साधना के ये मानदंड अब दुर्लभ होते जा रहे हैं। सन् १९९५ में उन्हें नागराज उत्सव समिति की ओर से 'सप्तगिरी संगीत विद्वान् कवि' की उपाधि से सम्मानित किया गया। १९९६ में उन्हें तत्कालीन प्रधानमंत्री श्री पी.वी. नरसिंह राव ने 'शंकर देव पुरस्कार' से सम्मानित किया। २००२ में उन्हें उच्च राष्ट्रीय अलंकरण 'पद्म विभूषण' से पुरस्कृत किया। इस तरह देर से ही सही, पर उनकी आवाज को बड़े अलंकरण से सम्मानित किया जाना उनकी बड़ी उपलब्धि थी।

गंगूबाई हंगल की आवाज भारी है, पर भारी आवाज के बावजूद उनके संगीत के जादू में बँधे श्रोता अंत तक बैठे रहते हैं। यह उनकी गायकी की आश्चर्यजनक विशेषता है। मई-जून १९७० में आकाशवाणी द्वारा आयोजित 'अखिल भारतीय संगीत कार्यक्रमों' के अंतर्गत गंगूबाई हंगल को निकट से सुनने का अवसर मिला था। वह राग 'मारूबिहाग' में गा रही थीं। किराना घराने की इस प्रमुख गायिका की आवाज भारी होने के साथ कुछ भर्राई हुई सी भी लगी थी। तभी मुझे लगा था कि उम्र अब उनकी आवाज पर हावी होने लगी है, पर उसे नकारती हुई वह अपनी स्वर-साधना में उसी तरह व्यस्त रहीं, आश्वस्त भी। तभी तो इस आवाज के सधाव में किसी भी तरह की कमी नहीं आ पाई थी। वह उतनी ही सधी हुई थी, उतनी ही जादुई।

□

सुर-सिद्धि : सिद्धेश्वरी देवी

बनारस अंग की ठुमरी, दादरा, पूर्वी, होली, चैती, कजरी और टप्पा, भजन की विशिष्ट गायिका सिद्धेश्वरी देवी अपनी मिसाल आप ही थीं। यों खयाल गायन में उनकी दमकशी केसरबाई केरकर जैसी थी और ध्रुपद, धमार पर भी खासा अधिकार रखती थीं, पर उनकी ठुमरी प्रस्तुति में जो लोच थी, उसकी जोड़ कम ही मिलती है। बोल-बनाव बनारसी अंग की ठुमरी की अपनी विशेषता है और सिद्धेश्वरी देवी की ठुमरी प्रस्तुति की अपनी विशेषता रही। बोल-बनाव और तान पलटे का उनका काम बेजोड़ माना गया। ठुमरी प्रस्तुत करते समय वह अनेक ढंग, अनेक शैलियाँ अपनाती थीं। स्वर को तीन सप्तक तक उठाकर मंद्र तक लाना उनके बाएँ हाथ का खेल था। इसलिए उन्हें चारों पट की गायिका कहा जाता था। टप्पा, भजन गायन में भी उन्होंने लोकप्रियता अर्जित की थी, पर उन्हें गर्व था अपनी ठुमरी पर ही।

बचपन में कड़े संघर्ष और बाद के कड़े रियाज ने सिद्धेश्वरी देवी को जमीन से उठाकर आसमान पर पहुँचा दिया था। उन्हें सफलता और प्रसिद्धि के शिखर पर ला खड़ा किया था। शायद ही कोई रियासत बची हो, जहाँ से उन्हें ससम्मान गायन का निमंत्रण न मिला हो। भोपाल, कश्मीर, मैसूर, रामपुर, जयपुर, जोधपुर, सरगुजा, रायगढ़ से लेकर ढाका तक उनकी गायकी के झंडे गड़े थे। एक बार तो खैरगढ़ महाराजा और कश्मीर महाराजा में शर्त बदी थी कि जद्दनबाई अच्छा गाती हैं या सिद्धेश्वरी, और वह कश्मीर महाराजा को उनकी शर्त जितवाने में सफल हुई थीं। उनके सामने मान-सम्मान और समृद्धि के दरवाजे खुले थे।

बाद में कई राष्ट्रीय पुरस्कार-सम्मान भी उन्हें मिले। सन् १९६६ में संगीत नाटक

अकादमी का राष्ट्रीय पुरस्कार, १९६७ में 'पद्मश्री' की उपाधि। १९७२-७४ में पाँच देशों के दौरे पर देश से बाहर जाने के बाद तो जैसे प्रसिद्धि ढेर सा सम्मान लिये उनपर बरस पड़ी थी। लगातार राष्ट्रीय स्तर के मंचों पर गायन, आकाशवाणी के लिए गायन, रिकॉर्ड भरवाने के लिए गायन, दूरदर्शन पर गायन और देश भर के गायन-दौरे, पर यह सिद्धेश्वरीजी का जैसे दूसरा जन्म था। उनके बचपन, किशोरावस्था और तरुणावस्था से नितांत भिन्न। उनका बचपन जितना त्रासदायक बीता, अगला जीवन उतना ही कला-समृद्ध और मान-सम्मान से भरा-पूरा। यद्यपि सामाजिक तिरस्कार से उनका पिंड कभी नहीं छूटा, जैसे मान-सम्मान की बौछारों के बीच रह-रहकर तिरस्कार की बिजली कौंधती रहती हो। अपनी दोनों बेटियों को उन्होंने अच्छी शिक्षा और संगीत शिक्षा दिलाई, पर उन्हें सामाजिक दृष्टि से प्रतिष्ठित स्थान दिलाने की उनकी इच्छा अंतिम समय तक अधूरी ही रही।

बनारस से लगभग २५ मील की दूरी पर स्थित है गाँव तोरबो। दूसरे गाँवों जैसे ही गुण-दोष से भरा, पर इस गाँव की एक विशेषता रही, गंधर्व जाति। आजीविका के लिए गाना-बजाना गंधर्व, किन्नर, भाट, कथिक (कथा कहनेवाले), नटिन और रमजना जातियों का पेशा रहा। यों गंधर्व जाति के लोग इस पेशे के बावजूद इन सबमें श्रेष्ठ माने गए। फिर भी ब्राह्मणों, ठाकुरों जैसी ऊँची जातियों का सम्मान तो उन्हें नहीं दिया जाता। इन संप्रदायों का वर्गीकरण वर्ण व्यवस्था पर आधारित नहीं, कला के प्रकारों पर आधारित होता है। तोरबो गाँव मुख्यत: गंधर्वों का गाँव था। खेती-बाड़ी अपनाने के बाद भी भ्रमण व गायन इनसे छूटा नहीं था। इन परिवारों की स्त्रियों को अपनी गायन-कला द्वारा जितना सम्मान बाहर मिलता रहा, समाज के भीतर उतना ही तिरस्कार। कला की खातिर इस गाँव के बाहर जाकर शोहरत कमानेवाली इस जाति की पहली स्त्री थी मैना देवी। इनकी तीन बेटियाँ हुईं—राजेश्वरी, श्यामा और कुंती। कुंती छोटी उम्र में मर गई। राजेश्वरी ने माँ का पेशा अपनाया और नाम कमाया। श्यामा ने एक व्यापारी श्याम मिश्र के साथ विवाह करके घर बसाया। इन्हीं श्यामा व श्यामू मिश्र के घर सिद्धेश्वर देवी का जन्म हुआ १९०८ में। पर बच्ची का दुर्भाग्य कि डेढ़ साल की आयु में माँ चल बसी। पिता ने खर्च बाँधकर बच्ची गोगो (बचपन का नाम) को मौसी राजेश्वरी के पास भेज दिया और स्वयं दूसरा विवाह कर लिया। गोगो पाँच साल की थी कि पिता भी चल बसे और बच्ची का खर्च बंद हो गया। यहीं से उसके जीवन के दुर्दिन भी शुरू हो गए।

मौसी ने न उसे पढ़ाया, न संगीत सिखाया, केवल नौकरानी की तरह घर का सारा कामकाज सौंप दिया। मौसी की लड़की कमलेश्वरी को संगीत सिखाने अपने समय के प्रसिद्ध गायक व गुरु पंडित सियाजी महाराज आया करते थे, पर कमलेश्वरी का मन पढ़ने में तो लगता था, संगीत सीखने में नहीं। माँ उसपर खर्च भी कर रही थी, उसकी

संगीत-शिक्षा का पूरा ध्यान भी रख रही थी। बालिका गोगो रसोई में काम करते समय ध्यान से सुनती, छुप-छुपकर देखती और नकल करके सुर निकालती रहती। रसोई का एकांत इस साधना के लिए उसे रास आता, क्योंकि दोनों माँ-बेटी उधर झाँकती भी न थीं। वाद्यों का काम देते रसोई के बरतन और अभ्यास चलता रहता। बच्ची की रुचि देख गुरुजी ने कई बार कहा, "इसे भी सिखाइए।" पर मौसी टाल गई। एक दिन कमलेश्वरी बार-बार कोशिश करके भी सुर ठीक से नहीं निकाल पा रही थी और गुरु उसे डाँट रहे थे कि गोगो ने आकर कमलेश्वरी को सही सुर निकालकर बता दिया। गुरु चकित रह गए और गोगो को सिखाने की इच्छा जाहिर कर दी। राजेश्वरी ने उन्हें साफ कह दिया, "आपको सिखाना हो तो अपने घर पर बुलाकर सिखाइए, वह भी निःशुल्क, मैं न इसपर खर्च करूँगी, न यहाँ अपने घर पर सिखाऊँगी।" इस तरह, गोगो की संगीत-शिक्षा सियाजी महाराज के घर पर शुरू हुई। बनारसी अंग की मूल शिक्षा यही थी। बाद में सिद्धेश्वरी देवी ने देवास के उस्ताद रजब अली से भी तालीम हासिल की, लाहौर के उस्ताद इनायत अली खाँ से भी, पर बनारस के प्रसिद्ध गायक पं. बड़े रामदास ने सिद्धेश्वरी देवी को असल में सिद्धेश्वरी देवी बनाया। जब उन्होंने पं. बड़े रामदास से सीखना शुरू किया, उसके पहले ही वह ख्याति-प्राप्त कर चुकी थीं, पर उनकी कला में निखार आया इसके बाद ही। अपने समय की बनारस अंग की श्रेष्ठ व प्रतिनिधि कलाकार वह रामदासजी की कृपा से ही कहलाईं।

लेकिन सिद्धेश्वरी देवी की पूर्व दर्दनाक कहानी का अंत सियाजी महाराज द्वारा उन्हें सिखाने के साथ ही नहीं हो गया था, बल्कि मौसी के घर में उनके लिए कष्ट और बढ़ गया था। प्रसिद्ध गायिका होने से राजेश्वरी के घर बड़े कलाकारों का आना-जाना लगा रहता था। पंद्रह-सोलह वर्ष की किशोरी गोगो को उनके सामने आने या उनसे कुछ सीखने की इजाजत न थी, पर उसके खाने-पीने पर किया गया खर्च वसूलने के लिए अब उसे सामंती घरों में विवाह-शादियों पर गाने के लिए भेजा जाने लगा था। गोगो को कमाई से कोई मतलब न था, पर वह खुशी से जाती कि गायन का अभ्यास बढ़ेगा। उन्हीं दिनों एक कलापारखी सज्जन से पहचान हुई, प्रेम हुआ, पर विवाह की इजाजत मौसी ने नहीं दी। इस रिश्ते ने उन्हें एक बेटी का बोझ जरूर दे दिया और मौसी ने उन्हें बेटी सहित घर से निकाल बाहर किया। तब उनके तबलावादक मामा उन्हें बच्ची सहित अपने घर ले गए और अठारह-उन्नीस की उम्र में मामा की सहायता से अलग घर में रहकर उन्होंने अपना गाने का अभ्यास शुरू किया।

कुछ ही दिनों में साजिंदों वगैरह का खर्च निकालकर सौ-डेढ़ सौ मिलने लगे, जो उस समय बहुत होते थे। बनारस नगर में उनके गाने की धूम मच गई। फिर शोहरत बनारस के बाहर भी फैलने लगी। रियासतों के उत्सवों में उन्हें सियाजी महाराज ले जाने

लगे, फिर स्वयं जाने की राह भी खुलने लगी। रियासतों-रजवाड़ों के दीवाने-आम से फिर वह दीवाने-खास में भी गाने लगीं, पर मौसी के व्यवहार को कभी नहीं भूलीं, जिन्होंने उनकी माँ के आभूषण तक रखकर उन्हें धक्के देकर बाहर निकाल दिया था। फिर भी नहीं छीन सकी थी वह उनकी कला को, उनके मधुर स्वभाव को, उनकी साधक-वृत्ति और श्रमशीलता को। सियाजी महाराज ने भी उन्हें अपनी बेटी मान सबकुछ दिया। फिर मरते समय अपनी पत्नी को उनके हवाले कर गए, जिन्हें सिद्धेश्वरी देवी ने अंत तक निभाया। बालिग होने पर उन्होंने अपनी इच्छा से पं. इकबाल नामक युवक से सिविल मैरिज की, फिर वह भी उन्हें एक बेटी देकर चल बसे। सिद्धेश्वरी देवी दोनों बेटियों को गले से लगाए, उनकी पढ़ाई-लिखाई व संगीत शिक्षण की समुचित व्यवस्था करते हुए अपनी संगीत साधना में डूब गईं। उनकी पुत्रियाँ शांता और सविता भी अच्छी कलाकार बनीं, सविता देवी विशेष। शांता अब नहीं है।

पार्श्व गायन के चलन से पूर्व फिल्मों में अभिनय के लिए गायिकाओं की माँग थी। सिद्धेश्वरी देवी ने यहाँ भी भाग्य आजमाया। बंबई जाकर उषा सिनेटोन कंपनी की कुछ फिल्मों में अभिनय किया, पर यह उनका क्षेत्र न था। कुछ समय बाद वह बंबई से फिर बनारस आ गईं और पुनः दिल्ली में आ बसीं। दिल्ली में उन्हें 'भारतीय कला केंद्र' की ठुमरी शिक्षिका नियुक्त किया गया, जो उनके जीवन का नया अध्याय था। अपनी अंतिम साँस तक उन्होंने यहाँ काम किया। अकादमी पुरस्कार के बाद उन्हें उत्तर प्रदेश संगीत कला अकादमी से भी सम्मानित किया गया और 'दिल्ली साहित्य कला परिषद्' की ओर से भी। १९७५ में 'रवींद्र भारती' कलकत्ता द्वारा उन्हें 'डॉक्टर ऑफ लिटरेचर' की उपाधि भी दी गई, जो गिने-चुने कलाकारों को ही मिलती है। सुप्रसिद्ध कवि जयशंकर प्रसाद तक उनके प्रशंसकों में थे, जो यदा-कदा उनका गाना सुनने जाया करते थे, फिर महफिल से चुपचाप उठकर चले आते थे। सिद्धेश्वरजी के मन में भी उनके प्रति बड़ा सम्मान था।

इतनी लंबी साधना के बाद २६, जून १९७६ को सिद्धेश्वर देवी पक्षाघात से पीड़ित होकर १८ मार्च, १९७७ को स्वर्ग सिधार गईं, अपने पीछे कला-सिद्धि के अनूठे प्रतिमान छोड़कर। उनके मधुर स्वर आज भी आकाशवाणी और दूरदर्शन पर गूँजते हैं—'दीवाना किए श्याम, क्या जादू डारा रे', 'उन गलियों में आना रे जाना, हमसे करना बहाना' और राग पीलू की होरी 'काहे को डारी गुलाल' आदि। उस ठुमरी-सम्राज्ञी को हमारी भावभीनी श्रद्धांजलि, जो ठुमरी को विलास की गायकी ठहराए जाने पर आपत्ति करती थीं और अपने निजी अनुभव के आधार पर इसे भक्ति के आनंद-रस से सराबोर मानती थीं।

□

ध्रुपद-धमार की विदुषी गायिका
सुमति मुटाटकर

१ सितंबर, १९९०। दूरदर्शन के प्रात:कालीन 'सुप्रभात' कार्यक्रम में श्रीमती सुमति मुटाटकर की सुमधुर आवाज गूँज रही है—'शीतल भयो समीर, भोर भई सुहानी।' राग वसंत मुखारी झपताल में गाई गई यह उनकी अपनी रचना थी। ऐसी कई रचनाओं की वह स्वयं रचयिता हैं।

हिंदुस्तानी शास्त्रीय संगीत में गायिकाओं के नाम तो बहुत हैं, शोधकर्त्री विदुषियों के कम। जो हैं, उनमें ध्रुपद-धमार के विशुद्ध शास्त्रीय गायन में अकेला नाम है—सुमति मुटाटकर, जो इस क्षेत्र में पिछले पचपन साल से निरंतर कार्यरत हैं।

एशियाड विलेज कॉम्प्लेक्स स्थित उनके फ्लैट में भेंट के समय मैंने न केवल उनसे उनके गायन संबंधी सामान्य साक्षात्कार लिया, अवसर पाकर इस अनुभवी संगीत प्रतिभा से शास्त्रीय संगीत से संबंधित अपनी अनेक जिज्ञासाओं का समाधान भी प्राप्त किया। उस सबके विस्तार में जाना यहाँ संभव नहीं। केवल राग-रागिनियों संबंधी मोटी जानकारी के साथ, संक्षेप में ध्रुपद-धमार शैली की कठिन मानी जानेवाली गायकी पर उनके विचार प्रस्तुत हैं—

सुमतिजी ने बताया था, ''मध्यकाल से आज तक ६ प्रमुख राग ही चले आ रहे हैं। हर एक राग की ६ रागिनियाँ होती हैं। जैसे भैरव राग है, भैरवी रागिनी। इसी तरह तोड़ी, असावरी, पट्टमंजरी आदि कुल छत्तीस रागिनियाँ हैं। काल-प्रवाह में पुल्लिंग-स्त्रीलिंग-सूचक इन राग-रागिनियों का आगे और भी परिवार-विस्तार हुआ। नए प्रयोग होते रहते हैं लेकिन मूल राग में ही रहते हैं। राग का रूप नादमय होता है, रागिनियों के

वर्णन में चित्रमय रूप की प्रधानता होती है।''

''ध्रुपद-धमार शब्दों का प्रयोग एक साथ किया जाता है, ऐसा क्यों? यह गायन शैली कठिन क्यों मानी जाती है? जहाँ तक मेरी जानकारी है, असगरी बेगम के बाद ध्रुपद-धमार गायकी में मैंने केवल आपका नाम ही सुना है, क्या यह सच है? हाँ, तो कृपया बताइए, इस शैली को अधिक संख्या में महिलाओं ने क्यों नहीं अपनाया?''

''ध्रुपद-धमार एक ही विधा के दो प्रकार हैं, इसलिए इन शब्दों का प्रयोग साथ-साथ कर लिया जाता है। ध्रुपद-धमार शास्त्रीय संगीत की विशेष परंपरागत शैली है, जिनमें अलंकरण नहीं होते। इसे रागों के सच्चे रूप का प्रमाण माना जाता है। वैसे ध्रुपद और धमार में अंतर भी है। धमार ताल का ही एक नाम है। इसमें राधा-कृष्ण लीलाएँ अधिक हैं। ध्रुपद अधिक गंभीर गीत प्रकार है। इसमें ईश स्तुति, अध्यात्म और निस्सर्ग का वर्णन होता है। संगीत सिद्धांत स्वर, श्रुति, मूर्च्छना आदि संगीत रहस्य ध्रुपद गायन की विशेषताएँ हैं। मुगल काल में अकबर दरबार में ध्रुपद का बोलबाला था। बाद के दरबारी ध्रुपद गायन में अध्यात्म के अलावा, राजा-महाराजाओं की स्तुति, स्त्री सौंदर्य आदि रूप भी सामने आए, लेकिन शास्त्रीय संगीत के पुनरुत्थान काल में ध्रुपद में फिर अध्यात्म और निस्सर्ग वर्णन प्रमुख हो गया। आज इसका यही रूप प्रधान है।''

''जहाँ तक गायन विधा की बात है, इसमें पहले आलाप लेकर राग विस्तार किया जाता है। इसके बाद ध्रुपद की रचना गाई जाती है। रचना के चार स्तर होते हैं—स्थायी, अंतरा, संचारी और आभोग। आज प्रायः पहले दो स्तर ही प्रचलन में हैं।''

''हाँ, आपकी यह जानकारी सही है कि असगरी बेगम के बाद ध्रुपद-धमार में अन्य कोई महिला नाम नहीं चमका। शायद इसलिए कि इसमें बहुत लंबी साधना और कड़ी मेहनत करनी पड़ती है। मेरी अपनी शिष्याओं में से ध्रुपद-धमार में अभी कोई ऐसा नाम सामने नहीं आया है, जिसका विशेष उल्लेख किया जा सके, यद्यपि मेरी अपनी बेटी सुनंदा ध्रुपद-धमार गाती है और मेरी कुछ शिष्याएँ भी।''

''तो क्या ध्रुपद-धमार के विशुद्ध शास्त्रीय गायन के भविष्य की दृष्टि से यह चिंताजनक बात नहीं? यों भी शास्त्रीय गायन को नई पीढ़ी गंभीरता से नहीं अपना रही। इसपर आपकी प्रतिक्रिया? गति के इस युग में शास्त्रीय संगीत की अधिक दुहराववाली शैलियों के संक्षिप्तीकरण की जो माँग है, इसके बारे में आप क्या कहना चाहेंगी? नई पीढ़ी के लिए आपका संदेश?''

''आपने बहुत संगत प्रश्न उठाए हैं। राग तब तक ही राग है, जब तक वह रंजन करे। इसके बाद यदि श्रोताओं में ऊब पैदा होने लगे, तो निश्चय ही दुहराव की पुरानी शैली को छोड़कर संक्षिप्तीकरण को स्वीकारना होगा, क्योंकि आज न तो वैसी रात-रात भर की महफिलें जमती हैं, न वैसे कला-पारखी ही हैं। यों भी सभी रागों में विस्तार की

गुंजाइश नहीं होती, लेकिन बंदिशों में संक्षिप्तीकरण का सिद्धांत अपनाते हुए भी राग-रागिनियों की शास्त्रीय शुद्धता कायम रहनी चाहिए। शास्त्रीय संगीत में 'शॉर्टकट' संस्कृति का तालमेल संभव नहीं। नई पीढ़ी को मेरी राय है कि पहले शुद्ध रूप में गायन परंपरा को समझे, साधे, फिर नए प्रयोग आजमाए।

"हमारे जमाने में दूसरी बाधाएँ अधिक थीं। संभ्रांत घरों की लड़कियों के लिए विशुद्ध शास्त्रीय नृत्य संगीत भी अच्छी नजर से नहीं देखा जाता था। घरों में बंधन अधिक थे, बाहर अवसर कम थे। इस दृष्टि से आज लड़कियों को काफी सुविधाएँ प्राप्त हैं। प्रशिक्षण व मंच गायन की सभी सुविधाओं का विस्तार हुआ है, इसलिए संभावनाएँ बढ़ी हैं। जरूरत है केवल इसे गंभीरता से अपनाने की। मैं मानती हूँ, आज की लड़कियों में कठिन व लंबी साधना के लिए पर्याप्त धैर्य नहीं है, न वैसी गुरु-शिष्य परंपरा ही कायम है। फिर भी शास्त्रीय संगीत के भविष्य के प्रति मैं निराश नहीं हूँ कि जहाँ पहले दस विद्यार्थी सीखते थे, आज उनकी संख्या सौ है, तो सौ में से दस तो गंभीर साधक निकलेंगे ही। हाँ, ध्रुपद-धमार की गायकी में लड़कियाँ आगे नहीं आ रहीं, यह सचमुच चिंता की बात है।"

सुमति मुटाटकर का जन्म १० सितंबर, १९१६ में हुआ। नागपुर विश्वविद्यालय से बी.ए. करने के बाद उन्होंने नागपुर विश्वविद्यालय से ही क्रमशः एम-एल.बी. और एम.ए. (अंग्रेजी) करने की तैयारी की, लेकिन हर बार परीक्षा के समय कुछ-न-कुछ ऐसी घटना घट गई कि वह परीक्षा नहीं दे सकीं। उस समय के रिवाज के अनुसार छोटी उम्र में उनकी शादी हो चुकी थी। बचपन में संगीत की ओर झुकाव था ही और पिता श्री गंगाधर राव अंबेडकर कला-प्रेमी और विद्या-व्यसनी थे। अब सुमतिजी को एकाएक ध्यान आया, 'अपनी संगीत-शिक्षा को आगे बढ़ाना चाहिए। शायद मैं इसी में सफल हो सकूँगी।' पति श्री विश्वनाथ लक्ष्मण मुटाटकर यद्यपि गणित के प्राध्यापक रहे, पर उन्होंने भी सुमतिजी को संगीत शिक्षण के लिए सहर्ष अनुमति प्रदान कर दी। यहाँ तक कि सुमतिजी अपनी छह साल की छोटी बच्ची को नागपुर में घर पर छोड़कर 'मातखंडे संगीत विद्यापीठ, लखनऊ' में संगीत सीखने गईं तो भी श्री मुटाटकर ने कोई बाधा नहीं दी।

इस तरह लखनऊ छात्रावास में रहकर उन्होंने पहले बी.ए. के समकक्ष 'संगीत विशारद' की परीक्षा दी, फिर एम.ए. के समकक्ष 'संगीत निपुण' में सफल रहीं। यही नहीं, साथ में वह गुरु अण्णा साहब रातांजनकर से अलग भी सीखती रहीं। 'पद्मभूषण' रातांजनकर से उन्होंने गुरु-शिष्य परंपरा के अनुसार हिंदुस्तानी शास्त्रीय संगीत की सभी विधाओं में पाँच वर्ष तक कठोर प्रशिक्षण लिया। इसके बाद ग्वालियर घराने के पं. राजा भैया पूँछवाले से खयाल, टप्पा, ठुमरी और जयदेव के 'गीतगोविंद' की अष्टपदी में अपने प्रशिक्षण को आगे बढ़ाया। आगरा घराने के उस्ताद विलायत हुसैन खान से

परंपरागत शैली के ध्रुपद-धमार और खयाल का प्रशिक्षण लिया। फिर पखावज के साथ ध्रुपद-धमार की उच्च शिक्षा गोविंद राव बुरहानपुरकर से भी प्राप्त की।

इस तरह संगीत में जमकर प्रशिक्षण लेने के बाद सन् १९४२ से वह आकाशवाणी पर गाने लगी थीं। फिर १९५३ से १९५८ तक आकाशवाणी दिल्ली में संगीत निर्देशक के पद पर कार्यरत रहीं। १९५८ से १९६५ के बीच घरेलू जिम्मेदारियों के कारण वह रेडियो की नौकरी छोड़कर नागपुर लौट गई थीं और अपनी बेटी सुनंदा की शादी करने के बाद १९६५ में फिर दिल्ली आ गई थीं, इस बार आकाशवाणी के संगीत विभाग की इमैरिट्स चीफ प्रोड्यूसर होकर। इस बीच उन्होंने दिल्ली विश्वविद्यालय से संगीत में पी-एच.डी. की उपाधि भी ले ली थी। १९६८ से १९८१ तक वह दिल्ली विश्वविद्यालय के संगीत कला निकाय में पहले डीन, फिर प्रोफेसर रहीं। इस बीच शिक्षा संस्कृति मंत्रालय को सलाहकार रूप में उनकी सेवाएँ प्राप्त रहीं, 'सांस्कृतिक स्रोत व प्रशिक्षण केंद्र' की निदेशक रूप में भी। यह केंद्र देश भर के स्कूलों के 'नेटवर्क' में संस्कृति प्रशिक्षण संबंधी, नीति-निर्धारण के कार्य करता है। अब भी वह मंत्रालय के संस्कृति विभाग की 'इमैरिट्स फैलो' हैं। १९८० में उन्हें संगीत नाटक अकादमी की 'फैलोशिप' भी प्रदान की गई थी।

इस सबके साथ श्रीमती सुमति मुटाटकर ने दर्जनों संगीत-सम्मेलनों, सेमीनारों, संगीत-उत्सवों व कॉन्फ्रेंसों में भाग लिया है। देश-विदेश की अनेक सभाओं में अपना गायन प्रस्तुत किया है। आकाशवाणी में १९४३ से नियमित गा रही हैं और प्रथम श्रेणी की गायिका के नाते सभी प्रमुख कार्यक्रमों में भाग ले चुकी हैं। दूरदर्शन पर भी उनके कार्यक्रम होते रहते हैं। खयाल, तराना, ठुमरी, टप्पा, झूला, अष्टपदी, भजन और संस्कृत में गीता-उपनिषद् के श्लोक, सभी कुछ गाती हैं। ध्रुपद-धमार की तो वह एकमेव गायिका हैं। संगीत क्षेत्र के बहुत सम्मानीय पदों पर कार्य कर चुकी हैं। कई समितियों, बोर्डों की सदस्य होने के नाते उनकी निर्णायक भूमिका भी रही। कई संस्थाओं से वह पुरस्कृत-सम्मानित भी हुईं। फिर भी इस वरिष्ठ विदुषी-गायिका को अब तक किसी राष्ट्रीय अलंकरण से सम्मानित क्यों नहीं किया गया, यह बात समझ से परे है।

"इतनी शैक्षणिक और प्रदर्शनकारी उपलब्धियों के साथ घर-परिवार में उनका सामंजस्य कैसा रहा?" यह पूछने पर उनका उत्तर था—"परिवार से भरपूर सहयोग मिलने के बावजूद ऐसे साधना के क्षेत्रों में कुछ-न-कुछ संघर्ष रहेगा ही। लेकिन अपनी धुन के धनी लोगों के लिए कैसी भी बाधाएँ बाधाएँ नहीं, आत्मविकास के लिए चुनौतियाँ बनकर आती हैं, इसलिए कदम-कदम पर परीक्षाएँ लेकर भी सहायक ही सिद्ध होती हैं।" सुमति मुटाटकर की संगीत-साधना उनके लिए ईश्वरीय पूजा-अर्चना और आत्म-विकास की यात्रा ही रही। इसलिए उनकी कल-प्रतिभा नई पीढ़ी के लिए एक प्रेरणा है। □

उत्तर भारत की कोकिला
गिरिजा देवी

८ अगस्त, १९९० की सुबह दूरदर्शन के 'सुप्रभात' कार्यक्रम में तथा इससे पूर्व देर रात को संगीत के अखिल भारतीय कार्यक्रम में गिरिजा देवी का गायन सुनकर मुझे 'साहित्य कला परिषद्' दिल्ली प्रशासन के 'संगीत-नृत्य समारोह—१९८७' में सुने उनके गायन की याद ताजा हो जाती है। समारोह का दूसरा दिन और दूसरा सत्र—गिरिजा देवी ने अपने गायन का प्रारंभ किया, राग 'भूप' की विलंबित लय से और अलापों के अधिक बिस्तार में न जाते हुए, इस राग के सौंदर्य को रेखांकित करने में अपना चमत्कार दिखाया।

पूरबी अंग की ठुमरी में महारत रखनेवाली और बड़ी मोतीबाई, केसरबाई केरकर, रसूलनबाई, सिद्धेश्वरी देवी के बाद जीवित गायिकाओं में अग्रणी गिरिजा देवी ने सेनिया और बनारस घराने की ठुमरी को जितना सजाया-सँवारा है, उतना अन्य किसी ने नहीं। आगे उन्होंने बंदिश के बोलों—'रैनवा जागी तुम संग' को मंथर गति से बढ़ाते हुए बोल-बाँटों की चपलता दिखाई थी। फिर राग 'खमाज' में निबद्ध ठुमरी को बहुत तन्मयता के साथ प्रस्तुत किया—'साँवरिया को देखे बिना नाहीं चैन'। फर होली 'उड़त अबीर गुलाल, लाली छाई है' में 'उड़त' के बोल में वह मुरकियाँ लगाईं कि श्रोताओं के मन के आकाश पर सचमुच इंद्रधनुषी रंगों की छटा मूर्त हो उठी और फिर मीरा के एक भजन 'राणा मैं बैरागिन हूँगी' के साथ श्रोतागण ठुमरी, होली के दरबारी वातावरण से निकलकर भक्ति के भाव-संसार में समा गए थे। इसके बाद परिषद् के सचिव की फरमाइश पर उन्होंने भैरवी में सूरदास का भजन भी सुनाया था—'ऊधो करमन की गति

न्यारी' और सभा के अंत को भाव-संवेग की अंतिम परिणति तक पहुँचा दिया था।

हिंदुस्तानी संगीत में ठुमरी का महत्त्वपूर्ण स्थान है। प्राचीन काल में इसका क्या स्वरूप था, इसके बारे में सही-सही तथ्य नहीं मिलते, लेकिन यह ज्ञात तथ्य है कि मध्यकालीन राजदरबारों में इसका वैभव पूरी ऊँचाई पर था—नायिका का बनाव-ठनाव, मान-मनौवल, उपेक्षा-विरह, तान-उलाहने, रास-रंग, छेड़छाड़ की चरम अभिव्यक्ति। कत्थक की 'ठुमक' और इस गायकी की प्रिय को 'रिझाने की कला' ने ही मिलकर शायद इसे ठुमरी नाम दिया। लेकिन गिरिजा देवी जैसी विदुषी ठुमरी-गायिकाओं ने इसे ऐसी सात्त्विकता प्रदान की है कि ठुमरी-गायन भी इनके लिए भक्ति-साधना का माध्यम बन गया।

गिरिजा देवी कहती हैं, "जो लोग शास्त्रीय संगीत को केवल मन-बहलाव के लिए सुनते हैं, वे इसकी आत्मा को चोट पहुँचाते हैं। हम कलाकार भी श्रोताओं से आत्मीयता स्थापित करने की जिम्मेदारी ले। शास्त्रीय संगीत के साथ नई पीढ़ी का रागात्मक तादात्म्य स्थापित हो, क्योंकि हर समृद्ध विरासत को बनाए रखने का उत्तरदायित्व नई पीढ़ी का ही होता है। बनाए रखने का ही नहीं, इस परंपरा-प्रवाह को आगे बढ़ाने का भी।"

८ मई, १९२९ को बनारस के एक संगीत-प्रेमी परिवार में जनमी गिरिजा देवी को संगीत विरासत में मिला। पाँच वर्ष की उम्र में ही बच्ची गिरिजा का संगीत की ओर रुझान देखकर माता-पिता ने उसे पं. सरजू प्रसाद मिश्र के निर्देशन में प्रशिक्षण दिलाना शुरू कर दिया था। यह प्रशिक्षण लगभग दस वर्ष चला। इसके पश्चात् गुरु मिश्र का देहांत हो गया और अगले दस साल तक गिरिजा देवी सिर्फ पाँच-छह राग ही गाती रहीं—यमन, तोड़ी, जौनपुरी, आसावरी, मालकौंस। इसके बाद सेनिया घराने के पंडित श्रीचंद्र मिश्र से भी वह उनकी मृत्युपर्यंत सीखती रहीं।

सन् १९४९ में बीस वर्ष की आयु में आकाशवाणी पर गिरिजा देवी का पहला कार्यक्रम हुआ। बाईस वर्ष की उम्र में आरा (बिहार) में उन्होंने पहली बार संगीत-सम्मेलन में गाया। फिर बनारस में संगीत-संसद् की कॉन्फ्रेंस में गायन-प्रस्तुति के बाद तो वह संगीत-सम्मेलनों में नियमित भाग लेने लगीं और लंबी अवधि के संगीत-कार्यक्रम भी प्रस्तुत करने लगीं। इसी के साथ सफलता और प्रतिष्ठा की सीढ़ियाँ चढ़ते हुए उन्होंने नई मंजिलों को पाया। अब तो गिरिजा देवी भारतीय शास्त्रीय संगीत की शीर्षस्थ गायिकाओं में से एक हैं।

ठुमरी पर उनकी राय है—"ठुमरी के बोलों से अर्थ निकलना चाहिए। अधूरे शब्दों को बढ़ाना या निरर्थक शब्दों पर अधिक जोर देना ठीक नहीं। साहित्य और संगीत का समन्वय जरूरी है। स्वरों को शब्दों के अनुसार ही लय मिलनी चाहिए। ठुमरी में

तानें शब्दों के प्रयोग के लिए ही तो हैं। मुझे शब्द और संगीत से परिपूर्ण अच्छे बोलोंवाली ठुमरी ही पसंद है। मैं शृंगार, करुण, शांत रसवाली ठुमरियाँ तो गाती ही हूँ, मगर मेरी विशेष पसंद है, भक्तिभावनावाली ठुमरियाँ।''

गिरिजा देवी ठुमरी, टप्पा, होली, चैती, कजरी, भजन सभी कुछ गाती हैं, लेकिन उनकी विशेषता ठुमरी और भजन में मानी जाती है। अकृत्रिम खुली आवाज, भरपूर तैयारी और सुमधुर कंठ उनकी गायकी की विशेषताएँ हैं। उनका सौम्य, सरल व्यक्तित्व और भक्ति-भावना के प्रस्तुतीकरण का अंदाज भी उनकी गायकी को अविस्मरणीय बना देता है। स्वरों से खेलना, स्वरों में डूबना-डुबोना और भाव-प्रवण होकर स्वरों के माध्यम से रोना-रुलाना उन्हें खूब आता है—यों कहें कि श्रोताओं को मुट्ठी में बंद कर लेना। तरुणावस्था में ही उनके गायन 'बाबुल मोरा नैहर छूटो ही जाए' ने श्रोताओं को रुला दिया था। इसके बाद तो न उन्होंने कभी पीछे मुड़कर देखा, न उनकी लोकप्रियता में कमी आई। उनकी गायकी के रिकॉर्ड भी खूब लोकप्रिय हुए।

देश-विदेश की अनेक संगीत-सभाओं में और आकाशवाणी, दूरदर्शन पर निरंतर गाकर गिरिजा देवी ने अपार प्रशंसा अर्जित की। सन् १९५८ में वसंतोत्सव पर लखनऊ में उन्हें 'उत्तर भारत की कोकिला' घोषित किया गया। विदेश में जगह-जगह उन्हें उपहारों से लाद दिया गया। 'संगीताचार्य', 'संगीत शिरोमणि', 'गान शिरोमणि', 'गान सरस्वती' जैसी उपाधियाँ उन्हें विभिन्न संगीत सम्मेलनों, संगीत-सभाओं द्वारा दी गईं। सन् १९७२ में राष्ट्रीय अलंकार 'पद्मश्री' से सम्मानित होने के बाद इसी वर्ष उन्हें 'पद्मभूषण' से भी अलंकृत किया गया। १९७५ के 'अंतरराष्ट्रीय महिला वर्ष' में कई महिला संस्थाओं द्वारा सम्मानित होने के साथ, 'रोटरी क्लब', 'लायंस क्लब' जैसी संस्थाओं द्वारा भी उनका अभिनंदन किया गया। १९७७ में 'उत्तर प्रदेश संगीत नाटक अकादमी पुरस्कार' पाने के बाद १९७८ में उन्होंने 'राष्ट्रीय संगीत नाटक अकादमी पुरस्कार' भी प्राप्त किया। इसके अलावा राज्य की एवं राष्ट्रीय अनेक कमेटियों, संगीत-समितियों में सदस्य के नाते नीति-निर्णायक भूमिका भी उनकी रही। लेकिन उनसे पूछिए तो कहेंगी, ''मेरा सबसे बड़ा पुरस्कार श्रोताओं और सुधीजनों से मिलनेवाली प्रशंसा ही है, जो मुझे निरंतर प्रेरणा देती है। श्रोता ही कलाकार की प्रतिभा के सबसे बड़े निर्णायक होते हैं।''

विदेशियों में भारतीय शास्त्रीय संगीत की समझ के बारे में प्रश्न उठाने पर उनका उत्तर था—''विदेशी श्रोताओं का अधिक ध्यान वादन की ओर होता है, क्योंकि गायकी में प्रयुक्त शब्दों से अनभिज्ञता उनके आड़े आती है। इसके बावजूद, जब वे कार्यक्रम सुनने आते हैं तो तानों, अलापों, बोल-बनाव आदि का भरपूर आनंद उठाते हैं। मुख्य बात है—भारतीय शास्त्रीय संगीत की सात्त्विकता के प्रति उनका आकर्षित होना।'' एक

समाचार के अनुसार, गिरिजा देवी ने अमेरिका में बसे प्रवासी भारतीयों के बच्चों के लिए गुरु-शिष्य परंपरा की तर्ज पर एक संगीत विद्यालय खोलने की घोषणा भी की थी।

भारत में शास्त्रीय संगीत के भविष्य के बारे में पूछने पर उन्होंने जो अपनी राय प्रकट की थी, वह ध्यान देने योग्य है—''इसे सुनना जब आज फैशन में शुमार हो गया है और अभिजात्य वर्ग ने इसे अपनी प्रतिष्ठा के साथ जोड़ लिया है, तो हमें इसके भविष्य पर शंका नहीं करनी चाहिए। हाँ, इसे सुननेवाले तो बहुत हैं, पर समझनेवाले कम। इस समझ को बढ़ाने की ओर ही ध्यान देना होगा।''

□

सुकंठी-गर्वीली गायिका
किशोरी अमोनकर

जयपुर-अतरौली घराने की अद्वितीय गायिका आज हिंदुस्तानी संगीत, उसमें भी खयाल-गायन के क्षेत्र में अपना विशिष्ट स्थान रखती है। सुप्रसिद्ध गायिका मोगूबाई कुर्डीकर की पुत्री और गंडा-बंध शिष्या किशोरी अमोनकर ने एक ओर अपनी माँ से विरासत में और तालीम से पाई घराने की विशुद्ध शास्त्रीय परंपरा को अक्षुण्ण रखा है, दूसरी ओर अपनी मौलिक सृजनशीलता का परिचय देकर घराने की गायिकी को और भी संपुष्ट किया है।

माँ मोगूबाई कुर्डीकर, उनकी गुरु बहन केसरीबाई केरकर तथा उनके दिग्गज उस्ताद उल्लादिया खाँ और हैदर खाँ की तालीम को आगे बढ़ाते हुए किशोरी ने आगरा घराने के उस्ताद अनवर हुसैन खाँ से लगभग तीन महीने तक बहादुरी तोड़ी की बंदिश सीखी। पं. बालकृष्ण बुआ, पर्वतकार, मोहन रावजी पालेकर, शरतचंद्र आरोलकर से भी प्रारंभिक मार्ग-निर्देशन प्राप्त किया। फिर अंजनीबाई मालफेकर जैसी प्रवीण गायिका से मींड के सौंदर्य-सम्मोहन का गुर सीखा। उनकी ममतामयी माँ गुरु के रूप में अनुशासन पालन व कड़े रियाज के मामले में उतनी ही कठोर रहीं, जितनी कि उनके समय में उनके अपने गुरु कठोर थे।

ऐसे ख्यातनाम संगीतकारों के सान्निध्य में किशोरी के संगीत की जड़ों का पुख्ता होना स्वाभाविक ही था। इसी परंपरावादी शास्त्रीय पृष्ठभूमि को उजागर करते हुए किशोरी अमोनकर ने जयपुर घराने की गायिकी में अद्‍भुत महारत हासिल की है, फिर भी उन्होंने घराना इसीलिए नहीं अपना लिया कि वह प्रारंभ से इसी के साथ जुड़ी थीं।

उन्होंने सभी घरानों का संगीत सुना-परखा, इसके बाद ही इसको पसंद किया। उनकी मान्यता है, "किसी घराने से चिपके रहना बाहर से कुछ सुंदर लेने पर प्रतिबंध लगाना और कुछ विशिष्ट बनाने में बाधा उत्पन्न करना है।" अपनी इस प्रगतिशील विचारधारा के अनुसार ही उन्होंने नए प्रयोग किए और अपनी परंपरागत जड़ों पर मजबूती से स्थिर रहते हुए अपनी गायिकी की विशिष्ट पहचान बनाई। आज वह इस घराने की प्रतिनिधि व्याख्याता के रूप में प्रतिष्ठित हैं।

किशोरी अमोनकर मूलत: भावप्रणव हैं। बंदिशों और रागों की प्रकृति के अनुसार तथा रसानुकूल भावाभिव्यक्ति की उनमें अद्‌भुत क्षमता है। कभी शांत, खामोशी का आलम बिखेरती हुईं, कभी आध्यात्मिकता से ओत-प्रोत पावन सलिला बहाती हुईं, तो कभी विरह-गायन द्वारा श्रोताओं के दिलों को बचैन करती हुईं। भाव और रस की स्रोतस्विनी-सी, उमंग से लबालब भरी उनकी गायिकी श्रोताओं को भी अपनी इन्हीं भावधाराओं में बहा ले जाती है और श्रोता अपने मानस सरोवर में गोते लगाते रहते हैं।

शास्त्रीय संगीत की कसौटी मात्र उसकी कर्णप्रियता नहीं होती, उसमें सरसता का सहज अनिवार्य गुण भी होना चाहिए कि श्रोताओं के दिल और दिमाग दोनों को खुराक मिल सके। साथ ही उसे प्राविधिक विशेषताओं, नियमबद्धता और अलंकारों को यथास्थान लगाने की तरकीबों से भी पुष्ट होना चाहिए। किशोरी अमोनकर इस शास्त्रीयता और लोकप्रियता के दोनों गुणों को एक साथ साधने में सक्षम हैं। एक ओर उन्होंने अतरौली-जयपुर गायिकी के प्रणेता उल्लादिया खाँ की तान-फ्रिकोंवाली दुरूह व ओजपूर्ण शैली को अपनाया है; तो दूसरी ओर इस सशक्त गायिकी में लालित्य भरकर उसे सुकुमारिता भी प्रदान की है। इसलिए उनकी गायन-शैली को 'रोमानी शास्त्रीयता' की संज्ञा देना उचित होगा।

किशोरी अमोनकर को जिन्होंने गाते समय देखा है, वे इस तथ्य से परिचित और भावार्द्र होंगे कि उस समय मुँदी पलकों के साथ वह कितनी एकाग्रचित्त और आत्मनिष्ठ होती हैं। स्वयं विभोर होकर श्रोताओं को रस-विभोर करते जाना उनकी गायिकी की विशेषता है। सुकंठ का एक रसीलापन, जिसमें भावार्द्रता के गहरे पुट के साथ एक तरावट, एक कशिश, एक मिठास, लोच, थिरकन और पैनापन भी। अभिजात्य संगीत का ऐश्वर्य, ललित संगीत का भावसिक्त प्रभाव और अध्यात्म में चरम प्रकाश की तलाश—एक साथ। जैसे मंदिर की वैभवशाली अट्टालिका में बारीक पच्चीकारी और उसपर चढ़ी सुकोमल बल्लरी। ये सारी विशेषताएँ एक साथ आज की गायिकाओं में बहुत कम मिलती हैं।

प्रश्न उठता है कि वह राग और भाव में प्राथमिक महत्त्व किसे देती हैं? उनका उतर होगा, "मैं सबसे पहले भाव को प्रधानता देती हूँ, फिर राग को। राग शास्त्र है,

भाव उसे सँजोने के लिए उसकी आवश्यकता। यदि यों कहें कि राग तो भाव के लिए ही जनमा है, तब भी भाव ऊपर हुआ कि नहीं?''

इसी संदर्भ में जब उनपर कुछ समालोचकों का आरोप लगता है कि वह रागों में स्वच्छंदता बरतती हैं, तब भी उनके अनुसार, ''यह आरोप बिलकुल निराधार है। मैं शास्त्रीय पद्धति की पुजारिन हूँ और इसी की खातिर राग की गहराइयों में प्रवेश करती हूँ। मेरी परंपरा, शिक्षा-दीक्षा, अभिव्यंजना सब शास्त्रीय हैं। एक भी ऐसा उदाहरण नहीं कि जहाँ मैंने राग के साथ स्वच्छंदता बरती हो। मैंने तो भजन तक 'राग माला' में गाए हैं। मैं सुप्रसिद्ध शास्त्रीय गायिका मोगूबाई की बेटी और शिष्या होकर परंपरा से द्रोह कर ही नहीं सकती। मेरे जीवन और संगीत में अनुशासन नहीं होता तो में इतना ऊपर उठ ही नहीं सकती थी। मैं अपने गायन में चंचल हो सकती हूँ, स्वच्छंद नहीं। इसलिए भी नहीं कि अध्यात्म में मेरा लगाव अंतर्निहित है। मैंने संगीत को हमेशा एक प्रार्थना और साधना समझा है। भगवान् और संतों पर मेरा अटल विश्वास है। अपने स्वरों के माध्यम से मैं ईश्वर को खोज रही हूँ। कला और कलाकार अनासक्त नहीं रह सकते। आसक्ति ही कलाकार को वास्तविक उपलब्धियों के अनंत की ओर ले जाती है। स्वर मेरे लिए भगवान् हैं, सतत साध्य और आराध्य हैं।''

इसी तरह परंपरा और परिवर्तन, शास्त्रीयता और प्रयोगधर्मिता पर उनके विचार हैं—''सब ललित कलाएँ भावों और रसों पर आधारित हैं। भावोद्रेक और रसोद्रेक में बहते हुए हम कल्पना की कितनी ही उड़ान भर लें, अपनी सृजनशीलता के कितने ही कौशल दिखलाएँ, अपनी जड़ों से परे नहीं जा सकते। कितने ही परिवर्तन हम करना चाहें, पर सुर तो सात ही होते हैं, उन्हें आठ नहीं बना सकते। हरेक स्वर को हर दृष्टि से देखना, समझना, परखना और बौद्धिक, मानसिक, कलात्मक क्षितिज विशद् करना, यही प्रगति है और यह प्रगति संगीत की परिधि में सन्निहित है। केदार के षड्ज और यमन के षड्ज में बहुत फर्क है, पर इसे समझनेवाले लोग कितने हैं?''

किशोरी अमोनकर का जन्म १० अप्रैल, १९३१ को हुआ। स्कूली शिक्षा में उन्होंने विशेष रुचि नहीं ली। माँ के साथ गाती रहीं और प्रशिक्षण प्राप्त करती रहीं। १९५२ से रेडियो पर गाने लगीं। १९५७ में अमृतसर में उनका प्रथम सार्वजनिक कार्यक्रम हुआ और फिर यह सिलसिला चल पड़ा। पहले कोल्हापुर, पूना, बंबई में उन्होंने अपनी विशेष पहचान बनाई और फिर यह नाम देश-विदेश के मंचों पर भी छाने लगा।

उनके गायन से बनी उनकी विशिष्ट पहचान के साथ ही उनके स्वभाव की भी एक पहचान बनती चली गई—बड़े उस्तादों की तरह उनका मूडी और हठी होना। उनके गायन-समारोहों के संचालक उन्हें आमंत्रित करने के बाद कुछ डरने व आशंकित होने लगते हैं कि कहीं वह स्वीकृति देकर समय पर न आ सकने का तार न भेज दें या

पधारने पर भी किसी श्रोता या श्रोता समूह द्वारा कुछ हलका-फुलका सुनाने की फरमाइश पर बिगड़कर गाना बंद न कर दें अथवा टोकनेवालों को डाँट लगाकर हंगामा न खड़ा कर दें। खयाल गायन के लिए प्रसिद्ध यह गर्वीली गायिका न तो ठुमरी गाती हैं, न श्रोताओं की फरमाइश पर अर्धशास्त्रीय गायन अथवा सुगम संगीत सुनाने के लिए राजी होती हैं। खयाल गायन में भाव-विभोरता ही उनकी गायन-शैली की खास पहचान है। संगीत-पारखी उनके इसी गायन की फरमाइश करते हैं और उनकी गायकी के रिकॉर्ड अच्छी संख्या में बिकते भी हैं।

□

संगीत-विदुषी : **प्रभा अत्रे**

सन् १९९० के गणतंत्र दिवस पर 'पद्मश्री' से अलंकृत दो गायिकाओं ने विशेष रूप से मेरा ध्यान आकर्षित किया था। इनमें से एक नाम था—असगरीबाई, दूसरा प्रभा अत्रे।

हर वर्ष कुछ चुने हुए कलाकारों को इन उपाधियों से विभूषित किया ही जाता है, फिर भला इसमें विशेष बात क्या थी?

थी, कई मायनों में थी। बीच के वर्षों में बिसार दी गई असगरीबाई को देर से याद किया गया, इसलिए संगीत-जगत् की पिछली दो पीढ़ियाँ (अब तो तीसरी चल रही है) एक साथ एक मंच पर आ खड़ी हुईं, पर इस घटना को मात्र पीढ़ी-अंतर कहकर ही व्याख्यायित नहीं किया जा सकता। दोनों की शिक्षा-दीक्षा, साधना, जीवनयापन-शैली में जमीन-आसमान का अंतर मैं देखती हूँ। कहाँ लगभग अनपढ़ असगरीबाई की अपने गुरु की क्रूरता की सीमा छूते, कठोर अनुशासन में बँधी लंबी दीक्षा, कड़ी साधना, इसके बावजूद भुला दिए जाने पर घोर गरीबी में जीवन यापन (यह मार्मिक कहानी पूर्व में दी जा चुकी है) और कहाँ विज्ञान और कानून में स्नातक प्रभा अत्रे द्वारा भारत सरकार की छात्रवृत्ति लेकर संगीत में मास्टर डिग्री और डॉक्टरेट प्राप्त करना, फिर किसी विश्वविद्यालय में प्रोफेसर व विभागाध्यक्ष के रूप में सम्मानजनक पद ग्रहण करना।

है कोई समानता इन दो स्थितियों में? पर सच्ची कला तो किसी भी तरह के भेदभाव से परे होती है। कला की ऊचाइयाँ ही उन्हें समान धरातल पर खड़ा करके समान राष्ट्रीय अलंकरण-सम्मान प्रदान कर सकती है। कला की अदाकारी की यही विशेषता इस घोषणा के बाद तत्काल मेरे दिमाग में आई थी, जिसने मेरा ही नहीं, मेरे साथ अन्य कई कला-प्रेमियों का ध्यान आकर्षित किया होगा। इसके बाद तो प्रभा

'संगीत-नाटक अकादमी पुरस्कार' से लेकर 'पद्मभूषण' अलंकार (२००२) और प्रतिष्ठित 'कालिदास सम्मान' (२००४) सहित अनेकों पुरस्कार, सम्मान व उपाधियों से विभूषित हो चुकी हैं और एक गुरु के रूप में 'डॉ. प्रभा अत्रे फाउंडेशन' तथा 'स्वरमयी गुरुकुल' जैसे संस्थान भी स्थापित कर चुकी हैं।

संगीत प्रतिभा और संगीत-चिंतक डॉ. प्रभा अत्रे संगीत-जगत् की एक महत्त्वपूर्ण हस्ती मानी जाती हैं। इसके पूर्व सन् १९८९ में संगीत विषयक चिंतन पर आधारित पुस्तक 'स्वरमयी' के लिए वह महाराष्ट्र के राज्य पुरस्कार से भी सम्मानित की जा चुकी हैं। 'आचार्य अत्रे संगीत पुरस्कार' और जगत्गुरु शंकराचार्य द्वारा 'गण प्रभा' उपाधि भी ग्रहण कर चुकी हैं। आकाशवाणी में दस वर्ष तक असिस्टेंट प्रोड्यूसर के रूप में काम कर चुकी हैं। आकाशवाणी और दूरदर्शन की 'सर्वोच्च श्रेणी' की गायिका होने के साथ-साथ, शास्त्रीय संगीत की रिकार्डिंग के लिए प्रसिद्ध 'स्वरश्री' रिकार्डिंग कंपनी की चीफ म्यूजिक प्रोड्यूसर व डायरेक्टर भी रही हैं। पूरे भारत में और भारत से बाहर अनेक देशों के सार्वजनिक मंचों पर एक हजार से अधिक गायन कार्यक्रम प्रस्तुत कर चुकी हैं। सरकारी व संस्थागत संगीत मेलों, सभाओं, समारोहों में भाग ले चुकी हैं। कई विदेशी विश्वविद्यालयों में 'विजिटिंग प्रोफेसर' के रूप में आमंत्रित की जा चुकी हैं और एस.एन.डी.टी. महिला विश्वविद्यालय, बंबई में प्रोफेसर व विभागाध्यक्ष के रूप में भी कार्य कर चुकी हैं।

डॉ. प्रभा अत्रे की संगीत में उच्च शिक्षा, शोध, साधना और व्यापक उपलब्धियों को देखते हुए महाराष्ट्र सरकार द्वारा उन्हें 'विशेष कार्यकारी मजिस्ट्रेट' के रूप में नियुक्ति देकर उनकी कला को मान्यता प्रदान की गई। कई विश्वविद्यालयों की ओर से उन्हें संगीत अध्ययन बोर्डों की सदस्या तथा संगीत में एम.ए., एम.फिल. और पी-एच.डी. की परीक्षाओं के लिए परीक्षक नियुक्त किया गया। उन्हें विविध प्रतियोगिताओं, छात्रवृत्तियों, पुरस्कारों के निर्णायक मंडल की सदस्य मनोनीत किया जाता है। कई सेमीनारों, गोष्ठियों, कार्यशालाओं में भागीदारी के अलावा समय-समय पर उन्हें संगीत की शास्त्रीयता पर प्रदर्शन प्रस्तुति के साथ, व्याख्यान देने के लिए भी आमंत्रित किया जाता है।

इस सब के अलावा 'विश्वविद्यालय अनुदान आयोग' के ललित कला और कला इतिहास विषय के 'पैनल' की सदस्य, आकाशवाणी के 'उत्तर भारतीय संगीत ऑडीशन बोर्ड' की गैर-सरकारी मनोनीत सदस्य, 'फिल्म सेंसर बोर्ड' की केंद्रीय सलाहकार समिति की सदस्य, पश्चिमी क्षेत्र की 'संगीत शोध अकादमी', 'महाराष्ट्र राज्य सांस्कृतिक कमेटी', 'भारतीय राष्ट्रीय रंगमंच' की सदस्य भी रही हैं।

एक साथ इतने प्रतिष्ठित पद और सम्मान! ये सारी उपलब्धियाँ उनके गायन का

ही तो सम्मान है। क्या है वह गायन? कैसा है? इसका निर्णय तो उसका रसास्वादन करके ही किया जा सकता है, जो अकसर श्रोताओं, दर्शकों ने किया ही होगा, क्योंकि सन् १९५५ से वह निरंतर गा रही हैं—भारतीय और विदेशी, दोनों मंचों पर, आकाशवाणी पर, दूरदर्शन पर। इंग्लैंड, अमरीका, कनाडा, जापान, हांगकांग, सिंगापुर, केनिया, अफ्रीका, अफगानिस्तान, ईरान, मॉरीशस, दुबई, बहरीन, मास्को (रूस), नीदरलैंड आदि देशों में उनके दो सप्ताह से लेकर छह महीने तक कार्यक्रम चले हैं; इंग्लैंड, अमरीका और कनाडा में तो एक से अधिक बार।

यों गायन की परंपरागत गुरुकुल शैली से लेकर पश्चिमी संगीत तक में प्रभाजी ने प्रशिक्षण लिया है, कत्थक नृत्य भी सीखा है और रेडियो नाटकों से लेकर मंचीय नृत्य-नाटिकाओं तक में भाग लेकर अभिनय कला को भी आजमाया है, पर शास्त्रीय संगीत ही उनका वास्तविक क्षेत्र है। संगीत की जिन शैलियों में उन्हें विशेष महारत या विशेषज्ञता प्राप्त है, वे हैं—खयाल, ठुमरी, भजन और गजल। उन्होंने गायन की अपनी एक विशेष शैली विकसित की है। 'पद्मभूषण' हीराबाई बड़ोदकर के बड़े भाई सुरेश बाबू माने उनके (किराना घराने के) गुरु रहे। यह प्रेरणा उन्होंने उस्ताद अमीर खाँ, बड़े गुलाम अली खाँ जैसे बड़े कलाकारों से भी पाई और फिर निरंतर शोध, प्रयोग व अभ्यास द्वारा अपनी आवाज और शैली को निखारा। जिन कला-प्रेमियों ने उन्हें मंच पर गाते देखा है, वे उनके प्रभावशाली व्यक्तित्व, संभ्रांत, शालीन उपस्थिति व मँजी-सधी आवाज से अभिभूत हुए बिना न रहे होंगे। अलाप, तान, सरगम का समाँ भी नहीं बँध जाता, परंपरागत शैलीवाले अधिक दुहराव से बचकर भावात्मक अपील पर ध्यान देने की उनकी निजी शैली भी काफी पसंद की जाती है, जिसने वर्तमान समय में शास्त्रीय संगीत की लोकप्रियता बढ़ाने में अपना महत्त्वपूर्ण योगदान किया है। संभवतः शास्त्रीय संगीत का भविष्य ऐसी संगीत विदुषियों द्वारा ही निर्धारित होगा; पर परंपरा से आधुनिकता के सही मिलान द्वारा भारत की इस समृद्ध परंपरा को आगे ले जाने में वक्त का यह तकाजा कितना उपयोगी सिद्ध होगा, यह आनेवाला समय ही बताएगा।

इस अद्भुत संगीत प्रतिभा का जन्म पूना में हुआ। माता-पिता दोनों आध्यात्मिक वृत्ति के एवं संगीत-प्रेमी रहे, जिन्होंने अपनी इस बेटी के आत्म-विकास तथा पसंद के कैरियर में आगे बढ़ने में कोई बाधा नहीं दी। परिवार में एक बहन और हैं, जो विवाहित हैं और पति-पत्नी दोनों डॉक्टरी के पेशे में हैं, पर प्रभाजी ने विवाह नहीं किया, अपनी कला को ही समर्पित हो गईं। उनके अनुसार, ''मैं इस मामले में बहुत 'चूजी' रही। पूर्णता में विश्वास करने के कारण ऐसा मनपसंद साथी मिला ही नहीं, जो मेरी कला-साधना में बाधक न बन, प्रेरणा और प्रोत्साहन से मेरी खुशियों को बढ़ा सकता। अब तो विचार छोड़ ही दिया है। अपने रियाज, अपनी गतिविधियों से अवकाश ही नहीं पाती,

जो कुछ पाती हूँ, उसे अध्ययन, नाटक आदि देखने, कला-कार्यक्रमों में सम्मिलित होने तथा नि:सर्ग के सान्निध्य में किसी शांत जगह में बिताती हूँ। कलाकार हमेशा एक विद्यार्थी होता है। साधना एक निरंतर कार्य-प्रक्रिया है। उसमें से ही शांति और आनंद पाकर हम उसे दूसरों में बाँटते हैं। मान-सम्मान, पुरस्कार क्षणिक आनंद के साधन हैं, स्थायी आनंद तो कला माध्यम से स्वयं को पहचानने-पाने में ही है।'' एक गहरी बात, जो हर साधक की उपलब्धि भी है, नियति भी—यानी कुछ अलौकिक पाने के लिए कुछ भौतिक खोना भी पड़ता है।

डॉ. प्रभा अत्रे की विशेष उपलब्धि भी यही है कि उन्होंने अधिकतर अपने बलबूते ही अपनी कला को माँजा-निखारा है और इस क्षेत्र में साधना के साथ शोध अध्ययन, अन्वेषण द्वारा दूसरों के सामने एक उदाहरण प्रस्तुत किया है। खयाल, ठुमरी, दादरा, तराना, भजन, गीत, गजल में वह २०० से अधिक रचनाओं की रचनाकार हैं। शास्त्रीय संगीत के विभिन्न पक्षों पर पत्र-पत्रिकाओं में निरंतर लिखने के अलावा उन्होंने 'स्वरमयी', 'स्वरांजलि' जैसी कई चर्चित पुस्तकों की रचना भी की है। ऐसी संगीत-प्रतिभा पर आधुनिक भारत को गर्व है।

□

भारतीय 'ओपेरा' की अग्रणी कलाकार
शन्नो खुराना

गणतंत्र दिवस १९९१ पर जिन कलाकारों को 'पद्मश्री' के राष्ट्रीय अलंकरण से अलंकृत किया गया, उनमें शन्नो खुराना भी एक नाम था। शन्नो खुराना एक ऐसा नाम, जो शास्त्रीय संगीत की अपनी विशिष्ट शैली और सुमधुर गायकी के लिए तो प्रसिद्ध है ही, भारतीय ओपेरा (संगीत-नाटिका) के पुनः प्रवर्तन-संवर्धन के साथ भी जुड़ा है, बल्कि यूँ कहें कि भारतीय ओपेरा की रचनाकार, निर्देशिका और अभिनेत्री के नाते उन्हें जो अपार प्रसिद्धि मिली है, उसने उनकी शास्त्रीय गायिका को भी पीछे छोड़ दिया है, यद्यपि अपनी संगीत-नाटिकाओं में भी उन्होंने शास्त्रीय रागों का ही भरपूर प्रयोग किया है।

शन्नोजी का जन्म १९२७ में जोधपुर में हुआ। चार साल की छोटी उम्र से ही उनकी संगीत-शिक्षा आरंभ हो गई थी। पाँच-छह साल की आयु में उन्होंने बिना किसी प्रशिक्षण के हारमोनियम बजाना आरंभ कर दिया था। तेरह साल की किशोरावस्था में उनकी विधिवत् संगीत-शिक्षा ग्वालियर घराने के प्रोफेसर रघुनाथ राव मुसलगाँवकर से जोधपुर में आरंभ हुई। इसके बाद वह रामपुर घराने के उस्ताद (पद्मभूषण) मुश्ताक हुसैन खाँ साहब की शिष्या बनीं। तब से आज तक शन्नो खुराना रामपुर-ग्वालियर घराने का ही प्रतिनिधित्व करती हैं। श्री इश्तियाक हुसैन खाँ के निर्देशन में उन्होंने 'खयाल गायकी के विविध घराने' पर शोध ग्रंथ लिखकर संगीत में मास्टर की डिग्री प्राप्त की और सुप्रसिद्ध संगीतज्ञ ठाकुर जयदेव सिंह (पद्मभूषण) के मार्गदर्शन में डॉक्टरेट की उपाधि प्राप्त की। उनका पी-एच.डी. का शोध विषय था—'राजस्थान का लोक-संगीत'।

"राजस्थान के लोक-संगीत की ओर वह कैसे आकृष्ट हुईं?" यह पूछने पर शन्नोजी का उत्तर था, "जब तक मैं जोधपुर में रही, इस ओर अधिक ध्यान नहीं दिया, न राजस्थान के लोक-संगीत ने विशेष रूप से मेरा ध्यान खींचा, पर कई वर्षों बाद आंतरिक प्रेरणा से (इसे बचपन की संस्कारगत प्रेरणा भी कह सकते हैं, जो पहले मेरे भीतर अज्ञात रूप से दबी रही) मुझे लगा, यह ऐसा क्षेत्र है, जिसमें मैं कुछ कार्य कर सकती हूँ। यह एक विस्तृत विषय है। काम कठिन था, पर मैं जानना चाहती थी कि शास्त्रीय संगीत के विभिन्न राग राजस्थानी लोक-संगीत में कैसे? और बस मेरे शोध-विषय के लिए राह खुल गई।

"इसके पूर्व 'खयाल गायकी के विविध-घराने' शोध-विषय तो मैंने शास्त्रीय संगीत की प्रशिक्षार्थी के रूप में लिया था, पर 'राजस्थान का लोक-संगीत' विषय का चुनाव मेरे भीतर की कलाकार ने अपनी आंतरिक प्रेरणा, जिसे अंग्रेजी में हम 'अर्ज' कहते हैं, से अपनी आंतरिक संतुष्टि के लिए स्वयं ही कर लिया। एक में शास्त्रीयता का एक विशेषीकृत अध्ययन है, दूसरे में जनमानस में बहनेवाले अविकल संगीत-प्रवाह में झाँकने-आँकने का एक सहज मानवीय प्रयत्न, भले ही डॉक्टरेट के लिए उसे शास्त्रीयता की सीमाओं में बाँध दिया जाए, वैसे तटीय बंधन से परे है वह।"

"और ओपेरा? शास्त्रीय संगीत से आप इस ओर कैसे आईं?"

"मेरा विशेष क्षेत्र शास्त्रीय संगीत ही है। मेरी रुचि खयाल, ठुमरी, तराना, टप्पा, चैती, कजरी, भजन, गजल गायन में प्रथम है। मैं भारत और विदेशों की अनेक संगीत-सभाओं में भाग लेती रही हूँ, पर आप जानती हैं, शास्त्रीय संगीत हर व्यक्ति नहीं समझ सकता। ओपेरा एक माध्यम है, शास्त्रीय संगीत में सामान्य-जन की रुचि व समझ विकसित करने का। इसमें सभी चीजें आ जाती हैं—संगीत, थिएटर, कोरियोग्राफी। प्रदर्शनकारी कला के सभी पक्ष 'ओपेरा' या संगीत-नाटिका में आ जाते हैं। फिर लोकरुचि की हमारी यह कला, जो विस्मृत-विलुप्त सी हो गई थी, भारतीय ओपेरा के रूप में इसके पुनः प्रचलन और विकास को मैंने अपना ध्येय बना लिया और यह प्रयोग सफल भी रहा।

"पहले 'हीर-राँझा' में मैंने जो संगीत-निर्देशन किया, वह लोक-संगीत पर ही आधारित था। फिर सन् १९६३ में मैंने जो 'सोहिनी-महिवाल' ओपेरा किया, उसमें शास्त्रीय रागों का प्रयोग किया। जनता द्वारा उसे समझे जाने व स्वीकार किए जाने पर सन् १९७० में मैंने उर्दू भाषा में पहला ओपेरा किया—'जहाँआरा'। इस ओपेरा में मैंने ६० रागों को इस्तेमाल किया। ओपेरा-माध्यम से सभी राग स्वीकार किए गए तो सन् १९७२ के अगले हिंदी ओपेरा 'चित्रलेखा' में मैंने ८० शास्त्रीय रागों का सफल प्रयोग किया। इस तरह मेरा यह ध्येय पूरा हो गया कि ज्यादा-से-ज्यादा लोग शास्त्रीय संगीत

को समझें और स्वीकारें।

"उर्दू 'जहाँआरा' और हिंदी 'चित्रलेखा' के बाद मैंने पंजाबी में 'सुंदरी' ओपेरा प्रस्तुत किया। यह भी खूब सफल रहा। यह बात सिद्ध हो गई कि संगीत की भाषा 'यूनीवर्सल' है और ओपेरा-माध्यम शास्त्रीय संगीत को जन-जन तक पहुँचाने का एक लोकप्रिय साधन। कला के स्तर और लोकप्रिय मनोरंजन के बीच समन्वय सूत्र पिरोने का यह प्रयास आगे बढ़ना चाहिए, पर खेद के साथ कहना पड़ता है कि हमारे देश में अभी तक कोई ओपेरा-स्कूल या ट्रेनिंग सेंटर नहीं है। संगीत-नाटिकाओं (ओपेरा) के विधिवत् शिक्षण के लिए ऐसा एक संस्थान होना चाहिए, जहाँ प्रशिक्षण के साथ इसके विभिन्न विभागों पर 'रिसर्च' भी हो सके।

शन्नो खुराना की गायन-शैली का अपना अलग अंदाज है। खयाल, ठुमरी, तराना, टप्पा, चैती, कजरी, भजन और गजल गाने में उनका कोई सानी नहीं। उनकी सशक्त आवाज में माधुर्य है और है हृदय तक उतर जाने की सामर्थ्य। देश-विदेश में उनकी स्पष्ट, मधुर ध्वनि का मोहक जाल फैला हुआ है। अनेक सांस्कृतिक प्रतिनिधिमंडलों के साथ उन्होंने विदेश यात्राएँ की हैं। ईरान, टर्की, मिस्र, सीरिया, यूनान, नेपाल, अफगानिस्तान, सोवियत संघ, टोकियो, हांगकांग में उनके संगीत कार्यक्रम हो चुके हैं।

शन्नोजी स्वयं संगीत-निर्देशिका और सफल अभिनेत्री भी हैं। वह प्रथम महिला हैं, जिन्होंने भारतीय संगीत-नाटिका विधा को भारतीय ओपेरा के रूप में पुनः प्रारंभ किया। उन्होंने जयशंकर प्रसाद के 'स्कंदगुप्त' नाटक का भी प्रस्तुतीकरण किया, जो नेशनल स्कूल ऑफ ड्रामा की ओर से खेला गया। उनके 'चित्रलेखा' ओपेरा के समय लेखक भगवती बाबू स्वयं उपस्थित थे। उन्होंने मंच पर आकर भरे गले से कहा था—"जब मैंने चित्रलेखा उपन्यास लिखा, मैं २७ वर्ष का था, आज ७५ वर्ष का हूँ। इस कहानी पर दो बार फिल्में बनीं, पर शन्नो खुराना ने कथा की मूल भावना को अधिक सुरक्षित रखा है।"

"पश्चिमी और भारतीय ओपेरा में क्या अंतर है?" यह पूछने पर उन्होंने कहा, "अधिक अंतर नहीं, पर वहाँ बहुत बड़ा ऑर्केस्ट्रा होता है और गायकों की कई श्रेणियाँ। यहाँ वैसी व्यवस्था होने में समय लगेगा। फिलहाल यही संतोष है कि हमारी यह लगभग विलुप्त विधा फिर से चलन में है। इस दिशा में आगे बहुत काम करने की जरूरत है।"

अनेक वृत्तचित्रों के लिए संगीत रचनाएँ और निर्देशन प्रदान करने के साथ शन्नोजी पहली महिला संगीतकार हैं, जिन्होंने भारतीय गीति-नाट्यों को शास्त्रीय संगीत से सुसज्जित किया। सन् १९६८ में उन्होंने 'गीतिका' नाम से एक संस्था की स्थापना भी की, जिसके तत्त्वावधान में १९८३, १९८६, १९८८ में 'भैरव से सोहनी' शीर्षक संगीत-

सम्मेलन आयोजित किए गए। इनमें केवल महिला संगीतज्ञों ने भाग लिया था। अब तो यह एक आंदोलन का रूप ले चुका है, जो गैर-घराना पद्धति की महिला कालाकारों को भी प्रोत्साहित करता है। 'भारत-महोत्सव' के दौरान १९८८ में सोवियत संघ में जो 'स्त्री' प्रदर्शनी आयोजित की गई थी, उसमें भाग लेने के लिए भेजे गए शिष्टमंडल का नेतृत्व व निर्देशन भी शन्नोजी ने ही किया था।

संगीत-विदुषी शन्नो खुराना प्रसिद्ध संगीतज्ञों के डिस्क व संगीत पर लिखी पुस्तकों की समीक्षा करने के अलावा, गोष्ठियों-सेमीनारों में संगीत-विषयक आलेख भी पढ़ती हैं और दुर्लभ रागों पर प्रदर्शन-भाषण भी देती हैं। अपनी इन्हीं विशिष्ट सेवाओं के कारण वह पहले 'पंजाब संगीत नाटक अकादमी पुरस्कार' और 'दिल्ली नाट्य संघ पुरस्कार' से सम्मानित हुईं, फिर राष्ट्रीय अलंकरण 'पद्मश्री' से। इसके बाद तो उनके लिए बड़े प्रतिष्ठित पुरस्कारों-सम्मानों के लिए भी द्वार खुले—'इंदिरा गांधी प्रियदर्शिनी पुरस्कार' से लेकर २००३ में संगीत नाटक अकादमी की 'फैलोशिप' तक। समरकंद के एक समारोह में उन्हें यूनेस्को द्वारा 'एशिया की सुनहरी बुलबुल' कहकर सम्मानित किया गया। आकाशवाणी और दूरदर्शन पर नियमित प्रसारण के साथ वह अनेक कला-संस्थाओं व विश्वविद्यालयों के कला-निकायों में कार्यकारी समिति सदस्य, उपाध्यक्ष व परीक्षक के सम्माननीय पदों को भी सुशोभित कर रही हैं। अभी तो उनकी कला-यात्रा जारी है, आगे उनके लिए और बड़ी उपलब्धियों के द्वार खुल सकते हैं।

□

संगीत की अनंगरंग-परंपरा को आगे बढ़ानेवाली : सुलोचना बृहस्पति

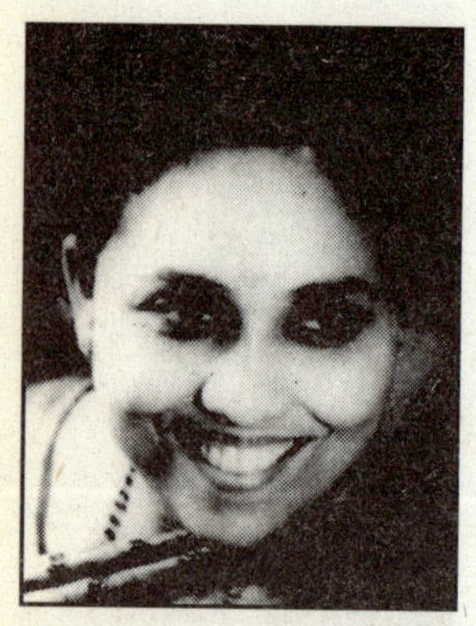

रामपुर घराने और आचार्य कैलाश चंद्र देव बृहस्पति की संगीत-परंपरा को आगे बढ़ानेवाली सुलोचना बृहपति भी संगीत-जगत् का एक जाना-पहचाना नाम है। आचार्य बृहस्पति की 'अनंगरंग' संगीत परंपरा के गायन को लेकर तो उनका नाम विशेष रूप से चर्चित है।

उनके शब्दों में—"आचार्य बृहस्पति मेरे पति और गुरु दोनों ही थे। कभी-कभी दोनों की भूमिका अर्थात् पत्नी और शिष्या के रूप में एक साथ निभाना अत्यंत कठिन लगता था, परंतु कालिदास ने कहा है, 'गृहिणी, सचिव, सखी और ललित कला की विधि में प्रिय शिष्या आदर्श पत्नी होती है।' इसके अनुसार आदर्श न समझें, पर मुझे शिष्या और सहधर्मिणी, दोनों होने का सौभाग्य तो प्राप्त हुआ ही है। इसके साथ आचार्यश्री के चरणों में बैठकर निरंतर संगीत-साधना का अवसर भी तो मुझे प्राप्त हो सका।

"मेरे श्वसुर कुल की चार पीढ़ियाँ रामपुर दरबार में अत्यंत सम्मानपूर्वक रहीं। उस दरबार में बीन, पखावजी, ध्रुपद गायक, तबला वादक, सारंगी वादक, खयालिए आदि सभी रहे। वहाँ के गुणग्राही नवाबों ने जो मधु संचय किया, मेरे श्वसुर परिवार का इस कार्य में महत्त्वपूर्ण पौरोहित्य रहा है और मेरे पति आचार्य बृहस्पति इस दृष्टिकोण के प्रमुखतम व्याख्याकार थे। आचार्यजी का संगीत के क्रियात्मक पक्ष पर जितना अधिकार था, उतना ही उसके शास्त्रीय पक्ष पर भी। लोग मुझसे पूछते हैं, "आचार्य बृहस्पति की 'तालीम' में ऐसी क्या विशेषता है, जिससे मैं आकृष्ट हुई?" मेरा उत्तर है, "आचार्य बृहस्पति का सान्निध्य पाने से पूर्व भी, बचपन से लेकर आज तक, मैंने जिन-जिन

गुरुजनों से सीखा, वे सभी मेरे लिए समान रूप से पूज्य हैं।''

सुलोचना बृहस्पति का जन्म इलाहाबाद के एक संगीतमय और शैक्षणिक-सांस्कृतिक पृष्ठभूमिवाले महाराष्ट्रीयन परिवार में ७ नवंबर, १९३७ को हुआ। श्री पंढरिनाथ कालेकर व श्रीमती विमलाबाई कालेकर की पुत्री सुलोचना ने अंग्रेजी में एम.ए. तक शिक्षा ग्रहण की, लेकिन उनकी संगीत शिक्षा इसके बाद नहीं, स्कूली शिक्षा काल से ही शुरू हो गई थी। पहले इलाहाबाद के पंडित भोलानाथ भट्ट के पास, फिर रामपुर के प्रसिद्ध उस्ताद मुश्ताक हुसैन खाँ की शिष्या के रूप में, लेकिन उनकी वर्तमान संगीत उपलब्धियाँ उनके पति आचार्य बृहस्पति की ही देन हैं, जो संगीत-क्षेत्र के जाने-माने विद्वान् और रचनाकार थे। सुलोचनाजी कहती हैं, ''स्वर्गीय उस्ताद मुश्ताक हुसैन खाँ साहब ने मुझे स्वर-साधना की शिक्षा दी, लंबी साँस और पूरा दम भरना खाँ साहब की देन है। स्व. पंडित भोलानाथ भट्ट ने मुझे सैकड़ों दुर्लभ बंदिशें दीं और मेरे संग्रह में वृद्धि की। आचार्यजी तक पहुँचाने का श्रेय भी भोलानाथ भट्टजी को ही है। इसके बाद मेरे पूज्यगुरु और पति ने मुझे स्वर के लगाव, राग के रूप और विस्तार, तानों के निर्माण और अभ्यास लय के साधिकार प्रयोग, स्वर और साहित्य के समन्वय, राग की रसात्मक प्रस्तुति आदि के विषय में दुर्लभ दृष्टि दी। अपने प्रत्येक कथन की पुष्टि के लिए उनके पास अखंडनीय एवं संगत तर्क होता था। शिष्य निष्पादन करने की कला में वे अत्यंत निपुण थे और स्वयं अपने सामने बैठाकर मुझे प्रतिदिन अभ्यास कराते थे। उन्होंने सैकड़ों बंदिशें बनाईं, जो बहुत पसंद की गईं। मेरे पास 'अनंगरंग' की मुद्रा में अंकित सभी बंदिशें मेरे पति और गुरु आचार्य बृहस्पति की ही हैं।''

सुलोचना बृहस्पति ने आगे चलकर स्वतंत्र रूप से भी संगीत में शोध कार्य किया और सैकड़ों नई रचनाएँ प्रस्तुत कीं। उनके पास आज राग-रागिनियों का खासा संग्रह है। वह खयाल, ठुमरी, दादरा, टप्पा सभी कुछ शास्त्रीय परंपरागत ढंग से गाती हैं। अलाप और ध्रुपद अंग को भी संगीत की बुनियादी शैली में प्रस्तुत करती हैं।

देश भर की लगभग सभी संगीत सभाओं में गाने के साथ सुलोचना बृहस्पति ने रूस, हंगरी, मंगोलिया, नेपाल, पश्चिम जर्मनी, इंग्लैंड और अन्य कई यूरोपीय देशों में भी अपने संगीत कार्यक्रम दिए हैं। आकाशवाणी और दूरदर्शन पर वह पिछले तीन दशकों से गा रही हैं। राष्ट्रीय संगीत कार्यक्रमों में भी उनकी हिस्सेदारी रही।

छोटी उम्र से ही उन्हें पुरस्कार भी मिलने शुरू हो गए थे। जैसे १९५५ में आकाशवाणी द्वारा आयोजित संगीत प्रतियोगिता में प्रथम आने पर राष्ट्रपति का 'गोल्ड मैडल' प्राप्त करना। मरफी रेडियो बंबई द्वारा 'मरफी मैट्रो अवार्ड' पाना। सन् १९७७ में 'ऑथर्स गिल्ड ऑफ इंडिया' और 'फेडरेशन ऑफ इंडियन पब्लिशर्स' द्वारा उनकी पुस्तक 'खुसरो, तानसेन तथा अन्य कलाकार' का पुरस्कृत होना तथा सन् १९८४ में

‘उत्तर प्रदेश संगीत नाटक अकादमी पुरस्कार’ प्राप्त करना आदि।

उनकी एक अन्य शोध पुस्तक ‘राग रहस्य’ विभिन्न रागों के रहस्यों पर अच्छा प्रकाश डालती है। रामपुर घराने की ‘सदारंग परंपरा’ और उसके बाद ‘अनंगरंग परंपरा’ की ‘अकेली महिला प्रतिनिधि’ मानी जानेवाली सुलोचना बृहस्पति आज संगीत-जगत् का एक अग्रणी नाम है।

संगीत की प्राचीन पद्धति की शिक्षा के बारे में जब उनसे पूछा गया कि इसका क्या भविष्य है, तो उनका उत्तर था, ‘‘रंजकता सनातन है। रागों की अवतरणा के नियम सनातन हैं। राग और रस का संबंध सनातन है। लय के प्रकार सनातन हैं। सुख-दुःख की अनुभूति सनातन है। प्राचीन संगीत के जो नियम हैं, लगभग वे ही नियम आज के हिंदुस्तानी संगीत के भी हैं। देश और लोक की स्थानीय परंपरा व रुचि के भेद से कुछ अंतर अवश्य हुआ, पर संगीत के सनातन तत्त्व लगभग सभी जगह समान हैं। आचार्यजी कहा करते थे, ‘‘संगीत के क्षेत्र में आज विचार की बड़ी आवश्यकता है, इसी के अनुसार स्वर और साहित्य के समन्वय की भी।’’ यह हो सके तो दीप से दीप प्रज्वलन की तरह यह सनातन परंपरा वर्तमान प्रगतिशीलता को भी अपने प्रवाह का अंग बना लेगी।

□

कला और कलाकार-कल्याण को समर्पित नैना देवी

'मोहे टेर गयो री मुरारी', 'जाग परी मैं तो पी के जगाए', ठुमरी माने 'ठुमक-री', जिसमें ठुमक और रिझाना ही मुख्य भाव हैं।

ठुमरी विशेषज्ञा नैना देवी ने बताया, ''ठुमरी गुरु-शिष्य मौखिक परंपरा में ही रही, इसलिए इस गायकी को शोध-लेखन का विषय नहीं बनाया गया। कई संगीताचार्यों तक ने इसे उपशास्त्रीय गायन समझा। सच तो यह है कि यह विधा अपने भीतर ध्रुपद, धमार, खयाल तीनों प्रकार की गायकी के मूल अंगों को धारण किए हुए है। अत: विधिवत् शिक्षा के बिना नहीं गाई जा सकती।''

''क्या कजरी, चैती की तरह ठुमरी भी लोक-संगीत का ही अंग नहीं, जिसे नवाब वाजिद अली शाह ने शास्त्रीयता का स्वरूप दिया?''

''नहीं, यह धारणा सही नहीं है। भरतमुनि के नाट्यशास्त्र में 'श्रृंगार-प्रधान अभिनयात्मक संगीत' नाम से जो उल्लेख है, वही ठुमरी का आदिस्वरूप रहा होगा, विशेष रूप से ध्रुव-गीत। ध्रुव-गीत के दो अंग (आक्षेपिकी और प्रसादिकी) और चार वृत्तियाँ हैं नाट्यशास्त्र में। उसमें 'स्त्री-प्रयोज्य कौशिकी' वृत्ति का वर्णन भी ठुमरी से मिलता है। यही नहीं, 'श्यामो भवति श्रृंगार' यानी श्रृंगार रस ही श्याम है। तो ठुमरी में कृष्ण के रस-कलापों का वर्णन भी इसकी प्राचीनता की पुष्टि करता है। भौतिक प्रेम से ईश्वरीय प्रेम तक को समेट, सूफी-संतों ने जिसे 'माधुरी भक्ति' कहा, वह भी ठुमरी ही रही होगी। वैशाली की रूपसी गणिकाएँ ६४ कलाओं में निपुण होती थीं और ठुमरी की कला उसमें शामिल थी। मध्यकाल में ब्रज का 'हवेली-संगीत' ठुमरी से ही गुंजित

रहा। भारतीय संगीत उन्नीसवीं शताब्दी में जब भारतीय, ईरानी, अरबी संस्कृतियों का सुंदर सम्मिश्रण लेकर उभरा तो मुगल राज-दरबारी की औपचारिक भव्यता में यह कला सान पर चढ़ाई गई और तब इसमें एक नफासत आई, एक मँजाव आया।''

''और कत्थक से इसका संबंध?''

''कत्थक भी कथा, भाव और अभिनय प्रधान है। अत: कत्थक गानेवालों ने भाव बताने में प्रवण ठुमरी-संगीत अपना लिया। शायद तभी 'ठुमक-री' से 'ठुमरी' नाम पड़ा। उर्दू के शेर भी ठुमरी की बंदिशों में गूँथे गए। श्रृंगार रस प्रधान होने से ठुमरी की अदायगी स्त्री-कंठ से ही अच्छी मानी गई, तो यही परंपरा चल पड़ी, जिसे जीवित रखने और आगे बढ़ाने में दरबारी गायिकाओं का विशेष हाथ रहा। मुख्य उद्गम-स्थान बनारस और गया रहे। पर धीरे-धीरे पंजाब का टप्पा, दादरा, पूर्वी अंचल में मौसमी गायन—कजरी, चैती और गजलें भी ठुमरी के आँचल तले आते गए। आजकल ठुमरी के पूरब और पंजाब अंग ही मुख्य हैं।''

''ठुमरी की मुख्य विशेषताएँ क्या हैं, जो इसे दूसरे गायन से अलग कर इसकी अपनी पहचान बनाती हैं?''

''ठुमरी की मुख्य विशेषता है—बोल बनाना और बोल बनाने में भाव प्रदर्शित करना। अदायगी की नजाकत ठुमरी की जान है। खयाल-गायिकी से यह अधिक स्वच्छंद इसलिए है कि गायक इसमें अपनी कल्पना भी जोड़ लेता है, पर उसे मूल रचना के मूल ढाँचे से मेल खाना चाहिए और गायक को नायिका-भेद, रस-भेद भी ठीक से मालूम होना चाहिए।''

संक्षेप में ठुमरी से संबंधित यह मुख्य जानकारी देनेवाली नैना देवी स्वयं पूरब अंग की अग्रणी ठुमरी-कलाकार रहीं। उनके अनुसार, ''ठुमरी लंबी अवधि तक दरबारी गायिकाओं (बाईजी) तक सीमित रही थी। अत: ठुमरी को सार्वजनिक प्रतिष्ठा दिलाने के लिए ही मैंने ठुमरी-गायन का विशेष संगीत क्षेत्र चुना, क्योंकि अब ठुमरी गानेवाली बहुत कम कलाकार रह गई हैं। नई पीढ़ी इसे उतना नहीं अपना रही, जितना खयाल गायन व अन्य गायन को।''

यों नैना देवी दादरा, चैती, टप्पा, कजरी, गजल इन सभी गायन-शैलियों में महारत रखती थीं, लेकिन उनकी विशेषज्ञता ठुमरी-शैली के पूरब अंग में ही मानी जाती है, इसके बाद गजल में। वह एक सिद्ध गायिका ही नहीं, संगीत क्षेत्र की गतिविधियों के केंद्र में भी रहीं। उनका घर उनकी 'राग-रंग' संस्था के कारण एक कला-केंद्र के रूप में जाना जाता है। यही नहीं, दुर्दिन में वह कलाकारों का आश्रय-स्थल भी माना जाता रहा है। शायद ही कोई संगीतकार और संगीत-प्रेमी उनके नाम और प्रकृति से अपरिचित हो।

नैना देवी का जन्म २७ सितंबर, १९२० को कलकत्ता के एक नामी परिवार में हुआ। वह नवजागरण-काल के सुपसिद्ध नेता श्री केशवचंद्र सेन की पोती, श्री सरलचंद्र सेन की पुत्री और सुप्रसिद्ध स्वतंत्रता-सेनानी देशबंधु चित्तरंजन दास व देशप्रिय जितेंद्र मोहन सेन गुप्त की रिश्तेदार थीं। उनका विवाह कपूरथला के राज परिवार से संबंधित राजकुमार रिपजित सिंह के साथ हुआ था। इस तरह नलिनी देवी रिपजित सिंह (नैना देवी नाम उन्होंने पूरी तरह कला-क्षेत्र को समर्पित होने के बाद अपनाया) बंगाल, पंजाब और उत्तर प्रदेश (जहाँ वह १९३७ से १९५५ तक रहीं) की सांस्कृतिक परंपराओं के श्रेष्ठ तत्त्वों को अपनाते हुए कला के विकास-पथ पर बढ़ीं। शायद इसीलिए वह उर्दू, हिंदी, पंजाबी और अंग्रेजी की अच्छी जानकार थीं।

अपने बचपन की स्मृतियों में खोते हुए उन्होंने बताया था, "सन् '३० के आस-पास देश में स्वतंत्रता संग्राम की गतिविधियाँ तेज थीं। बंगाल में सामाजिक सुधार और कला-संगीत की गतिविधियाँ भी इनके साथ उतनी ही तीव्रता से आ मिली थीं और हमारा घर जैसे इनका केंद्र था। बड़े-बड़े कलाकार व कलागुरु हमारे यहाँ आकर ठहरते, रात-रात भर संगीत-महफिलें सजतीं। भाई सुमित सेन और बहन साधना बोस (सुप्रसिद्ध अभिनेत्री) पहले ही इस क्षेत्र में थे। पाँच साल की उम्र में ही मेरा भी झुकाव इस ओर देखकर गुरु गिरिजा शंकर चक्रवर्ती ने मुझे सिखाना शुरू कर दिया और यह प्रारंभिक शिक्षण दस वर्ष चला। आठ साल की उम्र में मैंने सन् १९२८-२९ के ऐतिहासिक कांग्रेस-अधिवेशन के मंच पर 'वंदे मातरम्' गाया था।" तब शायद उन्होंने सोचा भी न होगा कि एक दिन वह देश की विख्यात ठुमरी व गजल गायिका के रूप में चमकेंगी।

सन् १९२९ में अपने पति के असामयिक निधन के बाद नैना देवी पूर्ण रूप से संगीत को समर्पित हो गईं। बाद में उन्होंने उस्ताद मुश्ताक हुसैन खान (पद्म भूषण) से, अंबाला के उस्ताद गुलाम सबीर खान से और वाराणसी की श्रीमती रसूलनबाई से विधिवत् प्रशिक्षण लिया। उस्ताद हाफिज अली खान और शंभू महाराज ने भी उनकी कला को निखारने में मदद की। सन् १९५४ में वह रेडियो पर ठुमरी और गजल गाने लगीं। इसके अलावा देश-विदेश की अनेक संगीत-सभाओं में उनके सफल संगीत-कार्यक्रम हुए। आकाशवाणी के राष्ट्रीय कार्यक्रमों, संगीत-सम्मेलनों में भी उनकी हिस्सेदारी रही और देश के प्रमुख संगीत-समारोहों में भी।

नैना देवी की इन्हीं उपलब्धियों को देखते हुए सन् १९७४ में उन्हें 'बज्मे-साज-ओ-अदब' द्वारा 'गालिब शील्ड' से सम्मानित किया गया और उसी वर्ष गणतंत्र दिवस पर 'पद्मश्री' अलंकार से। सन् १९७५ के 'अंतरराष्ट्रीय महिला वर्ष' में तो कई जगह उनका सम्मान हुआ। ठुमरी और गजलों के उनके रिकार्ड भी कम लोकप्रिय नहीं हुए। 'आकाशवाणी' पत्रिका, कला-पत्रिका 'लिपिका' तथा अपनी कला-संस्था के प्रकाशन

'राग-रंग' में लिखने के अलावा देश की प्रमुख पत्र-पत्रिकाओं में भी उन्होंने कला और कलाकारों पर खूब लिखा। संगीत-सेमीनारों में भी भाग लिया। 'संगीत-नाटक अकादमी' और 'भारतीय कला-केंद्र' के कार्यक्रमों में भी सहयोग देती रहीं। इस तरह आकाशवाणी और दूरदर्शन से जुड़ाव, संगीत-महफिलों में गायन, अनेक कार्यक्रमों के आयोजन तथा अपने गायन के रिकार्डों के लिए उनका नाम उत्तरोत्तर चमकता रहा।

'राग-रंग' संस्था द्वारा प्रस्तुत 'नाज-ओ-अदा', 'बाँसुरी', 'चैती', 'शमा हर रंग में गाती है', 'सावन-भादों' आदि अविस्मरणीय कार्यक्रमों की प्रमुख प्रेरणा के नाते तो नैना देवी को बराबर याद किया जाता है। 'राग-रंग' के इन कार्यक्रमों में अनेक प्रसिद्ध उस्तादों, गुरुओं और प्रसिद्ध ठुमरी-गायिकाओं की भी भागीदारी रही।

पर 'राग-रंग' के माध्यम से नैना देवी ने संगीत कला, कत्थक-नृत्यकला के उत्थान के अलावा कलाकार-कल्याण के क्षेत्र में जो कार्य किया है, उससे तो वह एक संस्था ही बन गईं। बड़ी मोतीबाई, रसूलनबाई, शंभू महाराज, पंडित पन्ना लाल, बड़े गुलाम अली खान, उस्ताद मुश्ताक हुसैन खान जैसे बड़े कलाकारों की हारी-बीमारी में उन्होंने न केवल उनकी हर संभव सहायता की, बल्कि राजधानी में इलाज के समय उनके परिवारों को अपने घर पर ठहराया भी। कल्याण-फंड से कुछ कलाकारों को नियमित मासिक सहायता भी दी गई। इस कला-संस्था की अन्य दो प्रमुख उपलब्धियाँ भी रहीं—राजधानी में मुनीरका स्थित डी.डी.ए. कॉलोनी में कलाकार-परिवारों के लिए एक पूरा ब्लॉक आबंटित कराना और दूर-दराज से दिल्ली आनेवाले कलाकारों के लिए 'आदित्य-निवास' की आवासीय योजना, जिसके लिए पाँच सौ एकड़ का भू-खंड ले लिया गया।

नैना देवी ने सरकारी व संस्थागत सांस्कृतिक प्रतिनिधिमंडलों द्वारा तथा निजी रूप में अनेक देशों की संगीत-यात्राएँ भी कीं। सन् १९६१ से १९८१ तक रूस, अफगानिस्तान, इंग्लैंड, जापान, हांगकांग, नेपाल, स्पेन, स्विट्जरलैंड, जर्मनी आदि देशों में उन्हें भारतीय शास्त्रीय संगीत की पहचान बनाने का श्रेय प्राप्त है। इस बारे में उनके अनुभव पूछने पर उन्होंने बताया, "विदेशी लोग भारतीय शास्त्रीय संगीत में हम भारतीयों से ज्यादा रुचि लेते हैं और इसे पूरी गंभीरता से जानना-समझना चाहते हैं।"

इसी संदर्भ में नई पीढ़ी के झुकाव और भारतीय शास्त्रीय संगीत के भविष्य के बारे में प्रश्न उठाने पर उनका उत्तर था, "गति के इस युग में नई पीढ़ी इतनी उतावली हो उठी है कि बिना साधना किए जल्दी-से-जल्दी प्रसिद्धि और उपलब्धि पाना चाहती है। संगीत-सभाओं और आकाशवाणी-दूरदर्शन ने उनके लिए संभावनाओं के अनेक द्वार खोले हैं, इसलिए भी भागमभाग और प्रतियोगिता बढ़ गई है, पर इससे हमारी इस समृद्ध परंपरा को आगे बढ़ाने में अधिक मदद नहीं मिलेगी। यह काम तो साधक

कलाकार ही कर सकते हैं। इसके लिए दो उपाय हैं—एक, हर बड़ा कलाकार अपने शिष्यों में से दो-तीन नहीं तो कम-से-कम एक अच्छा कलाकार तैयार करे। दूसरे, मंच-कार्यक्रमों में प्राचीन गायन-शैली के ठहराव और दुहराव को कम करते हुए भी शास्त्रीय शुद्धता का ध्यान रखा जाए कि समय की माँग और परंपरा की अपेक्षा दोनों की पूर्ति की जा सके।''

''आपकी अन्य रुचियाँ और हॉबियाँ?''

उनका उत्तर था—''पहले कई रहीं, अब तो कलाकार-कल्याण का कार्य ही मेरे लिए पर्याप्त है। अपनी कुछ शिष्याओं को पारंगत बनाने की ओर भी ध्यान है। इस उम्र में भी गा रही हूँ, यही क्या कम है।''

सचमुच, उनकी उम्र को देखते हुए उनके व्यक्तित्व और कला-कृतित्व पर, उनकी सक्रियता और लोकप्रियता पर किसी को भी ईर्ष्या होती थी। क्या यह रस-भीगी ठुमरी की ठुमक का ही असर नहीं था?

□

दिलकश आवाज में ठुमरी का जादू जगानेवाली : शोभा गुर्टू

ठुमरी को दरबार से निकालकर लोकप्रियता की पुख्ता जमीन पर टिकाने में बड़ी मोतीबाई, रसूलनबाई, सिद्धेश्वरी देवी, नैना देवी और बेगम अख्तर के नाम प्रमुखता से लिये जाते हैं। इनसे आगे इस समृद्ध परंपरा को वर्तमान तक लाकर इसे मधुर गायकी की आधुनिक पहचान देनेवाली दो प्रमुख हस्तियों में गिरिजा देवी के बाद शोभा गुर्टू का ही नाम आता है।

बेगम अख्तर से बेहद प्रभावित शोभा गुर्टू ने उनकी गायकी के अंदाज को इतना पसंद किया कि अपनी कशिश भरी आवाज और संगीत के आरोह-अवरोह से ठुमरी को अपने ही एक नए अंदाज में सजाने-सँवारने में जुट गईं। इसी कठोर साधना से गुजरकर उन्होंने ठुमरी को नई पहचान दी। यही नहीं, बंदिश की ठुमरी को पुनर्जीवित करने का श्रेय भी प्राप्त किया। ठुमरी हो या दादरा, कजरी हो या चैती, गजल हो या भजन, शोभा गुर्टू ने अपनी गायकी का एक अलग ही अंदाज विकसित किया था। यही उनकी लोकप्रियता का राज भी था।

मंचों से श्रोताओं के कानों तक पहुँचनेवाली यह दिलकश आवाज अब मौन हो गई है। सितंबर, २००४ में ७८ वर्ष की आयु में मुंबई में उनका निधन हो गया। पर यह मधुर स्वर-लहरी उनके अनेक रिकार्डों और कैसेटों में अभी भी सुरक्षित है और बरसों तक सुरक्षित रहेगी।

शोभा गुर्टू का जन्म ८ फरवरी, १९२५ को बेलगाम, कर्नाटक में हुआ था। माता मेनका शिरोडकर अपने समय की विख्यात नृत्यांगना एवं गायिका थीं। पिता मणिक

शिरोडकर भी हिंदुस्तानी शास्त्रीय संगीत से गहरा लगाव रखते थे। इस तरह संगीत उन्हें विरासत में मिला। सुर, लय के वातावरण में पली-बढ़ी शोभा की प्रथम संगीत-गुरु उनकी माँ ही थीं। इसके पश्चात् उन्होंने उस्ताद नत्थन खाँ से शास्त्रीय संगीत की और उस्ताद धम्मन खाँ से ठुमरी, दादरा, होरी, चैती, कजरी तथा गजल की शिक्षा प्राप्त की। रामलाल कथक से कत्थक नृत्य भी सीखा। इन गुरुओं ने उनकी कला को दिशा दी, गति दी और सजाया-सँवारा।

शोभा गुर्टू के अनुसार, ''ठुमरी को छोटी चीज समझना या हलके स्तर पर लेना ठीक नहीं, यह भारतीय उपशास्त्रीय संगीत की एक महत्त्वपूर्ण विधा है। ठुमरी 'ठुमक' शब्द से बनी है तथा इसमें पूरी नृत्य-शैली का समावेश है। ठुमरी गाते समय पाँवों द्वारा संप्रेषण इसे गहनता और सजगता की ओर ले जाता है। पहाड़ी, भैरवी, जोगिया इस ठुमरी के भेद और प्रकार हैं। 'बंदिश की ठुमरी' में इसका परंपरागत रूप सुरक्षित है, जिसे मैंने अपने गायन में साधा है।''

भारतीय गायन-परंपरा प्रारंभ से भक्ति-प्रधान रही। कालांतर में संगीत के क्रमबद्ध विकास के साथ शैली के कई अंग सामने आए। पूरब अंग की लोकप्रिय शैली में कजरी, चैती और ठुमरी मंदिरों, दरबारों से लेकर चौपालों तक में प्रचलित थी। इन सब में ठुमरी का स्थान ऊपर रहा। पर इस कंठ-संगीत की लोकप्रियता के बावजूद इसपर पर्याप्त साहित्य नहीं लिखा गया। इसलिए यह मौखिक इतिहास बनकर रह गई। सुनी-सुनाई बातें ही गुरु द्वारा शिष्यों को हस्तांतरित होती रहीं अथवा जानकारों के बीच प्रचारित-प्रसारित हुईं। शोभा गुर्टू बताती थीं, ''ठुमरी के उद्‌गम के बारे में कई मान्यताएँ हैं। कुछ लोग इसे उन्नीसवीं शताब्दी में अवध के नवाब वाजिद अली शाह के दरबार में विकसित मानते हैं। बेशक उस समय श्रृंगार-प्रधान होने से यह लोकप्रिय रही, पर ठुमरी दरबार-गायकी नहीं थी। यह हिंदुस्तानी संगीत की ही एक प्राचीन शैली है। इसका उद्‌भव और विकास भी कथक की तरह ही मंदिरों में हुआ। इसमें भी कथक नृत्य की तरह हाव-भाव महत्त्वपूर्ण होते हैं। एक ही पंक्ति से अनेक भाव मुखरित करते समय गायक-गायिका राग-बंधन से मुक्त होते हैं। मुर्की, खटका, जमश्रमा, कर्ण इस शैली के प्रमुख अलंकरण हैं। ठुमरी के बोल अधिकतर भगवान् को प्रतीक मानकर गाए जाते हैं। पिया कृष्ण हैं और राधा प्रेम-निवेदिका। बोल-बनाव ही इस शैली की जान है, जो इस गायकी को जीवंत बनाते हैं।''

बोल-बनाव समझने की इच्छा से बात उठाने पर शोभाजी का कहना था—''यह बहुत कठिन काम है। इसके लिए शास्त्रीय संगीत का पुष्ट आधार चाहिए। साथ ही बंदिश के काव्य-पक्ष में गुंफित भावों को अनुभव कर, स्वरों के माध्यम से बोल जमाने की प्रतिभा भी चाहिए। ठुमरी शब्द-प्रधान गायकी है। स्वर इसके वाहक हैं। राग विशेष

से मुखड़ा लेकर हम आस-पास के अन्य रागों में विचरण करते हैं अवश्य, पर मुखड़ा लेकर उसी राग विशेष पर लौटना होता है। इसमें काफी सतर्कता बरतनी होती है। शब्दोच्चार पर भी ध्यान देना होता है। स्वर-सौंदर्य और भाव-व्यंजना पर भी। यह सब नियमित रियाज से ही सध पाता है।'' इसी रियाज और बड़ी साधना के बल पर शोभा गुर्टू अपनी शैलीगत विशेषता कायम रख सकीं और अपनी एक अलग विशिष्ट पहचान बनाने में भी सफल हुईं।

शोभा गुर्टू का पहला एल.पी. रिकार्ड १९७९ में निकला। फिर रिकार्ड और कैसेट की संख्या लगभग पचास तक पहुँची। आल इंडिया रेडियो पर वह वर्षों तक गाती रहीं। हिंदी फिल्मों को भी अपने कंठ से समृद्ध करने का श्रेय उन्हें प्राप्त हुआ। फिल्मों में उनके गाए कई गीत काफी लोकप्रिय हुए, 'सैंया रूठ गए, मैं मनाती रही', 'नथनिया ने हाय राम बड़ा दुख दीन्हा' आदि। इसके बावजूद, शोभा गुर्टू का मानना था कि फिल्मों ने ठुमरी का अहित ही किया है। सन् १९८७ में उन्हें 'संगीत-नाटक अकादमी पुरस्कार' से सम्मानित किया गया। 'पद्मश्री' व इसके बाद 'पद्मभूषण' अलंकरण भी उन्हें मिले। पर सच्चा पुरस्कार वह श्रोताओं की प्रशंसा को ही मानती थीं।

अनेक देशों की यात्रा कर, देश के बाहर भी अपनी आवाज का जादू बिखेरनेवाली शोभा गुर्टू के अनुसार—''विदेशों में ठुमरी के प्रति लोगों का काफी लगाव व रुझान मैंने पाया। शब्द न समझ पाने पर भी विदेशी नागरिक भाव और लय को बखूबी समझते हैं। उन्होंने कार्यक्रम में इतना लुत्फ उठाया कि मुझे अपनी संगीत-प्रस्तुति के समय कहीं भी अजनबीपन नहीं लगा। वास्तव में संगीत किसी भाषा विशेष का मोहताज नहीं होता। यह अंतरतम की भाषा है, जो अपनी लय में मानव-मात्र को बाँधने की क्षमता रखती है। भक्ति की टेक, संगीत के स्वर और लय को जोड़कर ईश्वर के निकट होने की अनुभूति कराती है और यह अनुभूति हमें वैश्विक स्तर पर भी एक-दूसरे के निकट लाती है।''

शास्त्रीय संगीत और उपशास्त्रीय गायकी की यह कलाकार भारतीय नई पीढ़ी के लिए अपने पीछे जो संदेश छोड़ गई, उसका सार है—''गाने के लिए आवाज से भी अधिक महत्त्व है रियाज और अंदाज का। नियमित रियाज या साधना से ही प्रस्तुति का अपना अलग अंदाज पाया जा सकता है। इसके लिए कोई गुर, फॉर्मूला या 'शॉर्ट कट' संभव नहीं।''

□

मांड-गायिका

अल्लाह जिलाईबाई

'केसरिया बालम आओ पधारो म्हारे देस'—प्रसंग था राजधानी दिल्ली में 'भारत उत्सव' का। रोशनआरा बाग में चौरासी साल की मांड-गायिका अल्लाह जिलाईबाई की आवाज इतनी बुलंदी से गूँज रही थी कि सामने रखे माइकों की आवाज भी उनकी आवाज के नीचे दब रही थी। अगर माइक हटा लिये जाते तो श्रोताओं को अधिक आनंद आता। यों भी वे चकित थे कि इस उम्र में भी इतनी देर तक लगातार गायन और कहीं थकने-रुकने का नाम नहीं। अगर श्रोता उनको बिना माइक के सुनते तो उन्हें लगता कि अस्सी पार भी, हजारों की भीड़ में उनकी आवाज किसी माइक की मोहताज नहीं। हैरतअंगेज टंकार और हैरतअंगेज बुलंदी!

''तभी तो गिरमिट (गवर्नमेंट) हमें बुलाए है! दुनिया हमें पूछे है।'' अल्लाह जिलाईबाई एक क्षण गर्व से सिर उठाकर कहती हैं। दूसरे ही क्षण उनका गला दर्द से भर जाता है, ''पर सरकार मांड-संगीत को जिंदा रखने के लिए क्या कर रही है? मेरा ही सहारा ले लेती तो मैं उसके सहारे कुछ कर गुजरती! अब तो लगता है, मेरे साथ ही यह इतना प्यारा लोक-संगीत भी मर जाएगा। मरते दम तक मेरे अंदर यह तड़प रहेगी कि मैं अपनी साध पूरी नहीं कर सकी।'' और थोड़ी देर पहले उनका उठा सिर झुक जाता है।

शायद यह पुरानी पीढ़ी के हर साधक और सिद्ध कलाकार का दर्द है कि उनकी विशिष्ट कला उनके साथ ही न मर जाए। कुछ वर्ष पूर्व 'अपूर्वा' कलकत्ता की संपादिका

इंदु जोशी ने जब उनसे उनके नगर बीकानेर में भेंट की तो उन्होंने कहा था, "मैं तो आज, इस उम्र में भी सिखाने के लिए तैयार हूँ, सीखने को कोई तैयार तो हो! कोई ऐसी शिष्या, जो इस परंपरा को आगे ले जाए। मैंने केंद्र और राज्य सरकार को कई पत्र लिखवाए कि एक सेंटर खोल दे, साजो-सामान दिला दे तो मैं सिखा सकूँ, पर किसी ने इस ओर ध्यान नहीं दिया। न कोई कलाकार ही रुचि लेकर आगे आया। सब अपनी धुन में मस्त हैं। अब किसी को जबरदस्ती तो सिखाया नहीं जा सकता। रुचि और लगनवाला ही सीख सकता है। मुझे इस बात की कितनी पीड़ा है, इसका अंदाजा इसी बात से लगाया जा सकता है कि आज ९२ साल की उम्र में भी मैं अपने वारिस की तलाश कर रही हूँ।"

राजस्थान की प्रसिद्ध लोकगायन शैली है—मांड। यह एक प्रकार का राग है। इसकी परंपरा कितनी पुरानी है, कोई नहीं जानता। अल्लाह जिलाईबाई भी नहीं जानती थीं। मांड के प्रति उनका रुझान कैसे हुआ? प्रेरणा कहाँ से मिली? मार्गदर्शन किसने किया? पूछने पर अल्लाह जिलाईबाई का उत्तर था, "सात-आठ साल की उम्र में मैंने गाना शुरू कर दिया था। मेरी बुआ बीकानेर के महाराजा गंगा सिंह के दरबार में गाना सिखानेवाले स्कूल में नौकरी करती थीं। उनके साथ ही थोड़ा सीखा, पर मैं आठ-नौ साल की ही थी कि बुआ का इंतकाल हो गया।

"एक दिन मैं अपनी सहेलियों के साथ खेलती हुई गा रही थी। मेरी दादी के धर्मभाई उस्ताद हुसैन बख्श वहीं दादी के पास बैठे थे। उन्होंने पूछा, "यह लड़की किसकी है?" दादी ने हँसकर कहा, "यह तो मेरी पोती है।" उस्ताद बोले, "यह लड़की मुझे दे दो, मैं इसे गाना सिखाऊँगा।" फिर वह मुझे अपने संगीत-स्कूल में ले गए। गाना सिखाया और सीखने के बाद एक दिन महाराजा गंगा सिंह के सामने गवाया। महाराज ने खुश होकर मुझे संगीत-स्कूल में रखने का आदेश दिया। इस तरह मैं संगीत-शिक्षिका और दरबार-गायिका बन गई।"

"दरबार में गायन हर रोज मन बहलाव के लिए होता था या विशेष अवसरों पर? दरबार के गायक पुरुषों के बीच क्या आप अकेली स्त्री थीं? हाँ, तो क्या इस वजह से कोई मुश्किल पेश आती थी?"

"देखिए, मैंने दरबार में २७ साल, १० महीने और ७ दिन नौकरी की, यानी लगभग २८ साल। बाहर दरबार लगा रहता था, अंदर महारानी परदे में रहती थीं। उस जमाने में स्त्रियों पर बहुत बंदिशें थीं। कोई स्त्री मुँह खोलकर सड़क पर नहीं घूमती थी। हर औरत इज्जत-आबरू से रहती थी। मैं भी दरबार तक परदे में जाती थी। केसरिया या जामुनी-लाल परिधान रहता था, जिस्म पर खूब गहने और सिर पर बोर बँधा होता था। दरबार में मैं अकेली गायिका ही थी, पर मुझे गाने में कोई संकोच नहीं होता था, क्योंकि न मैं सिर उठाकर ऊपर या आगे-पीछे देखती थी, न मेरे अन्नदाता महाराज के डर के

मारे कोई मेरी ओर आँख उठाकर देख सकता था। अनादर करने का तो सवाल ही पैदा नहीं होता था।

"महल में तो मैं खास मौकों पर, जैसे शादी-सालगिरह या उत्सव-त्योहार पर गाती थी। फौज में भी हमें गाने के लिए बुलाया जाता था। 'देसडो, देसडो म्हारी म्हाने बालौ लागे' गीत महाराज को बहुत पसंद था और उनकी पसंद के गीत गाते हमें भी बेहद प्रसन्नता होती थी। उस रियासती जमाने में और भी बहुत प्रसिद्ध गानेवालियाँ हुईं—बड़ौदा की गंगूबाई, पालनपुर की टोकीबाई, जयपुर की गौहरबाई और बिब्बोबाई आदि। इनके संगीत-सुरों से मुझे प्रेरणा मिली। बख्तावरी, छगनी, मगनी, मैना, सरस्वती आदि स्त्रियाँ हमारे सामने भी गाती थीं, पर मैंने हमेशा अकेले ही गाया। अपनी रियासत से बाहर उदयपुर, कोटा, जयपुर जैसी बड़ी रियासतों में भी अपनी गायन-कला दिखाई। खूब पुरस्कार मिले। शोहरत भी कम नहीं मिली।"

"अब तो आपको 'सुर-मलिका', 'मरु-कोकिला' आदि उपाधियाँ भी मिल चुकी हैं और 'पद्मश्री' का राष्ट्रीय सम्मान भी। क्या आप संतुष्ट हैं?"

"क्यों नहीं! मुझे आज तक जितना इनाम-इकराम और सम्मान मिला है, मैंने उतना कभी सोचा भी नहीं था। मालिक की दया से महल से ही अच्छा इनाम मिल जाता था। एक बार दरबार ने खुश होकर हमें रोल्स रायस गाड़ी ही दे दी। घर में ले-देकर एक मैं और एक मेरी बेटी थी। शौहर तो शादी के एक साल बाद ही मर गया था। बस एक बच्ची आ गई थी। अब गाड़ी कौन चलाता? हमारी बेटी साथ थी। महाराज से कहने लगी, "हमें गाड़ी के बदले रेडियो दिला दीजिए, जो मैं चला सकूँ, गाड़ी कौन चलाएगा?" बस, घर में रेडियो आ गया और मैं इसी में खुश कि अन्य गानेवालियों का गाना सुन सकती हूँ।" यह था, उस जमाने के अनपढ़, भोले-भाले कलाकारों का हाल।

"तब आपने अपना मांड-स्कूल खोलने के लिए महाराज से ही क्यों नहीं कहा?"

"यही तो मेरी भूल रही। २८ साल उनकी सेवा में रही, कहा ही नहीं। कहा होता तो पा जाती। राजे-रजवाड़े ही कला की कद्र करना जानते थे। आज वैसे पारखी कहाँ? कभी गाने का कोई रिकार्ड बन गया, कभी मंच पर बुला लिया या टी.वी. पर नाम। बस इससे ज्यादा कुछ नहीं। न वह कद्रदानी, न धन-दौलत की बौछार।"

"तब की गायकी और आज की गायकी में क्या फर्क लगता है आपको?"

"तब बिना पैसों के शिक्षा दी-ली जाती थी। कलाकार गुरु पूरे सम्मान का अधिकारी होता था। शिष्य भी उसे ही चुना जाता था, जो रुचि और लगन से सीखे तथा गुरु की कला-परंपरा को आगे बढ़ाए। आज तो शिक्षा पैसों के बल पर खरीदी-बेची जाती है। इसे कला का पतन न कहें तो क्या कहें?"

"नई गानेवालियों के लिए कोई सलाह या संदेश देना चाहेंगी?"

"क्या दें? किसे दें? है कोई कुछ करनेवाला? मुझे तो मिला नहीं आज तक।"

सुनकर लगता था, ठीक ही तो कहती हैं। उनके भीतर दबे दर्द को छेड़कर उभारना नहीं चाहिए था। वह अपना 'मांड-स्कूल' नहीं खोल सकीं। उनके परिवार में भी किसी ने इस राग को नहीं सीखा। तब उनके पास समय ही कितना बचा था? ९९ वर्ष की भरपूर जिंदगी जीकर वह चली गईं। क्या समय रहते उनकी कला-परंपरा को आगे बढ़ाने के लिए कुछ नहीं किया जा सकता था? कलाकार को राष्ट्रीय अलंकरण देकर उसकी कला को कब्र में दफन कर देने में क्या संगति है?

□

मलिका-ए-कव्वाली
शकीला बानो भोपाली

कव्वाली की महफिल हो और शकीला बानो भोपाली का नाम किसी की जुबान पर न आए, यह तो हो ही नहीं सकता। कव्वाली-गायन में आज अनेक नाम हैं, कुछ महफिलों की शान भी, पर शकीला बानो की जोड़ का कोई स्त्री-नाम अभी तक सामने नहीं आ पाया है। इसलिए जब भी कोई बड़ा जलसा हो, यह अवश्य पूछा जाता है, 'भई शकीला बानो आईं कि नहीं?' या 'कव्वाली महफिल में कुछ रंग तो जमा यार, पर शकीला बानो आतीं तो बात कुछ और ही होती।' यानी शकीला बानो भोपाली के बिना कव्वाली की बात बनती नहीं।

शकीला बानो भोपाली की मशहूर पार्टी में अब पंद्रह-सोलह सदस्य हैं। शायद ही कोई बड़ा शहर हो, जहाँ इस पार्टी का कव्वाली प्रोग्राम न हुआ हो। यों शकीला बानो शायरी भी करती हैं। उन्होंने फिल्मों के गाने भी लिखे हैं। लगभग दो सौ फिल्मों में काम भी कर चुकी हैं, पर उनका पहला प्यार व गहरा लगाव मंच से, कव्वाली-महफिल और कव्वाली-प्रोग्राम से ही है।

शकीला बानो भोपाली को 'भारत की पहली महिला कव्वाल' होने का गौरव प्राप्त है। सन् १९५७ में इनके माध्यम से कव्वाली ने भी भारतीय उपमहाद्वीप से बाहर पहली विदेश-यात्रा की थी और अफ्रीका तथा अदन के सभी देशों में उनके सफल कव्वाली-आयोजनों की धूम मच गई थी। सन् १९६६ में इंग्लैंड से कुवैत तक की यात्रा करके और १९६७ में मध्य-पूर्व के विभिन्न देशों में घूमकर उन्होंने जगह-जगह अनेक कार्यक्रम किए थे। इसके बाद १९७८ में अमरीका और कनाडा में तथा १९८० में दुबई व कई अन्य अरब देशों में उनकी कव्वाली-यात्राएँ हुईं। जहाँ भी उनके प्रोग्राम होते, एक तहलका सा मच जाता। विदेशियों के लिए भारतीय गायन शैली का यह नया अनुभव होता और वे आनंदित और उत्तेजित होकर झूमने लगते। इसी तरह शकीला

बानो भोपाली की अंतरराष्ट्रीय ख्याति बढ़ती गई।

शकीला बानो के अपने शब्दों में—"मैंने आँख खोली तो अपने चारों ओर शायरी का माहौल पाया। वालिद साहब जो छोटे रशीद खाँ के नाम से जाने जाते थे, की शेरा-शायरी में गहरी रुचि थी। मैं अपने पिता की पहली संतान होने से उनके बहुत करीब थी। जाहिर है कि उनकी रुचि का भी मुझ पर गहरा असर पड़ता।"

एक ओर यह प्रभाव, दूसरी ओर भोपाल का उनका धार्मिक विश्वासोंवाला परंपरागत घराना। औरतों के लिए परदा बेहद जरूरी। फिल्म देखना मना। घर में किसी फिल्मी पत्रिका के आने पर पाबंदी। घर में रेडियो तक नहीं। पिता के कव्वाली के शौक और संगीत में उनकी दिलचस्पी को घर में पसंद नहीं किया जाता था, पर शौक तो शौक है। बाहर वह कव्वाली की महफिलें जमाते, घर में शेर गुनगुनाते। शकीला बानो कहती हैं, "मेरी याददाश्त बहुत तेज थी। जो शेर सुनती, याद कर लेती। सात-आठ साल की उम्र में तो मैं सहेलियों के बीच बैठ, लहक-लहककर शेर और गजलें सुनाने लगी थी। धीरे-धीरे मेरी लोकप्रियता बढ़ी और बात रिश्तेदारों तक भी पहुँची। फिर परिवार के स्त्री-आयोजनों में मेरे प्रोग्राम कराए जाने लगे। ढोलक मेरे नन्हे हाथों के लिए बहुत बड़ी थी, सो भारी पड़ती, फिर भी मैं मस्ती में झूम-झूमकर गाती थी। इसी तरह धीरे-धीरे मैं भोपाल के अन्य घरानों में भी मशहूर हो गई। यूँ समझिए कि औरतों की महफिलों की जान समझी जाने लगी।

"यह सब होने पर नामुमकिन था कि मेरे कारनामों की चर्चा न होती और बात बाहर से उड़कर घर तक न पहुँचती। बस, माँ ने सुना तो घर में हंगामा बरपा हो गया। तमाम रिश्तेदार घर में जमा हो गए, खानदान की नाक जो कटवा दी थी!"

इसके बाद शकीला का घर से निकलना बंद हो गया। यहाँ तक कि उसे एक कमरे में बंद कर दिया गया। घुटकर शकीला बीमार पड़ गई। बीमारी बढ़ी तो डॉक्टरों ने साफ कह दिया, "बच्ची की इच्छा का गला न घोंटें, वरना उसकी जिंदगी खतरे में पड़ जाएगी।" तब पिता दम ठोंककर सामने आए। डॉक्टरों ने उनके मन की बात जो कह दी थी। उन्होंने घरवालों को सख्ती से हिदायत दी, बच्ची को शेर पढ़ने और गाने से रोका न जाए। माँ ने आपत्ति की, पर बच्ची की जिंदगी के सवाल पर आखिर माँ-बाप दोनों में समझौता हो गया और शकीला बानो की बंद राह खुल गई।

बस अब तो शकीला थी और उसकी कव्वाली थी। माँ-बाप की इजाजत मिलते ही जो सिलसिला शुरू हुआ, वह कभी थमा नहीं। लोकप्रियता के बाद कलाकार को अपने फन की कमी ज्यादा अखरती है। शकीला को भी लगा, साज के बिना तरन्नुम अधूरा है, संगीत सीखना होगा और उसके आग्रह पर पिता उसे हारमोनियम सिखाने

लगे। फिर बाकायदा एक महिला हारमोनियम शिक्षिका आने लगी। ढोलक सिखाने के लिए एक नेत्रहीन ढोलक मास्टर नियुक्त किया गया, क्योंकि भोपाल के परदे से मुक्ति अब तक भी न मिल सकी थी। वह नेत्रहीन ढोलकिया अब तक शकीला बानो की पार्टी में शामिल है। प्रारंभ में इन तीन सदस्यों की पार्टी ने ही महिला-महफिलों में धूम मचाई। ढोलकिया नेत्रहीन होने से ही परदेवाली औरतों में खप गया था। पिता के कहने पर माँ भी महफिलों में साथ जाने लगीं।

दो महीने में ही यह कव्वाली-पार्टी इतनी मशहूर हो गई कि भोपाल के बच्चे-बच्चे की जुबान पर शकीला बानो का नाम सुनकर पुरुषों में भी उत्सुकता जागी। माँग हुई और शुरू में करीबी रिश्तेदारों के पुरुष भी इनकी महफिलों में आने लगे। परपुरुषों के आते ही फिर हंगामा बरपा। कट्टरपंथी लोग जान से मार देने की धमकियाँ देने लगे। घरवाले डर गए। कहा, ''बस शौक पूरा हो गया, अब बंद करो यह सब।'' पर 'जहाँ चाह, वहाँ राह'—बेगम भोपाल आफताब शकीला का गाना सुन चुकी थीं। उनके मुँह से प्रशंसा सुनकर नवाब हमीदुल्ला खाँ ने शकीला को आमंत्रित किया। यह सब के लिए गर्व की बात थी तो रोक अपने आप हट गई। नवाब साहब इतने प्रभावित हुए कि नमाज और खाने का वक्त छोड़कर पूरे ग्यारह घंटे तक शकीला बानो को सुनते रहे। इसके बाद भोपाल में एक बड़े सार्वजनिक कार्यक्रम का आयोजन किया गया। अभी तक स्त्री-महफिलों में ही गानेवाली शकीला ने देखा, श्रोताओं में पुरुष ही पुरुष जमा थे। खानदानवालों का विरोध हुआ। झगड़े और हंगामे के बीच शकीला बानो बिना गाए ही स्टेज छोड़कर चली गईं।

शकीला बताती हैं, ''इसके बाद मैंने विरोध में बिलकुल ही गाना छोड़ दिया। खामोशी का यह सिलसिला दो महीने चला। तभी एक टूरिस्ट कंपनी भोपाल आई और मेरी चर्चा सुनकर मुझ तक पहुँच गई। मुझे थिएटर का ऑफर इसलिए पसंद आया कि घरवालों की झिकझिक से, बाहरवालों की धमकियों से मुक्ति मिलेगी और जगह-जगह घूमने का अवसर भी पा सकूँगी। अब माँ-बाप का विरोध भी मेरी जिद के सामने टिक नहीं पाया और मैं बाहरी मंचों पर प्रोग्राम देने के लिए आजाद हो गई। शोहरत लिखी थी न हाथ की लकीरों में, तो रुकावटें एक के बाद एक कैसे न हटतीं!''

इस तरह शकीला बानो पहले 'जयहिंद वैराइटी थिएटर' से जुड़ीं। देश के अनेक भागों में प्रोग्राम हुए और थिएटर कंपनी से उनका यह संबंध तीन साल तक चला। अब वह न केवल कव्वाली गाती थीं, हीरोइन की भूमिका भी अभिनीत करती थीं। अच्छी स्मरणशक्ति, बोलने का दिलचस्प अंदाज और साफ उच्चारण के कारण शकीला की प्रसिद्धि देख कंपनीवालों को भी एहसास हो गया था कि शकीला कंपनी की जान

हैं और अब उनके बिना कंपनी के प्रदर्शन सफल नहीं होंगे। वे लोग उनके स्वास्थ्य, विश्राम, खान-पान आदि का बहुत ध्यान रखते और उनकी राय को महत्त्व देते। यहाँ तक कि कंपनी का नाम भी बदलकर 'शकीला बानो थिएटर' कर दिया गया।

तीन साल बाद अचानक ज्यादा बीमार होकर शकीला बानो कुछ दिन विश्राम के लिए भोपाल लौटी। उन्हीं दिनों श्री बी.आर. चोपड़ा अपनी फिल्म 'नया दौर' की शूटिंग के लिए भोपाल आए। भोपाल के कला-प्रेमी नवाब ने उनकी पार्टी को विशेष आतिथ्य से सम्मानित किया। शूटिंग-स्थल भोपाल के समीप बुधनी में था, जहाँ कोई सिनेमा हॉल न था। संयोग से एक दिन शूटिंग नहीं हो सकी तो नवाब साहब के ए.डी.सी. ने फिल्म पार्टी को उस दिन भोपाल की मशहूर कव्वाल लड़की शकीला बानो की कव्वाली सुनने की सलाह दी। उनके आग्रह पर बीमारी के बावजूद शकीला बुधनी पहुँचीं।

इस तरह चोपड़ा साहब को शकीला बानो व उनकी कव्वाली का परिचय मिला। रात भर कव्वाली महफिल जमी। दिलीप कुमार, वैजयंती माला, जानी वाकर, अख्तर मिर्जा आदि सिनेमा-जगत् की कई बड़ी हस्तियाँ वहाँ मौजूद थीं। सभी लोग बेहद प्रभावित हुए। प्रोग्राम खत्म हुआ और शकीला बानो भोपाली के लिए जिंदगी का नया अध्याय खुल गया। चोपड़ा साहब ने कहा, "थिएटर छोड़िए और बंबई चली आइए।" उसके बाद भी पत्र पर पत्र और छह महीने बाद शकीला बानो थिएटर कंपनी छोड़ मुंबई पहुँच गईं। कंपनी वाले उन्हें आसानी से छोड़ नहीं सकते थे। कंपनी ने उन्हें कैसे छोड़ा? इस पर शकीला बानो कहती हैं, "छोड़िए, यह एक अलग बड़ी कहानी बन जाएगी। आगे की कहानी तो यही कि बंबई जाकर मैं कव्वाली तक सीमित नहीं रही, मुझे कई फिल्मों में रोल के लिए साइन कर लिया गया। 'जागीर', 'जन्नत', 'टैक्सी स्टैंड' के बाद फिल्मों का ताँता लग गया, पर मेरा पहला प्यार तो कव्वाली थी। मेरे कव्वाली-शो की तारीफों से अखबार भरे रहते थे। शायद कव्वाली के इतिहास में भी यह पहला मौका था, जब बंबई में कव्वाली का पहला टिकट शो हुआ और टिकट खिड़की पर भीड़ लग गई। फिर तो हर शो में भीड़ बढ़ती गई और टिकट न मिलने से निराश श्रोता तोड़-फोड़ पर उतारू होने लगे। इस ख्याति के बाद तो मेरी विदेश यात्राओं का सिलसिला भी चल पड़ा। अब तो देश-विदेश के मंच हैं और कव्वाली। जहाँ से शुरू किया था, उसी फन की शोहरत से मैं संतुष्ट हूँ।"

गालिब, मीर की दीवानी शकीला बानो भोपाली मोमिन, दाग, जोश, फैज, फानी, जिगर सब के कलाम गाती हैं। शुरू में भोपाल में उन्हें कटु अनुभव हुए थे, पर देश-विदेश में कहीं भी वह प्रोग्राम दे रही हों, पत्र-पत्रिकाओं के संवाददाताओं और श्रोताओं

के सामने भोपाल को बड़ी शिद्दत से याद करती हैं, ''मेरा सारा खानदान भोपाल में है। इतना ही नहीं, भोपाल से मेरा वह रिश्ता है, जो जिंदगी का साँस से होता है। इस रिश्ते का सबसे बड़ा सबूत तो यही है कि मैं शकीला बानो भोपाली हूँ।''

हिंदुस्तान में कश्मीर से कन्याकुमारी तक बेहिसाब शो देनेवाली और बाहर अनेक देशों में अपने प्रोग्रामों की धूम मचानेवाली शकीला बानो ने अपनी पहचान अपने वतन की मिट्टी से इस कदर जोड़ रखी है, यह एक कलाकार के लिए गर्व की बात है और उसके देश के लिए भी।

□

लोकनाट्य नौटंकी की लोकप्रिय नायिका

गुलाबबाई

सन् १९९०। भारत सरकार ने गुलाबबाई को 'पद्मश्री' से सम्मानित कर एक लुप्त होती लोकप्रिय विधा नौटंकी का सम्मान किया। फणीश्वर नाथ रेणु की कहानी पर बनी फिल्म 'तीसरी कसम' में एक प्रसंग है, गाड़ीवान हीरामन तीसरी और आखिरी कसम खाते हुए कहता है, "...अब से किसी कंपनी की औरत की लदनी भी नहीं।" गुलाबबाई कंपनी की पहली औरत थीं और शायद आखिरी भी रहेंगी। उन्होंने नौटंकी में इतनी शोहरत हासिल की कि उनके अनुसार, "मैं रहूँ न रहूँ, नौटंकी जीवित रहेगी", के बावजूद शायद वैसी नौटंकी कलाकार अब एक यादगार भर ही होकर रह जाएगी।

'नदी नारे न जाओ श्याम पईयाँ परूँ' जैसे प्रसिद्ध दादरे की यशस्वी गायिका जब ७० साल की उम्र पार कर चुकी थीं तब भी उनके व्यक्तित्व और उनकी कला में ऐसा बहुत कुछ बचा रह गया था कि जिसके लिए न जाने कितने हीरामनों को अपनी कसम तोड़नी पड़ सकती है। मंच पर अकसर नौटंकी के शौकीन लोग गाहे-बगाहे यह फरमाइश कर दिया करते, "गुलाबबाई को स्टेज पर लाओ।" उत्तर प्रदेश और बिहार के हर शहर के प्रौढ़ व्यक्ति ३५-४० वर्ष पहले के गुलाबबाई के किस्से सुनाते मिलेंगे और उनके नाच-गाने की तारीफ किए बिना नहीं रहेंगे।

इसका कारण है, पूरे भारत में लगभग साठ हजार से अधिक शो करनेवाली गुलाबबाई ने सिर्फ नाच-गाने के जरिए ही इतनी शोहरत नहीं पाई थी। उन्होंने 'सत्यवादी हरिश्चंद्र', 'सती सावित्री', 'शीरी फरहाद', 'आलमआरा', 'बहादुर लड़की',

'अनारकली', 'सुल्ताना डाकू', 'अमर सिंह राठौर' आदि वे तमाम मशहूर नौटंकियाँ भी खेली थीं, जिनमें किए गए उनके यादगार अभिनय को लोग आज तक नहीं भूले हैं। 'गुलरि के फुलवा बलम···', 'भरतपुर लुटि गयो रात···', 'तख्त बदले, ताज बदले' जैसी ठुमरी, दादरे की गायकी की तत्कालीन लोकप्रियता का अंदाज आज 'डिस्को' की 'क्रेज' भी नहीं लगा सकती।

किसी जमाने में गुलाब जान के नाम से मशहूर रहीं गुलाबबाई की शोहरत का यह आलम था कि माचिस कंपनियाँ अपनी डिब्बियों पर उनकी तसवीर छापती थीं, सट्टा बाजार में उनके नाम की बोलियाँ लगती थीं और 'हिज मास्टर वॉयस' द्वारा बनाए गए उनके गीतों के रिकार्ड खूब चलते थे। आज वह आलम न हो, समूचे नौटंकी क्षेत्र में सन् १९७५ में 'उत्तर प्रदेश संगीत-नाटक अकादमी' द्वारा पुरस्कृत तथा १९९० में 'पद्मश्री' के राष्ट्रीय अलंकरण से सम्मानित होनेवाली वह अकेली महिला थीं।

गुलाबबाई बिना संकोच के बताती थीं, ''मैं बेरिया जाति की हूँ। कानपुर के एक मशहूर कस्बे मकनपुर से तीन-चार किलोमीटर दूर मेरा जन्म हुआ। मकनपुर में हर साल 'मदार बाबा' का एक बड़ा मेला लगता है (शाह मदार का नाम संन्यासी विद्रोह के इतिहास में आता है)। पिता छोटी-मोटी किसानी करते थे। माँ घेरलू किस्म की सीधी-सादी औरत थीं। घर में देवी-देवताओं की पूजा का धार्मिक वातावरण था। बचपन से ही गाने का बेहद शौक था। गाँव में 'नगर सभा' का तमाशा होता तो मैं अगली कतार में बैठकर बिला नागा तमाशा देखती और फिर उसकी गायकी, शेरो-शायरी की हूबहू नकल उतारती। माँ-बाप मना करते, पर मेरे बाबा खुश होकर मुझे प्रोत्साहित करते।''

ऐसे ही एक तमाशे की समाप्ति के बाद १०-११ साल की गुलाबबाई ठुनकने लगी कि वह भी नौटंकी में काम करेगी। तब कोई भी लड़की नौटंकी के मंच पर नहीं उतरती थी। स्त्रियों का अभिनय भी पुरुष पात्र ही किया करते थे। इसलिए माता-पिता ने एतराज किया, ''नौटंकी में लड़कियाँ और औरतें काम नहीं करतीं।'' लेकिन गुलाबबाई की जिद देखकर उसके नाना उसे कंपनी के मालिक पंडित त्रिमोहन के पास ले गए, ''मेरी यह नातिन थोड़ा गा-वा लेती है, आपकी कंपनी में काम करना चाहती है, इसे परखो ओर मौका दो।'' पंडित त्रिमोहन ने हैरान होकर लड़की से कहा, ''अच्छा, क्या गाती हो? कुछ सुनाओ तो।'' और लड़की ने रात में 'हरिश्चंद्र-तारामती' का जो तमाशा देखा था, उसमें से तारामती की भूमिका के संवाद अभिनय के साथ गाकर सुना दिए। फिर पंडित के कहने पर एक दादरा भी गाया। बस, कंपनी के मालिक खुश हो गए और गुलाबबाई पचास रुपए माहवार पर कंपनी की मुलाजिम हो गई। उन दिनों पचास रुपए की क्या अहमियत थी, यह सभी जानते हैं, किंतु गुलाबबाई ने

कंपनी में इतना नाम कमाया कि उनकी तनख्वाह बढ़ते-बढ़ते दो हजार तक पहुँच गई थी। इस तरह नौटंकी से गुलाबबाई का जो नाम जुड़ा तो वह 'त्रिमोहन लाल एंड कंपनी' और बाद में अपनी 'गुलाब थिएट्रिकल कंपनी' के माध्यम से छह दशकों तक नौटंकी की दुनिया में धूम मचाता रहा और नौटंकी की इस सिरमौर कलाकार का नाम नौटंकी का पर्याय बन गया।

गुलाबबाई बताती थीं, "नौटंकी की दो ही प्रसिद्ध शैलियाँ विकसित हुईं, 'हाथरसी नौटंकी' और 'कानपुरी नौटंकी'। हाथरसी नौटंकी के कर्णधार नत्थूराम शर्मा रहे, कानपुरी नौटंकी के श्रीकृष्ण पहलवान और पंडित त्रिमोहन लाल। हाथरसी शैली में गायन की प्रधानता है, कानपुरी शैली में अभिनय की। यासीन शायर जैसे लोग नौटंकी लिखते थे और खेल हम खेलते थे। अब वैसे शायर कहाँ? दर्शकों की बदलती अभिरुचि के कारण भी नौटंकी की कलात्मकता में ह्रास हुआ है। पहले कलाकार शौकिया काम करते थे, बाद में नौटंकी का स्वरूप व्यापारिक होता गया। हाँ, धार्मिक भक्तिभावपूर्ण, वीररसपूर्ण, दस्यु जीवन से संबद्ध तथा आशिकाना प्रदर्शन अब भी होते हैं। लेकिन इधर मेरी कोशिश रही है कि नौटंकी के लोकप्रिय मंच को कौमी एकता और राष्ट्रीय समस्याओं से जोड़ा जाए। मैंने तो अपना सारा जीवन ही इस कला की भेंट चढ़ा दिया। अपनी कंपनी बनाकर तमाम लोगों को सिखाया, नाटकों का निर्देशन किया और अब भी इसी कोशिश में रहती हूँ कि इस कला को मजबूत आधार मिले। इसके लिए कानपुर में एक प्रशिक्षण केंद्र खुलना चाहिए; लेकिन प्रशासन नौटंकी के विकास के लिए जागरूक नहीं दिखाई देता।"

"तो क्या नौटंकी का भविष्य अँधेरे में है?"

"नहीं, नौटंकी समाप्त नहीं हो सकती। यह लोकनाट्य मंच अपनी ही खूबियों के कारण फिर से विकसित होगा, ऐसा मुझे विश्वास है।"

"जब पंडित त्रिमोहन लाल एंड कंपनी से आपको इतनी प्रसिद्धि मिली थी तो आपने उसे छोड़कर अपनी कंपनी क्यों बनाई थी?"

"दरअसल, अपनी कंपनी बनाने के फैसले के पीछे एक दुखद घटना जुड़ी है। मेरी बहन छज्जे से गिरकर बुरी तरह घायल हो गई थी। उसके इलाज के लिए मैंने पंडित त्रिमोहन से केवल एक सौ रुपए माँगे थे, जो उन्होंने नहीं दिए, टाल दिया। बहन की दशा गंभीर थी, इसलिए मुझे बहुत दुःख हुआ और उसी दिन नाराज होकर मैंने कंपनी छोड़ दी। फिर अपनी बहनों—पानकुँवरि, नीलम, सुरैया और चंचला कुमारी के साथ मिलकर अलग 'गुलाब थिएट्रिकल कंपनी' बना ली। कुछ सामान जुटाकर शादियों-बारातों में जाने लगी। दर्शकों ने हमें सराहा तो हम अपने मंच भी सजाने लगीं। बस, इसी लगन और दर्शकों की प्रशंसा से हमारी कंपनी चल निकली। मैं

अपनी कला में आगे और आगे बढ़ती गई। नौटंकी में रहने पर मुझे न कभी पश्चात्ताप हुआ और न आत्म-ग्लानि का अनुभव।''

''लेकिन नौटंकी देखने के लिए तो सभी तरह के और हुल्लड़बाज दर्शक भी आ जाते हैं। कोई खट्टा-मीठा अनुभव?''

''यादगार घटनाएँ तो बहुत हैं, पर कंपनी की ओर से हमारी सुरक्षा का इंतजाम पुख्ता होता था। फिर भी एक घटना भूलती नहीं है—मैं तब त्रिमोहन कंपनी में थी। वह अंग्रेजी शासन का दौर था। दर्शकों में कुछ अराजक तत्त्व आ घुसे थे। पुलिस उनसे निबट नहीं पा रही थी। अंग्रेज कोतवाल हांड ने कानून-व्यवस्था भंग करने के लिए हमें ही दोषी ठहराया और कंपनी सहित मुझे 'शहर-बदर' कर दिया। इसके बाद हमने कन्नौज में डेरा जमाया। इत्र की नगरी कन्नौज में एक मशहूर कोठी का मालिक सेठ मेरी एक्टिंग देखकर ऐसा दीवाना हुआ कि मेरे पीछे ही पड़ गया, 'मैं तुम्हें अपने दिल की रानी बनाऊँगा, सिर से पाँव तक सोने-चाँदी से मढ़ दूँगा। बस तुम मेरी हो जाओ।' स्टेज पर 'शीरी', 'तारामती' का अभिनय करनेवाली गुलाब जान की निजी जिंदगी में एकदम सन्नाटा था, सो मैंने सेठ का दिल रख लिया। उसने अपनी बगीची में मेरे लिए अलग कोठी बनवा दी। मैं सेठ के एक बेटे की माँ भी बनी। जिंदगी में ठहराव आया ही था कि तभी एक कांड हो गया—सेठ की सीधी-सादी पत्नी मेरे पैरों पर गिरकर रो पड़ी और उसके आँसुओं की जीत हुई। मैंने सेठ से नाता तोड़ लिया और फिर से कंपनी की मुलाजिम बनकर रह गई।''

नौटंकी प्रदर्शन में गुलाबबाई ने कुछ नए प्रयोग भी किए। मंच के पुराने तरीकों के साथ उन्होंने नाटक की तरह भी नौटंकी खेलने पर जोर दिया। परंपरागत नौटंकियों में टिकट नहीं लगा था, अब टिकट भी लगता है और उसमें कई दर्जे भी होते हैं। परंपरागत नौटंकियों की मुख्य विशेषता थी, सभी संवाद पद्य में शेर, दोहा, चौपाई, सोरठा आदि में बोले जाते। अब अधिकांश वार्त्तालाप गद्य में होते हैं।

संगीत के क्षेत्र में गुलाबबाई की नौटंकी को विशेष देन है कि उन्हें भैरवी, ध्रुपद, मालकोंस, लावनी, ललित, देस आदि पक्की शास्त्रीय धुनों को भी लोक शैली के अंदाज में गाया है और नौटंकी की पुरानी गजल, कव्वाली, चौबोला, दोबोला, बहतरतीब आदि शैलियों की बँधी-बँधाई लीक से अपने को मुक्त किया है। इनके गीतों में लोकगीत और तालों में दादरा की प्रधानता है। हिंदी लोकगीतों में इनके गाए गीतों के ग्रामोफोन रिकार्ड जितने अधिक बिके और चर्चित हुए, उतने अन्य किसी के नहीं। साहित्य व कलाओं के क्षेत्र में फिर से अपनी 'जड़ों की ओर लौटने' की प्रवृत्ति से गुलाबबाई की यह आशा-आकांक्षा व्यर्थ नहीं लगती कि गुलाबबाई के बाद भी नौटंकी जीवित रहेगी। उन्होंने नौटंकी के लिए जितना किया, उनका यह योगदान भुलाया नहीं जा सकता। □

बिहार-कोकिला : **विंध्यवासिनी देवी**

लोकगीतों की सुमधुर गायिका विंध्यवासिनी देवी को 'बिहार की कोकिला' कहा जाता है। लोकगीतों का चलता-फिरता विश्वकोश भी। इसलिए कि इस समर्पित स्वर-साधिका ने अपने अथक परिश्रम से बिहार के लोकगीतों का जो विलक्षण संग्रह प्रस्तुत किया है, उस पर पूरे बिहार को गर्व है। बिहार के गाँव-गाँव और कोनों-अंचलों में शायद ही कोई लोकगीत, संस्कार गीत और उसकी क्षेत्रीय लोकधुन बची होगी, जिसे विंध्यवासिनी का कंठ-स्पर्श न मिला हो।

विंध्यवासिनी देवी का जन्म ५ मार्च, १९२० को मुजफ्फरपुर में हुआ। श्री जगत बहादुर सिंह की यह पुत्री अपने जन्म के शीघ्र बाद ही माँ के आँचल की छाया से वंचित हो गई थी। नाना के घर पर पालन-पोषण व शिक्षा-दीक्षा हुई। भगवद् भक्त नाना रोज हरि-कीर्तन करते थे, भजन गाते थे। यह बच्ची भी उनके साथ बैठकर नियमित भजन गाने लगी। इसी तरह संगीत के प्रति उसकी रुचि बढ़ती गई। सात वर्ष की उम्र तक तो वह एक अच्छी लोक गीत-गायिका बन गई थी। यह देखकर नाना श्री चतुर्भुज सहाय ने मुजफ्फरपुर के नामी संगीतज्ञ श्री क्षितीशचंद्र वर्मा की देखरेख में उसकी विधिवत् संगीत-शिक्षा शुरू करवा दी।

उस समय के रिवाज के अनुसार सन् १९३१ में ग्यारह वर्ष की छोटी आयु में विंध्यवासिनी की शादी श्री महेश्वर चंद्र वर्मा से कर दी गई। श्री वर्मा पारसी थिएटर के संगीत-निदेशक थे। अत: पति के सहयोग से इनकी साहित्य, संगीत, गायन प्रतिभा को विकसित होने का अवसर मिल गया। जब बच्चे कुछ बड़े हो गए तो इस कलाकार-दंपती ने पटना जाकर बसने का निर्णय लिया। बस यहीं से उनके जीवन ने भी महत्त्वपूर्ण मोड़ ले लिया, वरना इसके पूर्व सन् १९४५ में जब वह संगीत-कार्यक्रम देने घर की

देहरी से बाहर निकली थीं, तो परिचित-अपरिचित सभी ने इनका मजाक उड़ाया था, क्योंकि किसी भी शरीफ खानदान की महिला के लिए मंच-गायन उस समय हेय-दृष्टि से ही देखा जाता था, पर विंध्यवासिनी देवी ने न केवल अपनी आलोचनाओं को नजरअंदाज किया था, बल्कि बिहार की अन्य नवोदित प्रतिभाओं को आगे लाने के लिए भी जुट गई थीं। यह सब न करतीं तो अपनी लगन, मेहनत से उन्होंने जो स्थान बनाया, यह कैसे बन पाता!

पटना आकर पहले उन्होंने अपनी शैक्षणिक योग्यता बढ़ाने की ओर ध्यान दिया। हिंदी विश्वविद्यालय, प्रयाग से 'विशारद' और फिर हिंदी विद्यापीठ, देवघर से 'साहित्य-भूषण' की उपाधियाँ प्राप्त कीं। साथ ही स्थानीय आर्य कन्या विद्यालय में संगीत-शिक्षिका के रूप में भी कार्य करने लगीं। नौकरी और पढ़ाई के साथ-साथ विंध्यवासिनीजी अपनी छात्राओं को ट्यूशन पढ़ाने भी रोज पाँच-छह मील पैदल चलकर जाया करती थीं। यह सारा संघर्ष इसलिए कि सीखने के लिए महिलाएँ तब उन तक चलकर नहीं आ सकती थीं, उन्हें ही उनके घरों तक पहुँचकर, घूँघट के भीतर घुटते-सिसकते उनके लोकगीत-स्वरों को खोजकर, प्रोत्साहित करके बाहर लाना था। इस दु:साहस के लिए भी उन्हें काफी-कुछ सुनना-सहना पड़ा, पर उन्होंने हार नहीं मानी। अंतत: सबको यह समझाने में सफल हुईं कि बंगाल में किसी लड़की को तब तक सुशिक्षित नहीं माना जाता, जब तक कि कला की कुछ विधाओं से, विशेषत: संगीत से उसका लगाव-जुड़ाव न हो, फिर पड़ोसी राज्य बिहार में इसके विपरीत स्थिति क्यों? बिहार की प्रतिभाओं को भी आगे बढ़ने के अवसर मिलने चाहिए, वरना संस्कृतिक चेतना के नवजागरण में बिहार पीछे रह जाएगा।

अपने पति के सहयोग से १९४९ में विंध्यवासिनी देवी ने 'विंध्य कला मंदिर' पटना की स्थापना की। आज यह संस्थान बिहार का एक प्रमुख लोकगीत, लोकनृत्य, लोकनाट्य एवं शास्त्रीय संगीत विद्यालय है। इस संस्थान को वह अपना 'मानस-पुत्र' कहती हैं।

इसके पूर्व १९४८ में 'मानव' शीर्षक उनका संगीत-रूपक इतना लोकप्रिय हुआ कि बिहार सरकार की मान्यता पाकर अनेक बार मंचित किया गया। इसी के माध्यम से आकाशवाणी के तत्कालीन महानिदेशक स्व. श्री जगदीश चंद्र माथुर का ध्यान विंध्यवासिनी देवी की ओर आकृष्ट हुआ। उन्होंने बिहार की इस छिपी प्रतिभा को पहचाना और फिर कई आवश्यक औपचारिकताओं को लाँघकर भी उन्हें आकाशवाणी पटना केंद्र की लोकगीत-संयोजिका के पद पर नियुक्त कर दिया। उस पद पर उन्होंने सन् १९७९ तक कार्य किया। इसके बाद सेवानिवृत्त हो वह अपना पूरा समय व ध्यान अपने 'विंध्य कला मंदिर' में लगा रही हैं।

सन् १९७४ में उन्हें भारत के राष्ट्रपति ने 'पद्मश्री' की उपाधि से अलंकृत किया। सन् १९७४ में ही आचार्य शिवपूजन सहाय ने उन्हें 'लोक संगीत आचार्य' उपाधि से सम्मानित किया। १९७५ में मॉरीशस के राष्ट्रकवि श्री मधुकर भगत ने उन्हें भोजपुरी भाषा के कलात्मक पक्षों को उजागर करने के लिए प्रशस्तिगान अर्पित किया। अ.भा. महिला परिषद् की बिहार शाखा ने भी उन्हें सम्मानित किया। इसके अलावा 'बिहार रत्न', 'बिहार गौरव' जैसी सम्मानित उपाधियाँ भी दी गईं; 'पृथ्वीराज अवार्ड' से भी सम्मानित किया गया। यही नहीं, २००५ के प्रारंभ में उन्हें केंद्रीय संगीत नाटक अकादमी की फैलोशिप भी प्रदान की गई। इसके बाद तो उनकी कला-सेवाओं का सम्मान करते हुए राष्ट्रीय संगीत-नाटक अकादमी, नई दिल्ली ने लगातार सात वर्षों तक उन्हें अपना सदस्य मनोनीत किया। विंध्यवासिनी देवी दृश्य-प्रसार निदेशालय, नई दिल्ली की भी सदस्य रही हैं। मैथिली अकादमी, पटना के सांस्कृतिक विभाग की उपाध्यक्षा और आकाशवाणी पटना के संगीत-विभाग की संयोजिका भी। गणतंत्र दिवस के राष्ट्रीय उत्सवों में भी कई बार उन्होंने बिहार के सांस्कृतिक दल का नेतृत्व किया।

विवाह गीत हों या सोहर या विद्यापति के लोकप्रिय पद, विंध्यवासिनी देवी ने न केवल उन्हें मधुर कंठ स्वर में गाया है, बल्कि लोकजीवन की इस दुर्लभ सामग्री को खोज-बटोरकर उनका महत्त्वपूर्ण संग्रह भी किया है। उनके पास अब इतनी सामग्री उपलब्ध है, जिससे कई ग्रंथों की रचना हो सकती है। इसलिए तो उन्हें 'लोकगीतों का विश्वकोश' कहा जाता है। बिहार की सभी लोक-भाषाओं में, विभिन्न धुनों पर आधारित पाँच सौ से अधिक गीतों के संग्रह 'लोक रामायण' भी उनकी विशेष कृति है, जिसमें रामायण के सातों कांडों पर गीत हैं। इन गीतों में रामायण के सभी प्रसंगों को समेटा गया है। इसकी विशेषता यह भी है कि इसमें २५ लोक रागों की स्वर लिपियाँ देने के साथ सभी गीतों के शब्दार्थ और भावार्थ भी दिए गए हैं।

उनकी योजना 'लोकसंगीत-सागर' शीर्षक ग्रंथ को बारह भागों में प्रकाशित कराने की है, जिसका प्रथम भाग 'सोहर प्रकरण' बिहार सरकार के जनसंपर्क विभाग से प्रकाशित है। 'वैशाली महिला' तथा भोजपुरी, मगही व मैथिली में 'लोकगीतों की रचना' प्रकाशनाधीन हैं। लोक शब्दों के एक बृहद कोश 'लोकशब्द सागर' में तो उन्होंने दस हजार लोक-शब्द संकलित किए हैं, जिनका मैथिली, भोजपुरी, मगही, अंगिका, वज्जिका आदि लोक-भाषाओं में वर्गीकरण किया गया है।

विंध्यवासिनी देवी की ख्याति उन्हें फिल्मों तक भी ले गई। मगही फिल्म 'भैया' में संगीतकार चित्रगुप्त के निर्देशन में सारे गीत उनके लिखे हुए हैं। मैथिली फिल्म 'कन्यादान' में उन्होंने गीत लिखने के साथ-साथ संगीत-निर्देशन भी किया है। 'छठ मइया की महिमा' में उनके दो गीत हैं, जिन्हें डॉ. भूपेन हजारिका ने संगीतबद्ध किया

है। महान् कथा-शिल्पी स्व. फणीश्वर नाथ रेणु के 'मैला आँचल' पर आधारित 'डागदर बाबू' में उनके दो गीतों को संगीतकार राहुल देव बर्मन ने अपनी धुनों से सँवारा है। 'विमाता' फिल्म में भी वे विवाह-गीत लिये गए हैं, जो परंपरागत रूप में 'डोमकच' व 'झिझिया' कहे जाते हैं, पर जिन्हें इस लोकगायिका ने नए रूप में प्रस्तुत किया है।

पर मुंबईवालों के बार-बार आग्रह और हजारों रुपए पारिश्रमिक के लालच ने भी उन्हें बंबई (अब मुंबई) जाकर बसने के लिए नहीं उकसाया। उनके शब्दों में, "बंबई के प्रस्ताव ठुकराने के पीछे न तो मेरा अहं है, न पारिवारिक मोह। पैसा और प्रतिष्ठा 'पुत्र-मोह' से बड़ी चीज नहीं और 'विंध्य कला मंदिर' मेरा 'मानस-पुत्र' है। उसे मैंने माँ की तरह जन्म देकर पाला-पोसा और बड़ा किया है। उसे छोड़कर कैसे जा सकती थी?" यह कला विद्यालय वह केवल पटना की लड़कियों के लिए ही नहीं चलाना चाहतीं, इसलिए वृद्धावस्था के बावजूद उसे अखिल भारतीय रूप देने तथा बाहर की छात्राओं के लिए छात्रावास बनवाने के लिए अथक रूप से प्रयत्नशील हैं। क्या उनके जीते-जी उनका यह सपना पूरा हो पाएगा? इस दिशा में शीघ्र ही कुछ किया जाना चाहिए।

□

छत्तीसगढ़-अंचल से उठकर विश्व-आकाश पर उड़नेवाली : **तीजनबाई**

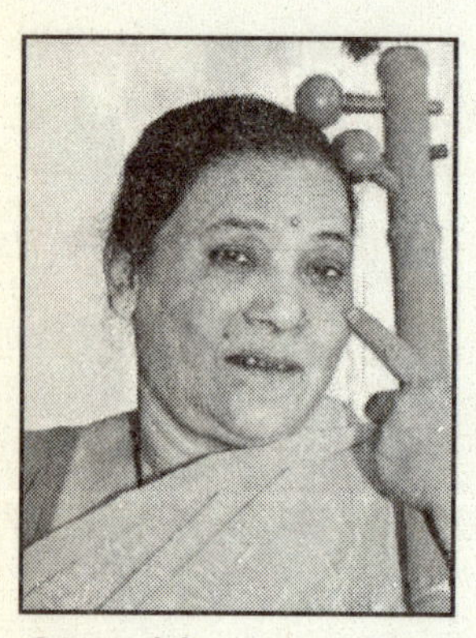

'चींटी उड़ी और उसने आकाश छू लिया'—मराठी संत कवयित्री मुक्ताबाई की यह पंक्ति और किसी पर लागू हो न हो, तीजनबाई पर अवश्य लागू होती है। पंडवानी लोकगाथा-गायिका के रूप में उभरी यह अनपढ़ महिला अपने विलक्षण गायन से शोहरत की उन बुलंदियों को छू रही है, जिन पर किसी बड़े-से-बड़े प्रतिभाशाली कलाकार को रश्क हो सकता है। महाभारत के पात्रों के चरित्रों को प्रसंगानुसार जीने और उन्हें अद्‍भुत भावाभिनय के साथ प्रस्तुत करने के कारण तीजनबाई ने जन-जन के हृदय में अपना स्थान बना लिया है। इसी कारण विश्व भर के कला-प्रेमियों में चर्चित भी हो चुकी हैं।

लोककलाओं के क्षेत्र में मध्य प्रदेश का छत्तीसगढ़ अंचल बहुत समृद्ध है। मूर्ति-शिल्प, धातु-शिल्प, काष्ठकला के साथ प्रदर्शनकारी लोककलाओं के क्षेत्र में भी इस अंचल ने ऐसी प्रतिभाएँ दी हैं, जिन्होंने इस क्षेत्र को राष्ट्रीय और अंतरराष्ट्रीय प्रसिद्धि दिलाई है। भावाभिनय, गायन, कथा-कथन, नृत्य और तमूरा-वादन में अपनी विलक्षण प्रतिभा का प्रदर्शन करने वाली पंडवानी गायिका तीजनबाई का नाम न केवल उनमें से एक है बल्कि उन्होंने अंतरराष्ट्रीय स्तर पर हर कला-मर्मज्ञ की जुबान पर अपने नाम की पहचान अंकित कर क्षेत्र के अन्य नामों को पीछे छोड़ दिया है।

लगभग तीस वर्षों तक गाँव-गाँव में तमूरा लेकर घूम चुकी तीजनबाई ने तत्कालीन प्रधानमंत्री श्रीमती इंदिरा गांधी को भी आकृष्ट किया। 'संगीत-नाटक अकादमी' नई दिल्ली और 'लोक कला परिषद्' भोपाल के विभिन्न कार्यक्रमों में भाग लिया। देश के

प्राय: सभी महानगरों में अपने कार्यक्रम प्रस्तुत किए। फिर सन् १९८५ में फ्रांस में तथा १९८७ में स्विट्जरलैंड में आयोजित 'भारत-महोत्सवों' में भाग लिया। इसी प्रसिद्धि के कारण भिलाई इस्पात नगरी में नौकरी पाई और १९८८ के गणतंत्र दिवस पर राष्ट्रीय अलंकरण 'पद्मश्री' से सम्मानित भी हुईं।

पाटन (जिला दुर्ग) के अटारी गाँव के एक आदिवासी बहेलिया परिवार में जनमी और भिलाई इस्पात संयंत्र के ठीक पीछे गनियारी गाँव की रहनेवाली निपट निरक्षर और अक्खड़ देहातिन की प्रसिद्धि के इस शिखर तक की यात्रा निष्कंटक नहीं रही है। भारी दुःख-दरिद्रता तथा कठिनाइयों-मुसीबतों के पहाड़ों को लाँघती हुई यह यहाँ तक पहुँची है। तीजन का परिवार एक घुमक्कड़ शिकारी परिवार था। जंगल से चिड़ियाँ, साँप आदि पकड़ना, पशुओं की चमड़ी उतारना, शहद एकत्रित करना, खजूर के पत्ते काटकर उनसे झाड़ू और चटाइयाँ बनाना, गाँव-गाँव घूमकर उन्हें बेचना, फिर भी भूख और गरीबी में जीवनयापन करना इस परिवार की नियति रही। इस तरह डेहरा जाति (जगह-जगह डेरा डालनेवाले) के छुनुक लाल परिधि की बेटी तीजनबाई बचपन में घुमक्कड़ी और अभावों में पलती हुई और सुबह से रात तक श्रम करती हुई घर में माँ-बाप के कामों में ही हाथ बँटाती थी, लेकिन यह बालिका छत्तीसगढ़ी लोकगीतों और फिल्मी गीतों को पूरी तल्लीनता से गाया करती थी। 'नागिन', 'गंगा-जमुना', 'मधुमति', 'बैजू बावरा' आदि फिल्मों के लोकप्रिय गीतों के साथ उसका स्वर ददरिया, कर्मा, बेहाव, गौरा, भोजली, जंवारा आदि छत्तीसगढ़ी लोकगीतों में भी सधता गया था। पर थी वह बड़ी संकोची, किसी के सामने नहीं गाती थी, एकांत में ही अपने स्वर का जादू जगाती थी, लेकिन लुक-छिपकर सुननेवाले लोग उसके स्वर पर मोहित हो, कहा करते थे, ''एक दिन यह छोकरी बहुत नाम कमाएगी।'' यह जन-भविष्यवाणी आज किस कदर सच हुई है, यह पूरा देश और आधा विश्व जानता है।

तेरह साल की उम्र में ब्याही गई तीजन को पहली ठेस लगी, जब उसे पता लगा कि उसके पति की तीन पत्नियाँ पहले से हैं। फिर जब उसका पति चौथी पत्नी भी ले आया तो उसके सब्र का बाँध टूट गया और वह पति को छोड़कर वापस माँ-बाप के घर आ गई। कुछ समय बाद उसने गाँव के ऊँची जाति के एक युवक से शादी कर ली और दोनों अलग झोंपड़ी बनाकर रहने लगे। कुछ साल ठीक-ठाक बीत गए। इस बीच वह दो बच्चों की माँ भी बन गई। उसके जीवन में दुःख का दूसरा दौर तब आया जब वह अपने लोकगायक नाना बृजलाल परिधि से तमूरा वादन और भजन गायन सीखने लगी। गाँव में आई एक सतनामी मंडली का पंडवानी गायन सुनकर और रायपुर में 'तुलसी वृंद' नामक धार्मिक फिल्म देखकर उसका मन भगवान् के भजन की ओर आकृष्ट हुआ। पर पति को उसका गाना-बजाना पसंद न होने से घर में रोज मार-पीट का

सिलसिला शुरू हो गया। फिर भी गाने-बजाने का नशा तीजनबाई पर इतना सवार हो चुका था कि उसने पति की मार-पीट और गाली-गलौज की भी परवाह नहीं की और अपनी राह पर बढ़ती चली गई। अब बागी होकर वह बाहर भी गाने लगी थी, क्योंकि लोग उसका गायन पसंद करते थे। फिर एक दिन जब कार्यक्रम के दौरान ही पति ने आकर सब के सामने उसे मारा-पीटा तो तीजनबाई ने दोनों बच्चों को साथ लेकर उसका घर छोड़ दिया। अब कोई बाधा न थी। तीजनबाई पूरी तरह भजन-गायन को समर्पित हो गई, लेकिन उसका प्रशिक्षण अभी शेष था।

तीजन ने घर से निकलकर चंदश्वुरी गाँव में आकर एक स्कूल में डेरा डाल दिया और तमूरा लेकर भजन गाने लगी। लोग पसंद करते थे, सो आरती में रुपए-पैसे, गेहूँ, धान, चावल, चना आदि भी मिलने लगे और तीजन की गुजर-बसर होने लगी। तभी गाँव के मालगुजार दाऊ भूषण लाल ने उसकी प्रतिभा से प्रभावित होकर उसे पंडवानी का प्रशिक्षण देने के लिए गाँव के लोक कलाकार उमेश सिंह को नियुक्त कर दिया।

धीरे-धीरे तीजनबाई पंडवानी गायन में निपुण होती गई और अब उनके कार्यक्रम गाँव-गाँव में आयोजित होने लगे। धुन की पक्की इस कलाकार ने निरंतर श्रम से अपनी कला को निखार लिया। इसलिए सन् १९७६ में देश के सबसे बड़े लोकोत्सव—'छत्तीसगढ़ लोककला महोत्सव' भिलाई में अपना कार्यक्रम प्रस्तुत करने के बाद सन् १९८५ से वह संयंत्र के सामुदायिक विकास विभाग में स्थायी कलाकार के रूप में नियुक्ति पा गईं। अब तक कुल मिलाकर उनके लगभग ३५०० कार्यक्रम हो चुके हैं और अब उनका नाम पंडवानी गायन का पर्याय बन चुका है।

तीजनबाई के पंडवानी-गायन की विशेषता है, वाद्य-वृंद पर स्वरों के उतार-चढ़ाव के साथ, महाभारत के पात्रों के चरित्र को मंच पर जीवंत करना और हर्ष, विषाद, विस्मय, जोश, शोक, घृणा, क्रोध, ललकार, युद्ध-ध्वनि आदि की विलक्षण अभिव्यक्ति। सन् १९८० के बाद के वर्ष उनके जीवन के लिए अत्यंत फलदायक सिद्ध हुए और उनका ध्येय बन गया—चरैवेति चरैवेति। पंडवानी के भविष्य के प्रति भी तीजनबाई आश्वस्त हैं, "जब तक छत्तीसगढ़ में पंडवानी सुननेवाले और देश-विदेश में उसे पसंद करनेवाले हैं, तब तक इसका भविष्य उज्ज्वल है।"

□

खंड : २

नृत्यांगनाएँ

भरतनाट्यम की युग-नेत्री
टी. बाला सरस्वती

सन् १९५५ में 'संगीत-नाटक अकादमी पुरस्कार', १९५७ में 'पद्मभूषण' अलंकरण, १९७३ में मद्रास संगीत अकादमी का सर्वोच्च 'कलानिधि सम्मान' और १९७४ में रवींद्र भारती विश्वविद्यालय द्वारा 'ऑनरेरी डॉक्टरेट', लेकिन भरतनाट्यम की उद्धारक बाला सरस्वती की उपलब्धियों को इन सम्मानों-पुरस्कारों से नहीं आँका जा सकता। उन्होंने मंदिर की देवदासियों तक सीमित भरतनाट्यम का न केवल पुनरुद्धार किया, उसकी कई नवीन शैलियाँ विकसित करके उसका युगानुरूप पुनर्संस्कार भी किया और भारत के इस प्राचीन नाट्यशास्त्र को विश्व के रंगमंच पर ले जाकर देश-विदेश में लोकप्रिय बनाने में भी 'पहल' की। इस क्षेत्र की वह अग्रणी और वरिष्ठतम कलाकार थीं। रुक्मणि अरुण्डेल जैसी अंतरराष्ट्रीय ख्याति प्राप्त वरिष्ठ कलानेत्री ने भी उनसे सीखा। उनकी अनेक शिष्याओं में कितने ही नाम आज शिखर पर हैं। इसीलिए उन्हें भरतनाट्यम की युग-नेत्री कहा जाता है।

टी. बाला सरस्वती की पुस्तक 'भरतनाट्यम' इतनी चर्चित हुई कि अगली पीढ़ी के लिए इस नृत्य की यह पाठ्य-पुस्तक जैसी बन गई। भरतनाट्यम को मंदिरों से बाहर लाने, इसे देश-विदेश के मंचों पर स्थापित करने, इसके विकास-प्रसार के लिए निरंतर प्रयत्नशील रहने, इसकी लोकप्रियता के लिए विदेश-यात्राएँ करने और इसे जगह-जगह सम्मान दिलाकर, आनेवाली नर्तकियों के लिए विदेश-यात्राओं की राह खोलनेवाली बाला सरस्वती को स्वयं कुछ कारणों से सन् १९६१ तक भारत से बाहर जाने का अवसर नहीं मिला। इस विडंबना के बावजूद, जब पहली बार सन् १९६१ में वह ईस्ट-

वेस्ट एनकाउंटर, टोकियो में अंतरराष्ट्रीय मंच पर उपस्थित हुईं तो कुछ 'नर्वस' व सशंकित थीं, 'न जाने सामने बैठे विदेशी दर्शक एक विशुद्ध परंपरागत भारतीय शास्त्रीय नृत्य को समझ भी पाएँगे कि नहीं ?' पर शीघ्र ही उनका डर दूर हो गया। नृत्य देखकर सामान्य दर्शक अपनी सीटों से उछल रहे थे और बाद में कला-समीक्षकों से भी उन्हें भरपूर सम्मान मिला था। टोकियो आकाशवाणी ने उन्हें विश्व की सर्वोच्च नृत्यांगना तक कहा और उनकी प्रशंसा में भारत के तत्कालीन आकाशवाणी निदेशक डॉ. वी.के. नारायण को भी सराहना का पत्र लिखा। इस तरह पहली ही विदेश-यात्रा में उनकी जो पहचान बनी, उससे अपने देश में भी वह कला-क्षेत्र की राष्ट्रीय हस्ती बन गईं।

अगले ही वर्ष सन् १९६२ में वह फिर अमरीका गईं और वहाँ १६ केंद्रों में विदेशी छात्रों को प्रशिक्षित किया। यहाँ भी उन्हें आशातीत सफलता और ख्याति मिली। उनका नृत्य-प्रदर्शन देखकर एक कला-समीक्षक ने लिखा—"यह हमारे लिए एक दिव्य अनुभव था—समयहीन, सीमाहीन।" समारोह के मुख्य अतिथि ने तो उनकी उपस्थिति के कारण उस शाम को एक ऐतिहासिक शाम की संज्ञा दी।

इस तरह देश से बाहर लोकप्रियता प्राप्त करने में स्वयं उन्हें भले ही देर लगी हो, इसके बाद भारतीय कलाकारों के लिए विदेशी मंच धन और यश कमाने के लिए विशेष आकर्षण बन गया। आज यूरोप व अमरीका में कितने ही कलाकार स्त्री-पुरुष जाने जाते हों, भारतीय कलाकारों में सर्वाधिक लोकप्रिय नाम आज भी दो ही हैं—नृत्यांगना बाला सरस्वती और सितारवादक रविशंकर। बाला सरस्वती की अंतरराष्ट्रीय ख्याति इतनी बढ़ी कि अपने देश में भी खूब जानी जाने लगीं। ग्लैमर की चाह रखनेवाली भारत की नई पीढ़ी भले ही इस विशुद्ध शास्त्रीय नर्तकी को भूल चुकी हो, भारतीय कलाओं के पुनरुद्धार और पुनरुत्थान का इतिहास जब भी क्रमबद्ध रूप में लिखा जाएगा (इस दिशा में कुछ प्रयत्न हुए भी हैं), बाला सरस्वती का नाम शीर्ष पर रहेगा। कला-पारखी और कला-समीक्षक उनकी कला को बहुत सम्मान की दृष्टि से देखते हैं, क्योंकि उन्होंने इस शास्त्रीय नृत्य में इतने ही प्रयोग किए, जो इसके पुनर्संस्कार के लिए आवश्यक थे, अन्यथा उन्होंने इसकी विशुद्धता बनाए रखने पर ही बल दिया है और यह संस्कार उनकी शिष्याओं की कला में भी दिखाई देता है।

बाला सरस्वती का जन्म एक संगीत-नृत्यमय परिवार में १३ मई, १९१८ को हुआ था। माँ जयम्माल एक कुशल नर्तकी व गायिका थीं, दादी तंजौर मंदिर की देवदासी। परदादी और उनकी परदादी भी तंजौर मंदिर एवं महल की नर्तकी और गायिकाएँ रहीं। अठारहवीं शताब्दी से बीसवीं शताब्दी तक एक लंबी पारिवारिक परंपरा की देन थीं बाला सरस्वती, जिन्होंने आगे चलकर इस परंपरा को नया मोड़ दिया। मध्यकाल से आई विकृति और हीन-भावना से मुक्त कर इसे संभ्रांत कला का संस्कार दिया।

दादी और माँ की देखरेख में चार वर्षीय बाला सरस्वती का नृत्य-संगीत शिक्षण पूर्व परंपरानुसार विधिवत् प्रारंभ हुआ। कलागुरु कंडप्पन के शिष्यत्व में तीन वर्ष के भीतर इस बालिका ने नृत्य में चमत्कारी कुशलता प्राप्त कर ली। तब सात वर्षीय इस बच्ची का पहला सार्वजनिक प्रदर्शन भी कांचीपुरम् के अम्राक्षी मंदिर में हुआ और पूरे शहर में समाचार फैल गया कि देवदासी धन्नम की पोती ने अपने प्रथम नृत्य-प्रदर्शन में ही हजारों दर्शकों को मंत्र-मुग्ध कर दिया। समारोह में उपस्थित कला-विशेषज्ञ श्री नयना पिल्लै के मुँह से भी निकला—"सात साल की उम्र और तोड़ी, वरनाम, पद्म की इतनी विशुद्धता। उस पर बच्ची जरा भी विचलित या नर्वस नहीं हुई।" और उन्होंने वहीं घोषणा कर दी थी—"एक होनहार कलाकार का जन्म हो चुका है।"

नयना पिल्लै जैसे गुरु की इस घोषणा के बाद बाला सरस्वती के गुरु कंडप्पन ने इस बालिका को और भी कड़ी साधना में रख दिया कि वह उनका नाम ऊँचा करे। रोज कई-कई घंटे अभ्यास। बाला सरस्वती को एक कुशल नर्तकी के रूप में किशोरावस्था में ही तंजौर-मंच पर उतार दिया गया।

कर्नाटक संगीत और अभिनय में कुशलता प्राप्त करने के बाद बाला सरस्वती ने अपना ध्यान मुख्यत: भरतनाट्यम की ओर केंद्रित किया। ध्येय था—पूर्ण दक्षता प्राप्त करना। फिर इस ध्येय के साथ एक और ध्येय जुड़ गया, इस शास्त्रीय नृत्य का मंदिरों से उद्धार करना। यहीं से बाला सरस्वती के संघर्ष की कहानी भी शुरू होती है। अब तक भरतनाट्यम या तो मंदिरों में मूर्ति के सामने किया जाता था या कुलीन घरानों में विवाहोत्सव, पुत्रजन्मोत्सव आदि पर। पुजारी या कुलीन लोग ही इसे देख सकते थे, उस समय जनसामान्य को मंदिर-प्रवेश की अनुमति नहीं होती थी। बाला सरस्वती की दादी तो देवदासी थीं ही, माँ जयम्माल भी इस दुखद स्थिति की पीड़ा को तीव्रता से अनुभव कर रही थीं। अत: जब विधायक श्रीमती मुत्तुलक्ष्मी ने मद्रास विधानसभा में देवदासी-उन्मूलन बिल लाने से पूर्व इस संबंध में जन-अभियान छेड़ा तो इन माँ-बेटी को भी विरोध में आवाज उठाने का उपयुक्त अवसर मिल गया। जयम्माल ने घोषणा कर दी—"मैं अपनी बेटी को मंदिर की सीमा से बाहर निकालूँगी।" बाला सरस्वती ने भी कहा, "मैं सार्वजनिक मंच पर अपनी कला का प्रदर्शन करूँगी और इसे स्वतंत्र व्यवसाय के रूप में अपनाऊँगी।"

गुरु कंडप्पन और रामानुज आयंगार ही इन माँ-बेटी के साथ थे, शेष बड़े-बड़े कला-विशेषज्ञ नयना पिल्लै, गोविंद स्वामी पिल्लै तक ने जयम्माल को पागल कहकर इन माँ-बेटी का विरोध किया, पर जयम्माल अपने संकल्प पर दृढ़ रहीं और बाला सरस्वती ने आगे बढ़कर अपने सार्वजनिक प्रदर्शन आरंभ कर दिए। अपने समाज में उन्हें व्यावसायिक कलाकार के रूप में सम्मान नहीं मिला, पर जनता ने, विशेष रूप से

नई पीढ़ी ने उन्हें सिर-आँखों पर बैठाया और बाला सरस्वती के नृत्य की माँग दिनोदिन बढ़ती गई। नवजागरण के उस युग में समाज-सुधार और कला-मुक्ति, दोनों रूपों में इस कदम का स्वागत हुआ और देखते-देखते एक नाम दक्षिण भारत से निकलकर पूरे भारत के कला-आकाश में छा गया। फिर अपनी धाक विदेशों में भी जमाने लगा। इस पूरी कालावधि में बाला सरस्वती को किस तरह के मानसिक तनाव से गुजरना पड़ा होगा, किन-किन कठिनाइयों का साहस से सामना करते हुए सफलता हाथ लगी होगी, किन विरोध-प्रदर्शनों और चरित्र-हनन की कारगुजारियों की चुनौती झेलनी पड़ी होगी, इसकी कल्पना सहज ही की जा सकती है। पर 'पहल' करनेवाले कदमों ने यदि पथ के काँटों-कष्टों की परवाह की होती तो आज हमारे कदम भी इतिहास की राह में ठिठके होते। कलाओं की हमारी प्रगति का मार्ग अवरुद्ध होता, पर क्रांतिकारी कदमों के लिए कहीं-न-कहीं से राह खुलती ही है। गुरु कंडप्पन जैसे प्रगतिशील लोगों के प्रोत्साहन और मद्रास संगीत अकादमी की सहायता से बाला सरस्वती सामाजिक चेतना जगाती हुई एवं अपनी कला को सँवारती हुई आगे-ही-आगे बढ़ती गईं। उन्होंने भरतनाट्यम को उसका सम्मानजनक स्थान दिलाकर ही दम लिया।

एक ओर सामाजिक संघर्ष, दूसरी ओर लोकप्रियता। एक ओर जन-मंचों पर उनके प्रदर्शनों की बढ़ती माँग, दूसरी ओर शास्त्रीय नृत्य की विशुद्धता कायम रखने का प्रश्न! ऐसे ही संघर्षों के बीच बाला सरस्वती ने विशुद्धता और नई शैलियों के विकास के बीच समन्वय की राह पकड़ी और भरतनाट्यम को समयानुकूल समृद्धि दिलाई। यह काम आसान न था, पर उन्होंने असंभव को संभव कर दिखाया। इसी कारण उन्हें इतनी प्रसिद्धि व प्रशंसा मिली, पर आगे चलकर अनेक नए कलाकारों ने प्रयोगों के नाम पर इसका दुरुपयोग भी किया और 'शॉर्ट-कट' का रास्ता अपनाकर शास्त्रीय शैलियों को हानि भी पहुँचाई, क्योंकि वैसी समन्वय-दृष्टि का उनमें अभाव है। फिर भी उनकी कई शिष्याओं ने उनकी राह पर चलकर कला-परिष्कार व पुनर्संस्कार का उल्लेखनीय कार्य किया है। बाला सरस्वती को इन्हीं के माध्यम से याद रखा गया और हमेशा याद रखा जाएगा।

अपना सारा जीवन कला-साधना व उसका इतिहास रचने में बिताकर ९ फरवरी, १९८४ को यह युग-द्रष्टा कला-नेत्री इस संसार से विदा हो गई। देहावसान से कुछ समय पूर्व तक वह मद्रास के 'स्कूल ऑफ डांस' की डायरेक्टर के रूप में सक्रिय थीं। उनके निधन का समाचार सारे कला-जगत् में एक रिक्तता का अहसास भर गया, पर एक संतुष्टि का अहसास भी इस रिक्तता के साथ आ जुड़ा था कि ऐसे नाम कभी मरते नहीं, चिरस्मरणीय ही नहीं, अमर भी होते हैं।

□

कला-क्षेत्र की संस्थापिका
रुक्मिणि अरुंडेल

रुक्मिणि अरुंडेल—कला-क्षेत्र का एक नाम, जो 'कला-क्षेत्र' की स्थापना और भरतनाट्यम के पुनरुद्धार-पुनर्संस्कार को आजीवन समर्पण के कारण स्वयं में एक संस्था बन गया। एक ऐसा नाम, जो संभ्रांत महिलाओं के लिए चित्रकला, संगीत, नृत्य-शिक्षण के बंद द्वार खोलने में समर्थ हुआ और एक ऐसा अंतरराष्ट्रीय ख्याति-प्राप्त नाम, जिसने देश-विदेश में भारतीय शास्त्रीय-कलाओं का नाम फिर से ऊँचा किया। हमारे शास्त्रीय नृत्य-गायन का आज सारे संसार में जो इतना आदर-मान बढ़ा है, रुक्मिणि अरुंडेल उस श्रेय के काफी बड़े हिस्से की हकदार हैं।

"मैं चाहती हूँ, भारत की नई पीढ़ी स्वयं को भारतीय कहलाने में गर्व का अनुभव करे। हमारा, विशेष रूप से स्वतंत्रता के बाद, जिस कद्र पश्चिमीकरण हो चुका है, हमारे अधिकतर युवक-युवतियाँ आज अपनी संस्कृति और उसके मूल्यों से अपरिचित हैं। जो पश्चिम का है, वह सब अच्छा है, यह भ्रामक धारणा अब दूर की जानी चाहिए। इस संबंध में हम जापान से बहुत-कुछ सीख सकते हैं। वहाँ लोगों ने पश्चिमी तौर-तरीके अपनाते हुए भी अपनी परंपराओं के सर्वोत्तम को सुरक्षित रखा है। हम क्यों नहीं यह कर सकते?" ऐसे ही विचार समय-समय पर वह प्रकट करती रहीं।

रुक्मिणिजी का 'कला-क्षेत्र' एक अंतरराष्ट्रीय ख्याति-प्राप्त कला-प्रशिक्षण केंद्र है, जो भारतीय दिव्यता, आध्यात्मिकता और कलात्मकता का समन्वित प्रतीक माना जाता है। सन् १९३६ में उनके द्वारा स्थापित इस कला-अकादमी में भरतनाट्यम, कथकली नृत्य-शिक्षण के साथ चित्रकला और शास्त्रीय संगीत का प्रशिक्षण भी दिया जाता है। कला-क्षेत्र की 'संगीत-शिरोमणि' उपाधि मद्रास विश्वविद्यालय द्वारा मान्य है तथा संस्था भी तमिलनाडु सरकार व भारत सरकार द्वारा मान्यता-प्राप्त है। यह उन दिनों देखे गए स्वप्न का साकार रूप है, जब नृत्य-संगीत-शिक्षण को अच्छे घरों की लड़कियों के लिए

वर्जित समझा जाता था। श्रीमती अरुंडेल ने अनेक बाधाओं और उस समय की रूढ़िग्रस्त रिवाजों का साहस से सामना करते हुए इस कार्य को संभ्रांतता, शान और गौरव का जामा पहना दिया। यह काम न तो उस समय आसान था, न जोखिम से खाली, पर रुक्मिणिजी के अनवरत प्रयत्नों का परिणाम सुखद रहा और कुछ घरानों की बपौती समझा जानेवाला नृत्य-संगीत कुछ समय बाद घर-घर में सीखा जाने लगा। बात यहाँ तक पहुँच गई कि आज दक्षिण में किसी लड़की के विवाह की बात करते समय उसके ससुरालवाले उसकी नृत्य-संगीत शिक्षा की भी पूछ-परख करते हैं। उत्तर भारत को इस मामले में अभी दक्षिण से सीखना है।

यही नहीं, रुक्मिणि अरुंडेल ने जीवन के अन्य क्षेत्रों में भी कई क्रांतिकारी कदम उठाए थे। कल्पना करें, सन् १९२० के आस-पास का भारत! एक ओर राजनीतिक जागृति की लहर, दूसरी ओर आर्य समाज, ब्राह्म समाज, प्रार्थना समाज के प्रयत्नों से स्त्री-शिक्षा के पुनरुद्धार की चेतना। पर इस सबके बावजूद जातीय रीति-रिवाजों के बंधन दृढ़ता से कसे थे। कला-नृत्य में पारंगत युवतियों को हेय-दृष्टि से देखा जाता था। अंतरजातीय विवाह पर हंगामा खड़ा हो जाता था। विदेश जाना भी जाति-बहिष्कार का कारण बनता था। ऐसे समय रुक्मिणिजी ने हर कदम परंपरा-विरुद्ध उठाया, पर उन्होंने एक भारतीय युवती की अस्मिता को भंग नहीं किया। शालीनता और विनम्रता का दामन थामे हर तूफान का सामना किया। अतः उनकी विजय होनी थी, सो हुई।

रुक्मिणि का जन्म मदुरै में २९ फरवरी, १९०४ को एक पारंपरिक ब्राह्मण परिवार में हुआ। पर छोटी उम्र से ही वह थिओसॉफिकल सोसाइटी के संपर्क में आ गई थीं। वहीं डॉ. ऐनी बेसेंट और जॉर्ज अरुंडेल से उनका निकट परिचय हुआ और कुछ दिन बाद सन् १९२० में जॉर्ज और रुक्मिणि विवाह-बंधन में बँध गए। रुक्मिणि के पिता ए. नीलकांत शास्त्री एक संगीत-प्रेमी विद्वान् थे। उनकी माता भी दक्षिण भारतीय संगीत में निपुण थीं। माता-पिता की प्रेरणा से ही रुक्मिणि ने संगीत सीखा था। एक विदेशी कला-पारखी से विवाह करने के पीछे भी उनके क्रांतिकारी विचारोंवाले माता-पिता की मौन स्वीकृति थी। फिर भी तत्कालीन लोक परंपरा का उल्लंघन कर एक ऑस्ट्रेलियन शिक्षक-साहित्यकार श्री अरुंडेल से विवाह के समाचार ने कड़े सामाजिक विरोध को जन्म दिया; पर विरोध का बवंडर थमते ही उनके प्रशंसकों ने इस रोमांस-गाथा को रुक्मिणि-कृष्ण विवाह की संज्ञा देकर समाज में इसकी स्वीकृति को राह दे दी थी।

विवाह के शीघ्र बाद उदारचेता पति के सहयोग से रुक्मिणिजी ने स्त्री कला-शिक्षा में रुचि लेना शुरू कर दिया था। बचपन से नृत्य, संगीत एवं चित्रकला के प्रति झुकाव के कारण प्रोत्साहन मिलते ही उनके भीतर इन प्रसुप्त कलाओं को भी विकास की राह मिली। स्त्रियों के लिए शिक्षण को लेकर उन्होंने जोरदार ढंग से आवाज उठाई। फिर

भारतीय कला को विदेश में फैलाने के लिए १९२८ में उन्होंने विदेश यात्राएँ आरंभ कीं। ऑस्ट्रेलिया, यूरोप, अमरीका में स्थान-स्थान पर संगीत-समारोह आयोजित किए। प्राचीन भारतीय कला, दर्शन, अध्यात्म पर सुंदर व्याख्यान दिए। तब तक वह स्वयं केवल संगीत में ही पारंगत थीं। उनके ऑस्ट्रेलिया-प्रवास में पावलोव नामक सुप्रसिद्ध बैले-नृत्यकार ने उनकी रुचि नृत्य में भी विकसित की और नृत्य-शिक्षण के लिए उन्हें एक कला-पथक खोलने का सुझाव दिया।

भारत लौटकर जब उन्होंने भरतनाट्यम के श्री मीनाक्षी सुंदरम् पिल्लै का नृत्य देखा तो कला-क्षेत्र की स्थापना का उनका निश्चय दृढ़ हो गया, पर इसके लिए पहले स्वयं दक्षता प्राप्त करना आवश्यक था। तब उन्होंने न केवल भरतनाट्यम सीखकर उसमें पूर्ण दक्षता प्राप्त की, संभ्रांत घरों की लड़कियों को इस ओर प्रेरित भी किया और इस सुंदर नृत्य का पुनर्संस्कार भी किया। यद्यपि भरतनाट्यम को सर्वप्रथम मंदिरों से बाहर लाने का काम बाला सरस्वती ने किया, पर इस पुनरुद्धार को पुनर्संस्कार के साथ जोड़कर रुक्मिणिजी ने इतना नाम कमाया कि आज भरतनाट्यम का नाम आते ही सहसा रुक्मिणि अरुंडेल का नाम ही अग्रणी नृत्यांगना के रूप में लोगों की जबान पर आ जाता है।

सामान्य शिक्षा और बाल शिक्षण की स्कूल-पूर्व शिक्षा पद्धति में भी रुक्मिणि अरुंडेल की खासी रुचि रही। सन् १९३४ से ही वह 'वसंत शिक्षण ट्रस्ट' की अध्यक्षा रहीं। 'वसंत सांस्कृतिक केंद्र' के ही अंतर्गत 'वसंत थियोसॉफिकल स्कूल', 'कला क्षेत्र' और 'अरुंडेल अध्यापिका प्रशिक्षण केंद्र' चल रहे हैं। शिक्षा के प्रति भी उनके विशुद्ध भारतीयतावादी विचार रहे। वह कहती थीं—''सर्वांगीण व्यक्तित्व-विकास ही शिक्षा का मूल ध्येय होना चाहिए। ऊँची-से-ऊँची शिक्षा भी, जो आत्मिक विकास से संबद्ध नहीं, अधूरी व अमंगलकारी है।'' उनके प्रशिक्षण केंद्र की छात्राएँ खेल के समय भी साड़ी ही पहनती हैं, इसके लिए उन्होंने कोली स्त्रियों के साड़ी बाँधने के ढंग को अपना लिया। यामिनी कृष्णमूर्ति, लीला सैमसन जैसी प्रसिद्ध नृत्यांगनाएँ इसी संस्था की देन हैं! बाल-शिक्षण में रुचि के कारण उन्होंने मारिया मांटेसरी को भारत आमंत्रित किया और भारत में मांटेसरी पद्धति के स्कूलों की स्थापना में पहल की। महान् शिक्षाविद् मदाम मांटेसरी महीनों उनके परिवार की अतिथि रही थीं।

कला और शिक्षा के क्षेत्र में उनकी महान् देन के कारण ही सन् १९५५ में उन्हें 'पद्मभूषण' के राष्ट्रीय अलंकरण से सम्मानित किया गया। फिर १९५७ में उन्हें 'संगीत नाटक अकादमी पुरस्कार' प्रदान किया गया। १९७२ में शिक्षा भारती विश्वविद्यालय द्वारा वह 'ऑनरेरी डॉक्टरेट' से सम्मानित की गईं, १९८४ में मध्य प्रदेश सरकार द्वारा 'कालीदास सम्मान' से, जो उन्हें सुप्रसिद्ध कवयित्री महादेवी के हाथों से दिलाया गया था। जनता-राज में तत्कालीन प्रधानमंत्री श्री मोरारजी देसाई तो उन्हें भारत के राष्ट्रपति पद की

उम्मीदवार बनाना चाहते थे, लेकिन उन्होंने इसके लिए चुनाव लड़ने से इनकार कर दिया था। वह दो बार राज्यसभा की सदस्य रहीं। तब सांसद के रूप में रुक्मिणिजी ने एक और महत्त्वपूर्ण कार्य किया। प्राणिमात्र से प्रेम करनेवाले उनके भीतर के भावुक कलाकार ने निरीह पशुओं पर अत्याचार के विरुद्ध आवाज बुलंद की और इस आशय का बिल संसद् में पास करवाया, फिर उसके आधार पर एक 'पशु कल्याण बोर्ड' का गठन किया, जिसकी वह अध्यक्षा भी रहीं। इस पशु-प्रेम और पशु-कल्याण सेवा के लिए उन्हें 'प्राणिमित्र पुरस्कार' भी दिया गया।

श्रीमती अरुंडेल ने अनेक नाटकों व नृत्य-नाटिकाओं की रचना की और उनका निर्देशन भी किया। उनकी प्रसिद्ध कृतियों में—दक्षिण भारत का मंदिर ड्रामा कुतराला, कुवर्नजी, कुमारसंभव, सीता-स्वयंवर, उषा परिणयम्, गीतगोविंद आदि काफी लोकप्रिय हुईं। बढ़ती उम्र के साथ भी उनकी कला-साधना जारी रही। अपने विदेशी दौरों में कला-प्रदर्शन और भारत का प्रतिनिधित्व करने के साथ, भारतीय कलाओं की विदेशों में पहचान बनाना उनका मुख्य लक्ष्य रहता था। तभी तो वह इन्हें मान्यता दिला सकीं।

इस तरह एक भरा-पूरा जीवन जीने के बाद २४ फरवरी, १९८६ को यह कलानेत्री इस संसार से विदा हो गई—अपने पीछे 'कला-क्षेत्र' नाम के अंतरराष्ट्रीय ख्याति-प्राप्त कला शिक्षण संस्थान की विरासत छोड़कर। उनके देहावसान पर तत्कालीन प्रधानमंत्री श्री राजीव गांधी ने कहा था—"देश ने कला-मूल्यों की संरक्षिका को खो दिया है।" भूतपूर्व राष्ट्रपति ज्ञानी जैल सिंह के भी उद्गार थे—"नृत्य-कला के पुनर्रुत्थान के लिए श्रीमती अरुंडेल को सदा याद किया जाएगा।" सचमुच, अपने इस नारी-रत्न पर यह देश हमेशा गर्व करता रहेगा।

□

‘सृजन संगीत’ नृत्य की प्रणेता
मृणालिनी साराभाई

जन्म, मृत्यु, पुनर्जन्म और सत्य की खोज में आत्मा का निरंतर प्रयास भारतीय दर्शन का एक महत्त्वपूर्ण अंग है। दर्शन की इस विधा को पहली बार नृत्य में प्रस्तुत करने का श्रेय मृणालिनी साराभाई को है। इसीलिए उन्हें अमूर्त भाव-नृत्यों की प्रणेता कहा जाता है। ऋग्वेद के ‘सृजन संगीत’ नामक मंत्र को पढ़कर उनपर जो प्रतिक्रिया हुई, उसे उन्होंने एक सफल नृत्य का रूप दिया है।

‘सृजन संगीत’ में मृणालिनी साराभाई ने ऐसी सादी और कलात्मक वेशभूषा अपनाई कि उसमें ऋग्वेदीय पावन स्पर्श मुखर हो उठता है। साथ ही नृत्य मुद्राओं में भी कुछ प्राचीनतम गतियों का प्रयोग किया गया है, जिनके लिए मृणालिनीजी को अत्यंत साधना करनी पड़ी। अपने अन्य नृत्यों में भी उन्होंने परंपरागत शास्त्रीय मुद्राओं को अपनाते समय नए और सार्थक प्रयोगों का समावेश किया। परंपरागत कला में अपने निजी प्रयोगों से निखार लाना मृणालिनी की ही विशेषता है। इसलिए भरतनाट्यम की एक प्रमुख कलाकार होने पर भी वह इस शैली की अपनी सुगंध-विशेष से मंडित करने के लिए प्रसिद्ध हैं।

मृणालिनी साराभाई, जिनके लिए कला ही जीवन है और नृत्य ही पूजा है, को नृत्य सीखने की प्रेरणा क्रांतिकारी विचारोंवाली सुप्रसिद्ध सामाजिक कार्यकर्त्री अपनी माँ अम्मू स्वामीनाथन से मिली थी। उन्होंने नायर समाज के रूढ़िवादी बंधन तोड़कर तमिल ब्राह्मण से विवाह किया था और पति के साथ स्वतंत्रता संग्राम में कूद पड़ी थीं। अपनी बच्ची मृणालिनी को उन्होंने पाँच वर्ष की आयु से नृत्य प्रशिक्षण देना शुरू कर दिया था।

ग्यारह वर्ष की मृणालिनी ने यूनानी नृत्य भी सीखा। अमेरिका में रहकर रंगमंच और अभिनय तकनीक का प्रशिक्षण भी लिया। वहाँ परीक्षा के लिए जो नाटक प्रस्तुत किए, उनमें 'डिस्टिंक्शन' भी प्राप्त किया।

भरतनाट्यम की शिक्षा मृणालिनीजी ने मन्नार कोयिल के श्री मनु कुमरान पिल्लै से, कांजीवरम् के श्री चोक्कालिंगम पिल्लै से और पंडनाल्लूर के श्री मीनाक्षी सुंदरम् पिल्लै से प्राप्त की थी। इसके बाद शांति निकेतन में रहकर उन्होंने कई नृत्य नाटिकाओं में प्रमुख भूमिकाएँ अभिनीत कीं। लेकिन भरतनाट्यम में अच्छी स्थिति प्राप्त करने के बाद भी उन्होंने अपना नृत्य-शिक्षण यहीं तक सीमित नहीं किया। श्री कुंजु कुरूप से कथकली सीखा और कल्याणी कुट्टी अम्मा से मोहिनी अट्टम का प्रशिक्षण भी लिया।

अहमदाबाद में साबरमती के तट पर निवास करनेवाली श्रीमती मृणालिनी साराभाई अंतरराष्ट्रीय ख्याति के भौतिकीविद् व परमाणु वैज्ञानिक डॉ. (स्व.) विक्रम साराभाई की पत्नी और प्रसिद्ध अभिनेत्री मल्लिका साराभाई की माँ हैं। वहीं इनकी मान्यता-प्राप्त सुप्रसिद्ध कला अकादमी 'दर्पण' भी स्थित है, जहाँ संगीत, नाटक तथा कठपुतली कला की शिक्षा दी जाती है। पूर्णता के लिए दीवानी मृणालिनी साराभाई सुबह से रात तक कला प्रशिक्षण, कला साधना, नृत्य निर्देशन के साथ, नृत्य नाटिकाओं व कठपुतली नाटकों के लिए लेखन-कार्य, मंच-संचालन आदि कार्यों में जीवन भरती रहीं।

वर्षों के प्रयोग और शोध के बाद मृणालिनी ने भारतीय दर्शन पर आधारित अमूर्त भाव नृत्यों की एक नई परंपरा का श्रीगणेश किया। मृणालिनी का संपूर्ण जीवन कला को समर्पित रहा। मृणालिनी की धारणा है कि किसी भी व्यक्ति के लिए कला तभी उसका जीवन बन सकती है, जब कला के बिना उसका जीना असंभव हो जाए। मृणालिनी का यह भी विचार है कि कलाकार का सबसे अच्छा आलोचक वह स्वयं यानी उसकी अंतरात्मा है। वही उसे सही दिशा दे सकती है और उसकी त्रुटियों की ओर संकेत करती हुई उसे आगे बढ़ने की प्रेरणा दे सकती है। कला की पूर्णता ही कलाकार की सफलता की शर्त है और यह पूर्णता निरंतर साधना से ही संभव होती है।

'दर्पण' का उद्देश्य देश-विदेश में नृत्य-कला को प्रचार-प्रसार और कला-रूपी 'दर्पण' द्वारा अपने देश की समृद्ध संस्कृति का दिग्दर्शन कराना है। 'दर्पण' ने ही सर्वप्रथम पाश्चात्य देशों में भरतनाट्यम व कथकली शास्त्रीय नृत्यों का विशुद्ध स्वरूप प्रस्तुत किया था। सन् १९५१ में उन्होंने मिस्र के एक बड़े उत्सव में भारत का सांस्कृतिक व कलात्मक प्रतिनिधित्व किया था। भारतीय नृत्य-कला को विदेशों में लोकप्रिय बनाने का अधिकांश श्रेय मृणालिनी साराभाई को ही है। वह पहली भारतीय नृत्यांगना हैं, जिन्हें फ्रांस में 'फ्रेंच आरकाइब्ज इंटरनेशनल डीला डांसै' की उपाधि से सम्मानित किया गया था। सन् १९६५ में भारत सरकार ने उन्हें 'पद्मश्री' की उपाधि से अलंकृत

किया। १९६८ में मेक्सिको सरकार ने उन्हें 'फोक लोरिका ऑफ मेक्सिको' शीर्षक नृत्य-नाटिका की 'कोरियोग्राफी' के लिए 'स्वर्ण पदक' प्रदान किया। १९६९ में गुजरात सरकार ने उन्हें 'राजकीय पदक' देकर सम्मानित किया। उनकी नृत्य-कला से प्रभावित होकर अमेरिका के पत्रकार 'थिएटर आर्ट्स' के समीक्षक श्री डेनिस ने लिखा था—"सांस्कृतिक देश की दूत मृणालिनी साराभाई पचास राजनीतिज्ञों के बराबर हैं।" यह प्रशंसात्मक टिप्पणी मृणालिनी की कला-समझ, कला-साहित्य पर लेखन, विद्वत्ता और दार्शनिकता पर थी। कथकली प्रदर्शन के लिए 'वीर शृंखला' प्राप्त करनेवाली वह पहली और अकेली महिला थीं। १९७९ में रवींद्र भारती विश्वविद्यालय से डी.लिट्. नृत्य, १९८४ में 'विश्व गुर्जरी सम्मान', १९८७ में विश्वभारती, शांतिनिकेतन से 'देशिकोत्तम उपाधि', १९९० में 'समक्ष सम्मान', १९९२ में 'रसेश्वर सम्मान', १९९४ में संगीत नाटक अकादमी की फैलोशिप, १९९५ में केरल कलामंडपम् की फैलोशिप, १९९६ में 'कालीदास सम्मान' से सम्मानित होनेवाली मृणालिनीजी को इस बीच १९९२ में 'पद्मभूषण' के राष्ट्रीय अलंकरण से भी सम्मानित किया जा चुका था। 'पद्मश्री' की उपाधि तो उन्हें सन् १९६५ में ही मिल गई थी।

मृणालिनी साराभाई की साधना उनके पाँवों की थिरकन में ही नहीं दिखाई देती, उनकी सृजनात्मक मौलिकता और रचनात्मक प्रतिभा से भी स्पष्ट झलकती है। उनकी अपनी अलग शैली है। अपने रचनात्मक प्रयोग हैं। इन प्रयोगात्मक रचनाओं में से प्रमुख हैं—'माया और माया की चेरी', 'मनुष्य', 'मत्स्य कन्या', 'गांधी को श्रद्धांजलि', 'वाशेरदेश', 'आशुसिंतेर पदावली', 'सृष्टि गीत', 'शब्द ब्रह्म' आदि। 'माया और माया की चेरी' शीर्षक नृत्य-नाटिका का उद्घाटन पेरिस के 'चैंपस इलायसी थिएटर' में हुआ था। यह विदुषी नृत्यांगना नृत्य के क्रियात्मक पक्ष व उसके साहित्यिक लेखन, दोनों पक्षों पर समान अधिकार रखती हैं। नृत्य कला पर प्रकाशित उनकी पुस्तकों ने उनके लिए एक अलग विशिष्ट स्थान निर्धारित कर दिया है। इसलिए कि उन्होंने परंपरागत शिल्पों, वैदिक ऋचाओं और दार्शनिक भावों का प्रयोग करते हुए अपनी कला में आंतरिक साक्षात्कार और मानवीय अनुभूतियों का अद्भुत संयोजन किया है।

उनसे यह पूछने पर कि क्या किसी भी कला में पूर्णता संभव है? उनका उत्तर था, "पूर्णता तक तो शायद ही कभी कोई पहुँचा हो, पर मैं जो कुछ भी प्रस्तुत करती हूँ, उसमें मेरा प्रयास यथासंभव पूर्णता के लिए अवश्य रहता है। एक कलाकार के लिए यही संतुष्टि पर्याप्त है कि वह अपनी साधना को पूजा-भाव से ग्रहण करे और पूरी निष्ठा व श्रमशीलता से अपनाए। मैंने अनेक वर्षों तक ८ घंटे प्रतिदिन अभ्यास किया है। गाँवों में भी रही, जो कुछ मिला, वह खाया। मैं बिना खाए, बिना सोए, बिना अपना प्रिय पेय कॉफी लिये रह लेती हूँ। इस सबने इतना मजबूत बना दिया कि मैं सारे संसार

में घूमते हुए उत्साहपूर्वक सारी-सारी रात नृत्य प्रदर्शन करती रही।'' इस सबके अलावा मृणालिनी साराभाई लेखिका भी हैं, यह कम लोग ही जानते होंगे। उन्होंने नृत्य-संगीत सहित विभिन्न विषयों पर लिखा है। नाटक, उपन्यास, कविता व बाल पुस्तकें मिलाकर उनकी तीस से अधिक पुस्तकें हैं और गांधीजी एवं सरोजिनी नायडू के बीच पत्र-व्यवहार पर भारतीय विद्या भवन से प्रकाशित पुस्तक का संपादन भी उन्होंने ही किया है।

स्त्री की स्वतंत्रता के बारे में उनके विचार थे—''स्त्रियों को आत्मनिर्भर बनना चाहिए और खूब काम करना चाहिए। विवाह ही जिंदगी का आरंभ या अंत नहीं है। आज तो ऐसी स्थितियाँ बन रही हैं कि कला-साहित्य, सामाजिक क्षेत्रों को समर्पित स्त्रियों के लिए विवाह कोई जरूरी नहीं रह गया है। हर स्त्री के सामने केवल ध्येय स्पष्ट होना चाहिए और स्वयं को स्त्री-पुरुष के रूप में न सोचकर एक जिम्मेदार नागरिक के रूप में सोचा जाना चाहिए।'' उनके अपने परिवार में उन्होंने इस परंपरा को आगे बढ़ाया है। प्रसिद्ध नृत्यांगना मल्लिका साराभाई उनकी पुत्री हैं।

□

जिन्हें मृत्युलोक की अप्सरा कहा गया
इंद्राणी रहमान

सौंदर्य और कला, अप्रतिम सौंदर्य और उच्चकोटि की कला—ये दोनों मिलकर गजब ढाने लगें तो भाव-विभोर हो, ठगे-ठिठके से दर्शकों का टकटकी लगाए देखते रह जाना कोई अचंभे की बात नहीं। इंद्राणी रहमान को जब-जब मैंने देखा, सामान्य वेशभूषा में किसी सांस्कृतिक समारोह में भाग लेते या अपनी नर्तकी की विशेष सज-धज के साथ मंच पर अपना नृत्य-विशेष प्रस्तुत करते, मैंने उनके परिचितों-श्रोताओं पर उनका यही प्रशंसा-भाव देखा था।

फिर उनके घर पर भी उनसे भेंट का अवसर मिला। राजधानी में इंडिया गेट के पास शाहजहाँ रोड पर एक खूबसूरत बहुमंजिली इमारत में एक खूबसूरत फ्लैट! बाहर दरवाजे पर लगी 'मैजिक आई' की यांत्रिक आँख को भी जिस तरह सँवारकर कला-निखार दे दिया गया था, उससे न केवल वह अपने नाम को सार्थक कर रही थी, बल्कि भीतर की कलात्मक सज्जा का एक आभास, उसके लिए एक आमंत्रण सा देती भी लग रही थी। और सचमुच भीतर जाकर मेरी कल्पना से कुछ अधिक ही मिला। कला, सादगी और सौंदर्य का ऐसा तालमेल कि उसकी समन्वित लय पर अभिभूत हो, नृत्य से अनभिज्ञ पैर भी थिरकने से लगें।

सौंदर्य की देवी और कला-प्रतिमा सी इंद्राणी रहमान भारत की पहली सौंदर्य प्रतियोगिता में 'प्रथम भारत सुंदरी' चुनी गई थीं। उनके घर के उस सुंदर वातावरण में झूमकर मैंने पहला प्रश्न यही कर डाला तो लगा कि मुझसे कहीं कोई गलती हो गई है। इंद्राणी रहमान सौंदर्य सराहना पर न शरमाईं, न संकुचित हुईं, पर उस प्रसंग के साथ

जाने उनका कौन सा कटु अनुभव जुड़ गया था कि उसे छेड़ना भी उन्होंने पसंद नहीं किया। केवल इतना ही कहा, ''मैंने ही 'भारत सुंदरी' का प्रथम खिताब जीता था और आज मैं ही भारतीय सांस्कृतिक पृष्ठभूमि में सौंदर्य प्रतियोगिता जैसी पश्चिमी प्रथाओं के सख्त खिलाफ हूँ। बस, इतना ही कह सकती हूँ कि वह गलती थी। यों भी मेरा आग्रह है कि मुझसे मेरी कला विषयक बात ही की जाए। उसी के आधार पर मुझे जाँचा-परखा जाए। कम या ज्यादा, सौंदर्य तो ईश्वरीय देन है, कला अर्जित की जाती है—पूरी निष्ठा से, मेहनत से, साधना से।'' बात ठीक भी थी।

भरतनाट्यम की मँजी हुई कलाकार और ओडिसी की उद्धारक नृत्य-कला विशेषज्ञ इंद्राणी रहमान अपने समय की एक बहुत ही लोकप्रिय नृत्यांगना रहीं। उनका लंबा इकहरा शरीर, उज्ज्वल-गौर वर्ण, कमानी-सी भवें, भावों की चमक-सी छोड़ती बड़ी-बड़ी गहरी आँखें, फूल की पंखुड़ियों से अधर और उनसे फूटती कशिश भरी मंद-मंद मुसकराहट, सुरुचिपूर्ण वेशभूषा और लय-ताल पर थिरकती सी कर्ण-मधुर सुसंस्कृत बातचीत, कुल मिलाकर एक अद्‌भुत आकर्षक व्यक्तित्व, जो तब पचासवें पार से भी अनेक सिने-तारिकाओं को पीछे छोड़ने में समर्थ था और साठ के आस-पास होकर भी अपना जादू कायम रखे हुए था। यह रूपराशि घर में सुविधाजनक जावा-शैली की लुंगी-पोशाक और ढीली चोटी में हो या मंच पर भरतनाट्यम, ओडिसी अथवा कुचिपुडि की परंपरागत कथात्मक वेशभूषा में, सामनेवालों पर निरंतर अपना प्रभाव छोड़ने में सक्षम रही। कला जैसे उनके अंग-अंग, बोलचाल और पग-पग में रच-पच गई थी। संभवत: इसीलिए उन्हें वर्षों तक 'मृत्युलोक की अप्सरा' या 'भूलोक की इंद्राणी' कहा जाता रहा। एक विदेशी कला-समीक्षक ने उन्हें 'भावों का विश्वकोश' कहकर संभवत: उनका ठीक ही मूल्यांकन किया था।

इंद्राणी रहमान का जन्म कला से हुआ, बचपन कला में बीता और पूरा जीवन कला को समर्पित रहा। उनकी माँ रागिनी देवी प्रथम अमेरिकी महिला थीं, जिन्होंने भारतीय शास्त्रीय नृत्य-कला को पूर्णतया अपनाने के लिए अपना देश छोड़ा, भारत आकर हिंदू धर्म की दीक्षा ली और एक भारतीय श्री रामलाल बी. वाजपेयी से विवाह कर यहीं बस गईं। दक्षिण में रहकर वर्षों तक उन्होंने कथकली शैली का शास्त्रीय अध्ययन किया और उसे मंच पर प्रस्तुत किया। कथकली को प्रथम बार मंच पर लाने का श्रेय रागिनी देवी को ही है। इसके बाद अपनी नृत्यमंडली संगठित कर वह देश-देशांतर में घूमीं और विदेशियों को इस कला से परिचित कराया। रागिनी देवी अपने समय की एक अंतरराष्ट्रीय ख्याति-प्राप्त नर्तकी रहीं। इस तरह नृत्य-कला इंद्राणी को अपने जन्म के साथ ही विरासत में मिली थी। उनके अनुसार, ''मंच पर नृत्य करते समय मम्मी मेरा पालना मंच के पीछे रखवा लिया करती थीं। घुँघरुओं की झनकार और

मृदंग की थाप के बीच ही मैंने अपने शैशव का संस्कार पाया। फिर पाँच वर्ष की आयु में मैंने अपना एकल (सोलो) नृत्य प्रदर्शन किया था और पंद्रह वर्ष की आयु में स्वतंत्र कार्यक्रम देने लगी थी।''

एक बार जब मैंने 'धर्मयुग' के लिए उनसे उनके सोलहवें वर्ष के संस्मरण सुने, तो सुनकर आश्चर्य हुआ कि पंद्रहवें वर्ष में प्रेम-विवाह कर और सोलहवें में माँ बन इंद्राणी स्वयं भी वही भूमिका निबाह रही थीं, जो उनके साथ उनकी माँ ने निबाही थी। सुदूर दक्षिण में अपने गुरु पंडानल्लुर चोक्कालिंघम पिल्लै से भरतनाट्यम सीखते समय उनका शिशु भी उनकी गुरु-बहनों की बाँहों में खेलता था और गुरु के आशीर्वाद ग्रहण करता था। जो नर्तकियाँ वैवाहिक जीवन को कला-साधना में बाधक मानती हैं, इंद्राणी रहमान अपने और अपनी माँ के उदाहरण देकर बड़े सहज भाव से उनकी धारणा का खंडन करती थीं।

कई वर्ष तक भरतनाट्यम सीखने के बाद इंद्राणी रहमान ने 'मोहिनी अट्टम' और 'कुचिपुडि' का भी अध्ययन किया। कुचिपुडि को भारत से बाहर ले जानेवाली वह प्रथम नृत्यांगना हैं, पर उनकी 'पहल' का एक सशक्त कदम है, उड़ीसा के मंदिरों से 'ओडिसी' का उद्धार कर उसे पुनर्जीवित करना। माँ रागिनी देवी ने 'कथकली' के लिए जो किया, उनकी प्रेरणा से इंद्राणी ने 'ओडिसी' के लिए उससे बढ़कर दिखाया। ओडिसी के उद्धार की कहानी सुनाते हुए उन्होंने बताया, ''उड़ीसा के मंदिरों में नृत्य-परंपरा को एक अवधि से केवल देवदासियों ने सँभाल रखा था। यह प्रथा मंदिरों में भी बंद हो चुकी थी। उड़ीसा में देवदासी को 'महारी' कहा जाता है। महारियाँ जब नृत्य करतीं तो पुजारी और राजगुरु के अलावा और किसी को भी वहाँ उपस्थित रहने का अधिकार नहीं था और उनकी दशा दासियों से भी बदतर थी। सन् १९६५ की बात है। दिल्ली में 'यूनिवर्सिटी यूथ फैस्टिवल' में भाग लेनेवाली कटक की एक छात्रा-कलाकार कुमारी प्रियंवदा मोहंती ने इसे मंच पर प्रस्तुत किया। उसने एक गोटीपुआ गुरु से इसे सीखा था और नवीनता के लिए दिल्ली के युवक समारोह के मंच पर प्रस्तुत किया था। इससे विशेषज्ञों का ध्यान इस ओर आकृष्ट हुआ। डॉ. चार्ल्स फाब्री ने पत्रों में इसके बारे में लिखा। वे स्वयं उड़ीसा गए और इस नृत्य के संबंध में छानबीन करके आए। उन्होंने संकेत दिया, ''माँ ने प्रेरणा दी और मैं इस नृत्य के अध्ययन के लिए कटिबद्ध हो गई। इसके पूर्व १९५० में ही इस नृत्य के बारे में उड़ीसा सरकार से मेरा पत्र-व्यवहार शुरू हो चुका था। सात वर्ष बाद उड़ीसा सरकार ने मुझे आमंत्रित किया। वहाँ जाकर मैंने देवदासियों की जो वर्तमान दशा देखी, उस कारुणिक कहानी का सार यह है कि कोई भी संभ्रांत महिला उनके साथ महारियों की बस्ती में जाने के लिए तैयार न होती थी। मैं उनके गुरु को लेकर बस्ती में गई और उनकी व्यथा-कथा सुनी। देवदासियों को तब

केवल पाँच रुपया मासिक वेतन मिलता था। अपनी बस्ती से बाहर जाने की इजाजत न थी। वे अपने बच्चों तक को पाठशाला नहीं भेज सकती थीं। मैंने उन महारियों का नृत्य देखा। इतना सुंदर कलात्मक नृत्य और इन नर्तकियों की यह दशा! मेरा हृदय द्रवित हो उठा। ओडिसी के पुनर्जीवन की कहानी यहीं से प्रारंभ होती है।''

इंद्राणी रहमान ने न केवल नृत्य की बारीकियों को समझा, बल्कि वहाँ के कलाकारों की शोचनीय दशा में सुधार के लिए अधिकारियों को भी निरंतर पत्र-व्यवहार करके झकझोरकर जगाया। दो वर्ष के सतत प्रयत्न के बाद परिणाम सामने आया। महारियों का वेतन बढ़ा। उनके बच्चों के लिए स्कूल व चिकित्सा केंद्र खुले। सबसे बढ़कर यह कि ओडिसी के लिए प्रशिक्षण केंद्र भी खुले और यह शैली निखरकर सामने आई। इसे एक उच्च कला के रूप में मान्यता मिली और देश-विदेश में प्रचार-प्रसार भी। ओडिसी के गुरु श्री देव प्रसाद दास को इंद्राणी अपने साथ दिल्ली ले आईं। उनसे जमकर नृत्य सीखा। फिर फरवरी १९५८ में उन्होंने प्रथम बार इसे दिल्ली के व्यावसायिक रंगमंच पर प्रस्तुत किया। आज 'ओडिसी' भारत के सात प्रमुख शास्त्रीय नृत्यों में से एक है और संयुक्ता पाणिग्रही जैसी कई होनहार युवा नर्तकियाँ इस नृत्य-विधा में पारंगत हो, इस परंपरा को आगे बढ़ा रही हैं।

इस प्रकार, इंद्राणी रहमान ओडिसी, भरतनाट्यम, मोहिनी अट्टम, कुचिपुडि की प्रमुख कलाकार होने के साथ, ओडिसी की एक अग्रणी विशेषज्ञ कालाकार भी थीं। अपने आकर्षक व्यक्तित्व और कला के मेल को लेकर वह आसानी से फिल्मों में प्रवेश कर अपार धन अर्जित कर सकती थीं, पर फिल्म को वह रंगमंच के लिए सबसे बड़ा खतरा मानती थीं, जिसने भारतीय नृत्य-शैलियों को विकृत कर उन्हें बाजारू बना दिया है। उन्हें कला की शुद्धता एवं पवित्रता प्रिय थी और इसके लिए निरंतर साधना करना उससे भी अधिक प्रिय। कला का आनंद उसके निरंतर निखार से ही जुड़ा है, ऐसा उनका कहना था। इसीलिए लगभग चालीस फिल्म निर्माताओं के प्रस्ताव उन्होंने ठुकराए।

अपनी अनेक विदेश यात्राओं में पाँचों महाद्वीपों के प्रायः सभी प्रमुख नगरों में इंद्राणी अपनी नृत्य-कला का प्रदर्शन कर चुकी थीं। श्री नेहरू, रानी एलिजाबेथ, राष्ट्रपति कैनेडी, माओ, ख्रुश्चेव, नासिर जैसी कई अंतरराष्ट्रीय हस्तियों को भी अपनी कला से चमत्कृत कर चुकी थीं। भारत में उत्तर से दक्षिण और पूर्व से पश्चिम तक गईं और खूब लोकप्रियता प्राप्त की। न तो वह कलाकारों की वर्तमान दशा से संतुष्ट, न उनके भविष्य के प्रति आश्वस्त। उनके अनुसार, ''रजवाड़ों और सामंतों का संरक्षण समाप्त होने के बाद से अभी तक ललित कलाओं के संरक्षण का वैसा कोई विकल्प सामने नहीं आ पाया है। राज्य संरक्षण के बावजूद आज कितने कलाकार हैं, जो केवल कला द्वारा अपने परिवार का भरण-पोषण कर सकते हैं।''

गुरु-परंपरा खत्म हो रही है और नृत्य स्कूलों के विद्यार्थी कठिन साधना के मार्ग से भागकर 'शॉर्ट-कट' से आगे आना चाह रहे हैं। इस प्रकार शुद्ध शास्त्रीय नृत्यकला का भविष्य भी उज्ज्वल नहीं दिखाई देता। फिर भी विकल्प के रूप में उन्होंने तीन महत्त्वपूर्ण सुझाव दिए थे—राज्य अकादमियाँ छोटे-छोटे शहरों में भी आयोजन करके कलाओं के विकास-प्रसार में योग दें। पश्चिमी देशों की तरह 'प्रसार प्रथा' को अपनाया जाए, जिसमें व्यावसायिक एजेंट बीस प्रतिशत कमीशन लेकर सारे आयोजनों का प्रबंध स्वयं करते हैं और पूरी व्यावसायिक कुशलता के साथ करते हैं। तीसरे, युवा कलाकारों को स्वयं संगठित होकर इस कठिन स्थिति से पार पाना चाहिए। आज के युग में संगठन ही एकमात्र उपाय है, यही शक्ति भी।

सन् १९८२ में इंद्राणी रहमान को 'राष्ट्रीय संगीत नाटक अकादमी पुरस्कार' से सम्मानित किया गया था, जिसे लेने वह अमरीका से भारत पधारी थीं, क्योंकि उन दिनों वह अमेरिका में ही निवास कर रही थीं।

□

कत्थक में एक अग्रणी नाम
दमयंती जोशी

२७ फरवरी, १९६८ की शाम। 'संगीत नाटक अकादमी' के मंच पर थाट, परन, कवित्त, तोड़े, मत्स्यछेदन, मृगतृष्णा, रागमालिका में अष्टनायिका और फिर राग गौड़ सारंग में ठुमरी भाव पर नृत्य—कत्थक में इतना वैविध्य और कमाल देखकर दर्शक ठगे से रह गए।

कुमारी दमयंती जोशी को इसी कमाल पर सन् १९६८ के 'संगीत नाटक अकादमी पुरस्कार' से सम्मानित किया गया था। यह पुरस्कार उन्हें २५ फरवरी की शाम अकादमी द्वारा आयोजित एक समारोह में प्रदान किया गया था। इसके पूर्व २४ फरवरी को भारतीय विद्याभवन में मेरी उनसे भेंट हुई थी। उन्होंने बताया था कि कत्थक की लखनऊ घराना-शैली तथा जयपुर घराना-शैली सीखने के बाद उन्होंने अपने नृत्य में इन दोनों का सम्मिश्रण कर लिया है। तोड़े, परन, तत्कार शुद्ध कत्थक नृत्य के अंग हैं। इनके साथ 'गीत-भाव', 'गीति-भाव' यानी ठुमरी और भजन पर नृत्य, चतुरंग और तिरपट पर नृत्य और नायिका भेद पर प्रयोग उनके निजी प्रयोग हैं। ध्रुपद पर कत्थक का प्रयोग भी उन्होंने पहली बार किया। खयाल पर अभी प्रयोग नहीं किया था, पर करने का विचार रखती थीं। शायद बाद में कर लिया हो। इसके अतिरिक्त खजुराहो की प्राचीन नृत्य-मुद्राओं पर स्थिर प्रस्तर-मूर्तियों की तरह विभिन्न मुद्राओं में एकल नृत्य (बैले) उन्होंने स्वयं तैयार किया था।

इसके बाद भी दिल्ली आने पर दमयंती जोशी से मेरी कभी-कभी भेंट होती रही। वे आत्मीयता से मिलतीं और सामान्य कला-चर्चाओं के साथ उनकी कला-यात्रा पर भी बातचीत होती। यहाँ केवल उनसे पूछे गए कुछ प्रश्नों पर बातचीत प्रस्तुत है :

शास्त्रीय शुद्धता और प्रयोगों की बात उठाने पर उनका उत्तर था, ''शास्त्रीय नृत्यों के प्रति जनरुचि विकसित करने के लिए और लोगों में इसकी समझ व पसंद का प्रसार करने के लिए नए प्रयोगों द्वारा सीमाओं का विस्तार जरूरी है। नृत्य के साथ इसके शास्त्रीय पक्ष में भी मेरी पूरी रुचि है। प्राचीन नाट्यशास्त्र, रीतिकालीन साहित्य और प्राचीन प्रस्तर नृत्य-मुद्राओं का गहरा अध्ययन कर कत्थक की शास्त्रीय शैली के अंतर्गत ही मैंने ये विभिन्न प्रयोग किए हैं। नायिका भेद का चरित्र-चित्रण मैंने शौक से अपनाया था, जो बहुत सफल सिद्ध हुआ। इसी तरह चित्रकला पर आधारित नृत्यों का मेरा प्रयोग भी शौकिया था, जो अत्यधिक प्रसंद किए जाने पर अपना लिया गया।''

आज के युग में गुरु-परंपरा पर उनकी सम्मति पूछने पर पहले तो वह गंभीर होकर मौन हो गई थीं, फिर जैसे कुछ डरते-डरते उन्होंने अपने विचार दिए, ''गुरु के बिना तो गीत नहीं, पर समयानुसार गुरु-शिष्य की इस प्राचीन परंपरा में जो सुधार होना चाहिए था, वह नहीं हुआ। पहले गुरु शिक्षण के बदले शिष्य से सेवा कराते थे। तब ठीक ही था। उनकी वही गुरु-दक्षिणा होती थी, पर अब, जबकि दक्षिणा के रूप में सैकड़ों रुपए महीना तय होता है, तब भी गुरु शिष्यों से वैसी ही सेवा की अपेक्षा करें और उनके मानापमान का ध्यान किए बिना अपनी फरमाइशें पेश करें, तो यह आधुनिक प्रशिक्षणार्थियों के साथ अन्याय ही है।''

स्वतंत्रता के पश्चात् हुए सांस्कृतिक विकास को ध्यान में रखते हुए आज के भारत में कलाकार के आर्थिक निर्भरता संबंधी प्रश्न पूछने पर उन्होंने कहा था, ''यह सच है कि संगीतज्ञों और चित्रकारों की अपेक्षा नृत्यकारों की स्थिति कहीं अच्छी है, पर एक नृत्यकार अपनी कला के प्रदर्शन में स्वयं निर्भर नहीं है। उसे अपनी 'टीम' के कई सदस्यों के सहयोग पर निर्भर करना पड़ता है। उनके नाज-नखरे उठाने पड़ते हैं; माँगें पूरी करनी पड़ती हैं। इसलिए कुल मिलाकर यहाँ भी वही स्थिति हो जाती है। कुछ चोटी के कलाकारों को छोड़कर शेष को अपनी जीविका के लिए प्रशिक्षण-कक्षाएँ चलाने को या अन्य कोई व्यवसाय अपनाने को ही बाध्य होना पड़ता है।''

विवाह को उन्होंने कला के विकास में बाधक बताया और कहा कि निकट भविष्य में उनका ऐसा कोई इरादा नहीं है। परिवार में माँ-बेटी ही हैं। पिता बचपन में ही छोड़कर चले गए थे। पास बैठी उनकी माँ ने स्पष्ट शब्दों में कहा, ''मैंने न प्रेरणा दी, न बाधा। पड़ोस में 'मेनका थिएटर' की एक प्रसिद्ध कलाकार और कत्थक की अग्रणी नर्तकी श्रीमती लीला सोखे ने बच्ची की नृत्य-रुचि देख, इसे गोद लेकर नृत्य सिखाने का प्रस्ताव रखा, तब मैंने सोचा—चलो, गरीब की लड़की इनके संपर्क में पढ़-लिखकर और नृत्य सीखकर कुछ बन जाएगी, पर यह जीवन में इतनी तरक्की करेगी और इतना नाम कमाएगी, यह तब नहीं सोचा था।''

प्रारंभिक शिक्षण गुरु सीताराम प्रसाद से लेकर, लीला सोखे की मंडली में देश-

विदेश के दौरों पर अनेक अनुभव प्राप्त कर दमयंती जोशी ने फिर विभिन्न शास्त्रीय नृत्यों का विधिवत् प्रशिक्षण भी लिया। भरतनाट्यम, मणिपुरी और कथकली भी सीखे, पर उनके अनुसार, ''विशेषज्ञता प्राप्त करने के लिए किसी एक शैली पर ही पूरा ध्यान देना चाहिए।'' लखनऊ स्कूल के लच्छू महाराज और अच्छन महाराज तथा जयपुर स्कूल के गुरु हीरालाल से कत्थक का प्रशिक्षण लेने के बाद उन्होंने कला पर जो श्रम किया, उसी से उनकी गणना कत्थक के गिने-चुने लोकप्रिय कलाकारों में की जाती थी।

दमयंती जोशी ने भारत के सभी भागों के अलावा चीन, जापान, नेपाल, मध्य-पूर्व के एशियाई देशों और यूरोप में अनेक बार अपने नृत्य का प्रदर्शन किया था। उन्होंने बताया कि यूरोप में भारतीय शास्त्रीय नृत्य को समझने का काफी चाव है। यूनान में तो बहुत ही अधिक। चलचित्रों के बारे में उनकी राय थी, ''चित्रपट पर प्रदर्शित नृत्य प्रायः दर्शक की रुचि को बिगाड़नेवाले और वासना उभारनेवाले होते हैं। जनता में शास्त्रीय नृत्यों की समझ पैदा की जानी चाहिए। इसीलिए इन नृत्यों में प्रयोग को मैं आवश्यक मानती हूँ। रुचि-परिष्कार के बाद ही इनका सही मूल्यांकन हो पाएगा। किसी भी कला के विकास को एक विशिष्ट वर्ग और विदेशियों की पसंद के भरोसे नहीं छोड़ा जा सकता।''

इस प्रकार दमयंती जोशी कला-जगत् में एक ऐसा नाम था, जो कला के सर्वांग शिक्षण और उसकी शास्त्रीय शुद्धता पर जोर देते हुए भी उसके विकास के लिए उसमें नवीन प्रयोगों के महत्त्व से इनकार नहीं करता था। वह कत्थक में राष्ट्रीय महत्त्व का एक ऐसा लोकप्रिय नाम था, जिस पर १४ जून, १९७४ को फिल्म प्रभाग ने देश भर के प्रमुख नगरों के महत्त्वपूर्ण छविगृहों में प्रदर्शन हेतु एक रंगीन वृत्तचित्र जारी किया था, जिसे दिल्ली व बंबई दूरदर्शन पर भी दिखाया गया था। इस फिल्म में सुश्री दमयंती जोशी के जीवन व उनकी कला, दोनों का चित्रण है। कत्थक पर बने फिल्म डिवीजन के वृत्तचित्र में भी उनकी प्रमुख भूमिका है।

सन् १९६८ के 'संगीत नाटक अकादमी पुरस्कार' के बाद १९६९ में उन्हें 'पद्मश्री' की उपाधि से भी अलंकृत किया गया था। इसके अलावा, विभिन्न कला-संस्थाओं द्वारा समय-समय पर उन्हें 'संगीत-भूषण', 'संगीत-शारदा', 'संगीत-विलास', 'संगीत-प्रीत' आदि उपाधियों से भी विभूषित किया गया था।

महाराष्ट्र सरकार ने १९७२ से उन्हें 'जस्टिस ऑफ पीस' का सम्मानित पद प्रदान कर रखा था। अनेक कला-संस्थाओं और विश्वविद्यालयों के संबंधित विभागों में वे सलाहकार और परीक्षक के रूप में भी नियुक्त की जाती रहीं।

उनके कला-प्रदर्शन, विशेष रूप से प्रस्तर-मूर्तियों की मुद्राओंवाले कला-प्रदर्शन देख लेने के बाद किसी भी दर्शक के लिए उन्हें भुला पाना कठिन है।

□

कथकली में अकेला नाम : **शांता राव**

कथकली एक 'बोल्ड', कठिन और पुरुष-प्रधान नृत्य माना जाता है। इसमें सारा जोर आँखों पर पड़ता है और भावनाएँ अपने उत्कट रूप में उभारकर सामने लाई जाती हैं। सभी कुछ सशक्त, तीव्र, स्पष्ट और अपनी चरम सीमा पर अवस्थित, इसलिए स्त्रियाँ इसमें कम ही सफल हो पाती हैं। होती भी हैं तो पुरुषों के साथ युगल-नृत्य में, अकेले नहीं।

यों कई प्रमुख नाम हैं, जिन्होंने शास्त्रीय नृत्य की तीन-चार शैलियों में दक्षता प्राप्त की है, पर इनकी विशेषता नारी-प्रधान शैलियों में ही रही, कथकली में नहीं। नृत्यकला जगत् में शांता राव ही अकेला ऐसा नाम है, जिसका कथकली पर भी विशेष अधिकार है। इसलिए नृत्यांगनाओं की भीड़ में उनका स्थान इस क्षेत्र में इतना सुरक्षित है कि जहाँ तक वह पहुँची हैं, वहाँ तक इतने वर्षों में न कोई नारी कलाकार पहुँच पाई, न निकट भविष्य में किसी से ऐसी आशा ही की जाती है। इस असाधारण नृत्य के लिए असाधारण क्षमताएँ चाहिए, जो नारी-सुलभ गुणों के साथ सामान्यत: संभवत नहीं। पर शांता राव के 'थोडायम' और 'अष्टकलायम' देखकर महान् कलाविदों ने भी कहा, ''शांता राव ने कथकली की चरम सीमा को स्पर्श किया है, जो सामान्यत: किसी नारी के वश की बात नहीं।''

श्रीमती शांता राव कथकली, भरतनाट्यम, कुचिपुडि और मोहिनी अट्टम—भारतीय शास्त्रीय नृत्यों की इन चार प्रमुख शैलियों में पारंगत थीं। मोहिनी अट्टम और भरतनाट्यम में भी उनका नाम अग्रणी कलाकारों में लिया जाता है। 'संगीत नाटक अकादमी पुरस्कार' उन्हें भरतनाट्यम पर ही प्रदान किया गया था। भरतनाट्यम में और भी कई अग्रणी नाम हैं जो पुरस्कृत हो चुके हैं, जबकि कथकली में शांता राव के

मुकाबले में एक भी स्त्री कलाकार नहीं है। अतः यह बात समझ में नहीं आई थी कि अकादमी पुरस्कार उन्हें कथकली में न देकर, भरतनाट्यम में क्यों दिया गया? यह विशेषज्ञ जानें या पुरस्कार का निर्णय करनेवाले अधिकारी, पर यह बात किसी भी कला-प्रेमी से छुपी न होगी कि शांता राव को कथकली में कितना कमाल हासिल था। सन् १९७१ में वह एक साथ 'अकादमी पुरस्कार' और 'पद्मश्री' उपाधि से सम्मानित की गईं। इसके पूर्व सन् १९४२ में वह संगीत अकादमी मद्रास द्वारा भी पुरस्कृत हो चुकी थीं। उनकी गणना दक्षिण भारत की आदर्श कलाकारों में की जाती है।

श्रीमती शांता राव ने यह ख्याति एक लंबी साधना के पश्चात् प्राप्त की थी। कथकली में पारंगत होना कोई आसान बात न थी, पर धुन के पक्के लोग तो सभी कुछ कर गुजरते हैं। शांता ने भी अपने जीवन का एक बड़ा भाग इसे अर्पित कर दिया। शांता एक बड़ी तेज-तर्रार, उत्साही और प्रतिभाशालिनी छात्रा थीं। बाल्यकाल में ही वह चित्रकार, गायिका और नर्तकी बनने के सपने देखने लगी थीं। इनमें से अधिकांश सपने उन्होंने पूरे भी किए। चित्रकला सीखी, संगीत-साधना की। फिर सन् १९३९ में कोचीन रियासत में कथकली के अंतरराष्ट्रीय ख्याति-प्राप्त केंद्र 'केरल कला मंडलम्' में प्रवेश ले, प्रसिद्ध कथकली नर्तक एवं गुरु रेवुनि मेनन से कथकली की शिक्षा लेने लगीं। इसके बाद श्री पानकर से कथकली के उत्कृष्ट रूपों 'तिल्लाना' और 'सुरजेद्दी' नृत्यों का प्रशिक्षण लिया। कथकली में पर्याप्त अभ्यास कर लेने के बाद, पंडानलूर जाकर गुरु मीनाक्षी सुंदरम् से उन्होंने भरतनाट्यम भी सीखा। इसके बाद उन्होंने लुप्तप्राय 'मोहिनी अट्टम' नृत्य को तब इसके एकमात्र जीवित बचे गुरु श्री कृष्ण पनिक्कर से सीखा। यदि शांता राव ने पहल न की होती तो शायद गुरु कृष्ण पनिक्कर के साथ ही यह महत्त्वपूर्ण शास्त्रीय नृत्य-शैली भारत से विदा हो गई होती। अतः आज इस नृत्य को अनेक नई प्रतिभाओं द्वारा अपनाए जाने का श्रेय शांता राव को ही है।

इसके बाद शांता राव ने गुरु वेंकटाचेलिपति शास्त्री से 'भामा नाट्यम' का प्रशिक्षण भी लिया। भामा नाट्य-शैली में 'अष्ट-महिषी' को साधा। उनके विचार में भामा नाट्य-शैली संभवतः भरतनाट्यम, मोहिनी अट्टम और कथकली के बीच की कोई लुप्त कड़ी रही होगी, जिसे बाद में किसी ने खोज निकाला। इस तरह शांता राव नृत्य की कई प्रमुख शास्त्रीय शैलियों में पारंगत हो गईं, पर कथकली में ही अपना विशेष झुकाव देख, वह पुनः अपने मार्ग पर आ गईं। धुन सवार हुई कि जो अन्य कोई महिला नहीं कर पाई, मुझे वही करके दिखाना है। अभ्यास दर अभ्यास! कठिन साधना और तपस्या! और फिर एक दिन शांता राव कथकली की प्रख्यात नृत्यांगना के रूप में दक्षिण भारत से उठकर पूरे देश में छा गईं। बाद में गुरु कल्याणी अम्मा से 'कुचिपुडि' भी सीखकर शांता राव

इन चारों शैलियों में पारंगत एक अग्रणी कलाकार कहलाईं।

बंबई निवासी शांता राव बचपन से ही क्रांतिकारी विचारों की और कुछ नया करने के लिए बेचैन मेधावी छात्रा के रूप में पहचान ली गई थीं। १९३१ के 'सविनय अवज्ञा आंदोलन' में उन्होंने तेरह साल की उम्र में भाग लिया था। तब वह छात्र यूनियन की सह सचिव थीं। संगीत, नृत्य, गायन, चित्रकला में भी छात्र-जीवन से ही रुचि ले रही थीं। इसलिए हाई स्कूल पास करते ही उन्हें केरल कला मंडलम् में कथकली प्रशिक्षण के लिए भेज दिया गया था। यहाँ गुरु रेवनि मेनन से प्रशिक्षण लेने के बाद उनके निर्देशन में उन्होंने १९४० में त्रिचूर के मंच पर कला समीक्षकों के सामने पहला कथकली युगल-नृत्य प्रस्तुत किया, जिसे महान् कवियों-कलाकारों ने सराहा। यहीं सुप्रसिद्ध कवि वल्लतोलु ने उन्हें लुप्त होते मोहिनी अट्टम को सीखने की प्रेरणा दी थी।

सन् १९३४-४४ में मद्रास म्यूजियम थिएटर और मद्रास म्यूजिक अकादमी द्वारा आयोजित कार्यक्रमों में उन्होंने जो हृदयग्राही प्रदर्शन किए, वे उनके जीवन के महत्त्वपूर्ण मोड़ सिद्ध हुए। पूर्व धारणा से हटकर एक नारी कलाकार को कथकली में ऐसा कमाल दिखाते देखकर लोगों ने दाँतों तले उँगली दबा ली थी। अपवाद कहीं भी हो, पहले चौंकाता है, फिर उछाल देता है। शांता राव को भी इन प्रदर्शनों से भारी ख्याति मिली और देखते-देखते एक नाम पूरे कला-जगत् पर अपनी एक विशिष्ट छाप छोड़ गया। उन्हें १९९४-९५ के प्रख्यात 'कालिदास सम्मान' से भी सम्मानित किया गया।

शांता राव ने न केवल कथकली में महारत हासिल की, बल्कि शास्त्रीयता के साथ अपनी कल्पना से मौलिक प्रयोग करके इस शैली को लोकप्रिय बनाने में भी अपना अमूल्य योगदान दिया! 'शक्ति पूजा' और 'भामा नृत्यम्' उनके अत्यंत चर्चित नृत्य रहे। यों शांता राव का नाम पूर्वी से पश्चिमी दुनिया तक विख्यात रहा। एक पश्चिमी समीक्षक ने उनका नृत्य देखकर उन्हें 'सिल्क और स्टील का आश्चर्यजनक मिश्रण' कहा था, पर कथकली की इस अकेली कलाकार को भारत से बाहर की दुनिया से कथकली कलाकार के रूप में जितना परिचित कराया जाना चाहिए था, वैसे प्रयास कम ही हुए। कथकली जैसे कठिन नृत्य में चरम सीमा को छूनेवाली ऐसी कलाकार विरली ही होती हैं, इसलिए भी यह प्रयत्न जरूरी था।

मंच से बाहर भी शांता राव एक सुरुचि-संपन्न लोकप्रिय महिला के रूप में विख्यात रहीं। इनके मित्र और प्रशंसकों का दायरा बहुत बड़ा था। सुप्रसिद्ध कला समीक्षक स्व. श्री वेंकटाचलम ने तो १९४८ में उनपर एक प्रशंसात्मक पुस्तिका भी लिखी थी। यों भी नृत्य-जगत् में हमेशा उनका नाम 'अकेली अनोखी कथकली कलाकार' के रूप में आदर के साथ लिया जाता रहेगा।

□

बेजोड़ कत्थक नर्तकी : सितारा देवी

५५ वर्ष की उम्र और लगातार पौने बारह घंटे कत्थक नृत्य! एक नया विश्व रिकॉर्ड! इसके दो वर्ष पूर्व प्रसिद्ध भारतीय नर्तकी गोपी कृष्ण ने लगातार नौ घंटे नृत्य कर अपना विश्व रिकॉर्ड स्थापित किया था, पर सितारा देवी ने यह नया कीर्तिमान बनाकर उन्हें भी पीछे छोड़ दिया था।

१३ मई, १९६९ को बंबई के बिड़ला हॉल में एक हजार दर्शकों के सम्मुख सितारा देवी ने अपना यह रिकॉर्ड नृत्य प्रस्तुत किया था, जो सुबह ११ बजे से प्रारंभ होकर रात १०.४५ तक अबाध गति से चलता रहा था। गुरु वंदना से प्रारंभ हो, तबले और गायिकी की संगत में लय-ताल के इस अनवरत जादू ने उपस्थित दर्शकों को आश्चर्य-मिश्रित आनंद में आकंठ डुबोए रखा। मिनट और घंटे बीतते चले गए। सितारा देवी पर लगी आँखें थककर झपक जाती थीं, पर उनके पैरों की थिरकन न थकने का नाम लेती थी, न रुकने का। अजीब समाँ बँधा था। हैरत की बात थी कि नृत्य के अंतिम दौर में भी न उनके उत्साह में कोई कमी आई, न गति में। इसी उत्साह में वह अपने नृत्य को अभी एक घंटे तक और आगे खींच ले जाना चाहती थीं, पर प्रशंसकों और हित-चिंतकों के आग्रह पर उन्हें रुकना पड़ा।

चलचित्र जगत् की ख्यातिप्राप्त कलानेत्री सितारा देवी पाठकों के लिए एक सुपरिचित नाम है। प्रारंभ में उन्हें महान् अभिनेत्री बनने की धुन सवार हुई थी। कुछ सीमा तक तो अपने इस ध्येय में वह सफल भी हुईं, फिर शीघ्र ही उन्हें लगा, यह उनका क्षेत्र नहीं है और फिर वह शास्त्रीय नृत्यों की ओर मुड़ गईं। अपना ध्येय उनके सामने स्पष्ट हो गया था।

सितारा देवी के पिता श्री सुखदेव सहाय स्वयं कत्थक के एक उत्कृष्ट कलाकार

और उद्धारक रहे हैं। कलकत्ता में धनतेरस के दिन जन्म लेने पर सितारा देवी का बचपन का नाम धन्नो रखा गया था। (सितारा देवी नाम उन्हें फिल्म जगत् ने दिया) बड़ी नटखट व शैतान लड़की थी धन्नो। कुछ-न-कुछ शैतानी करती रहती—कभी मालगाड़ी के साथ लटककर मील भर चली जाती, फिर पटरी-पटरी चलते हुए वापस आ जाती, कभी कुछ तोड़-फोड़ देती, कभी किसी को चिढ़ा देती। बड़ी बहनें अलखनंदा और त्रिवेणी पिता द्वारा संचालित नृत्य विद्यालय में नृत्य-संगीत का प्रशिक्षण ले रही थीं। धन्नो अपनी बड़ी बहनों की तरह सुंदर न थी, अतः घर में उपेक्षित थी। कला के क्षेत्र में वह भी कुछ कर सकती है, पिता को उससे ऐसी कोई आशा न थी। अतः वह नौकरानी सुंदरिया के रहमोकरम पर ही पल-बढ़ रही थी। पर धन्नो बहनों की नकल उतारते-उतारते ही वैसा नृत्य करने लगी। पिता ने झुकाव देखकर धन्नो को भी कत्थक सिखाया, फिर बारह वर्ष की आयु में उसे कत्थक महारथी शंभू महाराज के हवाले कर दिया। धन्नो ने शीघ्र ही कत्थक सीखकर भरतनाट्यम और मणिपुरी नृत्य भी सीखना शुरू कर दिया।

तेरह वर्ष की उम्र में बंबई के ताजमहल होटल में आयोजित एक नृत्य स्पर्धा में इस किशोरी ने उस समय की विख्यात नर्तकी रागिनी देवी (इंद्राणी रहमान की माँ) को भी पीछे छोड़ पहला इनाम जीत लिया था। इसके पूर्व कुछ फिल्मों में भी उसके कत्थक नृत्य आ चुके थे। चौदह वर्ष की आयु में बंबई में रवींद्रनाथ ठाकुर के स्वागत समारोह में नृत्य प्रदर्शन कर उसने गुरुदेव से 'नृत्य सम्राज्ञी' की उपाधि ग्रहण की थी। इस तरह किशोरावस्था में ही उसने कत्थक, मणिपुरी और भरतनाट्यम नृत्य सीख लिये थे। यही नहीं, पश्चिमी नृत्यों पर भी उसने कुछ अधिकार प्राप्त कर लिया था।

कुछ ख्याति प्राप्त करने के बाद धन्नो कलकत्ता से बंबई आ गईं और धन्नो से सितारा देवी बनकर फिल्मों में भाग्य आजमाने लगीं, पर शास्त्रीय नृत्यों में पारंगत होने के लिए उनकी कला-साधना आगे भी लगभग बीस वर्षों तक चलती रही। नृत्यों में कुशल होने के कारण सितारा देवी ने शीघ्र ही फिल्मों में भी अपनी जगह बना ली। अनेक चलचित्रों में भाग लिया और अभिनय तथा नृत्य में नाम कमाया। फिर पिता की राय से १९४८ में वापस शास्त्रीय नृत्यों की ओर मुड़ गईं। अथक परिश्रम से साधना की और तीनों शैलियों में शास्त्रीय शुद्धता और कुशलता हासिल कर फिल्मों में शास्त्रीय नृत्यों, विशेष रूप से कत्थक को स्थान दिलाने के लिए फिर फिल्मों में वापस आ गईं। अभिनेता नजीर के साथ 'हिंदी पिक्चर्स' खोलकर फिल्म-निर्माण भी किया। फिर निर्माता अफीस से विवाह कर लिया। इसके बाद सितारा देवी ने संगीतमय चित्रों के निर्माण में रुचि ली और इसी क्षेत्र में वह सफल भी हुईं।

अपने नृत्य-प्रदर्शन के लिए सितारा देवी ने पूरे यूरोप का दौरा किया। कुछ वर्षों

के लिए विदेश में बस भी गई थीं, पर फिर वापस भारत लौट आईं। भरतनाट्यम, मणिपुरी और कत्थक में से कत्थक प्रदर्शन में वह विशेष रूप से सफल रहीं। लंदन में एक बार एक खुले थिएटर में पचहत्तर हजार दर्शकों के सामने उन्होंने जो कत्थक प्रदर्शन किया, उससे उनकी ख्याति सर्वत्र फैल गई थी। सितारा देवी ने कत्थक में पारंगत होने के लिए पूरे बीस वर्ष लगाए थे। तांडव, तोड़े, परन, गत निकास, लय, चक्कर तोड़े, टुकड़, तत्कार, कविता, श्लोक, अभिनय आदि कत्थक की समस्त शैलियों का बारीकी से अध्ययन-अभ्यास किया। इसीलिए उनकी लयकारी में एक सहजता और पुलक, कोमलता के साथ पुरुषोचित ओज, उल्लास और विजय का भाव भी रहता है—चुनौती भरा सा। आज भी कला-प्रेमी उनके इस अंदाज को भूले नहीं हैं और कला-जगत् में, विशेष रूप से कत्थक में उनका नाम पहली पंक्ति की नर्तकियों में ही गिना जाता है। बिड़ला हॉल बंबई में पौने बारह घंटे निरंतर नृत्य करके उन्होंने एक बार फिर कला-प्रेमियों का ध्यान अपनी ओर आकर्षित कर अपना स्थान पुनः प्राप्त कर लिया था।

इस प्रदर्शन के बाद ही १९७० में जाकर उन्हें 'संगीत नाटक अकादमी राष्ट्रीय पुरस्कार' से पुरस्कृत किया गया। क्योंकि बीच के वर्षों में पहले वह फिल्मों में सक्रिय रहीं, फिर अपने प्रवासी जीवन के कारण आँखों से ओझल रहीं। १९७६ में उन्होंने अपने पत्र में मुझे लिखा था, ''अभी तक तो खूब सक्रिय हूँ। (इसका अर्थ है, इकसठ वर्ष की उम्र तक भी वह नृत्य कर रही थीं।) मैंने जीवन के साठ वर्ष नृत्य और रंगमंच को समर्पित किए हैं और चाहती हूँ कि आखिरी साँस तक मेरे पाँवों में घुँघरू बँधे रहें।'' सन् २००२ में उन्हें राष्ट्रीय अलंकरण 'पद्मभूषण' प्रदान किया गया, जिसे उन्होंने लौटा दिया—देरी के कारण ही नहीं, शायद इसलिए भी कि वे इससे ऊपर के अलंकरण की हकदार थीं।

कत्थक के घरानों की बात चलाने पर सितारा देवी का उत्तर था, ''जहाँ पीढ़ी-दर-पीढ़ी एक नृत्य शैली का विकास हुआ, वह घराना बन गया। पोशाक से नृत्य को जोड़ने की बात सरासर गलत है। कत्थक नृत्य तो हमारे सबसे पुराने ग्रंथ नाट्यशास्त्र से जुड़ा है। प्राचीनकाल में मंदिरों के रंगमंच पर प्रस्तुति के कारण इसमें कथा का पर्याप्त अंश है, इससे यह कत्थक कहलाया। केवल पोशाक के कारण मुगल शैली और राजस्थानी शैली कहना भी गलत है। विभिन्न गुरुओं और स्थानीय प्रभावों से इन शैलियों का जो विकास हुआ, उन अंतरों और बारीकियों को रेखांकित किया जाना चाहिए। जैसे—मेरे पिता नेपाल महाराज की नौकरी छोड़कर अपने पुरखों के घर बनारस आ बसे और वहाँ की शास्त्रीय परंपरा में गीतगोविंद, रामायण, कृष्णलीला, तांडव आदि को ढालकर उन्होंने बनारस घराने का विकास किया। तब घरेलू लड़कियों को नृत्य सिखाना आसान

न था। जब शरीफ घराने की कोई भी लड़की उन्हें शिष्या में रूप में उपलब्ध नहीं हो सकी तो उन्होंने अपनी बेटियों से ही नृत्य स्कूल आरंभ कर दिया। बिरादरी-बहिष्कार तक की परवाह नहीं की। ''हमारी दादी खानदान की नाक कटवाने की बात पर पिताजी को टोकतीं तो उनका उत्तर होता, 'तीस साल बाद देखना, ये ही लड़कियाँ तुम्हारे खानदान की नाक को ऊँचा उठाएँगी।' ऐसे समर्पण भाव से कला आगे बढ़ती है। आज उनकी बात सच हो रही है कि नहीं? पिताजी इस नृत्य को कोठों से निकालकर सार्वजनिक मंचों पर लाए, तो अब बनारस की गली-गली में नृत्य और बनारस घराने के रूप में पिताजी का नाम अमर है।''

सितारा देवी के घर की बैठक भी गुरुओं के चित्रों और तबलों, पखावज, घुँघरुओं की जोड़ियों से सजी है। अपनी शिष्याओं को सिखाते समय भी वह उनसे खूब श्रम करवाती हैं। उनके शिक्षण में शास्त्रीयता, लोक-परंपरा और प्रयोग का अद्‌भुत सम्मिश्रण है।

□

देवदासी नृत्य की शास्त्रीय गरिमा

संयुक्ता पाणिग्रही

सन् १९७५ में 'ओडिसी' की सुप्रसिद्ध नृत्यांगना संयुक्ता पाणिग्रही राष्ट्रीय अलंकार 'पद्मश्री' लेने दिल्ली आई थीं, तभी अशोक होटल के एक दर्शनीय कार्यक्रम में 'ओडिसी सदियों से' शीर्षक उनका नृत्य देखने का अवसर मिला था। मंदिरों में देवदासियों द्वारा प्रस्तुत की जानेवाली इस प्राचीन शास्त्रीय, ललित नृत्य शैली के उद्भव और विकास के विभिन्न चरणों का परिचय संयुक्ता पाणिग्रही ने जिस मोहक ढंग से कराया, उससे सभी दर्शक भावाविभूत हो उठे थे।

अगले वर्ष १९७६ में राजधानी दिल्ली की 'साहित्य कला परिषद्' द्वारा आयोजित तीन दिवसीय 'संगीत-नृत्य समारोह' के दौरान मुझे फिर उनका 'ओडिसी नृत्य' देखने को मिला। इसके बाद भी उन्हें कुछ मंचों पर तथा दूरदर्शन पर अकसर नृत्यरत देखा। इससे मैं कह सकती हूँ कि 'ओडिसी' नृत्य की शैलीगत विशेषताओं को जानने के लिए संयुक्ता पाणिग्रही का नृत्य देखना जैसे हर बार एक नए अनुभव से गुजरना था।

ओडिसी के इतिहास का सांस्कृतिक दस्तावेज प्रस्तुत करते हुए अशोक होटल में किए नृत्य में उन्होंने 'महारी' (देवदासी), 'गोटीपुआ' (पुरुष कलाकारों द्वारा स्त्री की वेशभूषा में प्रदर्शित किया जानेवाला प्राचीन ओडिसी नृत्य), 'बटुपल्लवी', 'अष्टपदी अभिनय' तथा 'मोक्ष' नृत्यों द्वारा ओडिसी शैली की गरिमामय परंपरा को क्रमशः उजागर किया था। पार्श्व संगीत दे रहे थे, उनके सुरीले गायक पति श्री रघुनाथ पाणिग्रही तथा पखावज पर संगत कर रहे थे, विख्यात गुरु केलुचरण महापात्र। कुल मिलाकर यह प्रदर्शन इतना सजीव और प्रेरणास्पद रहा कि अविस्मरणीय बन गया।

अगले प्रदर्शन के समय संयुक्ता पाणिग्रही ने राग मालिका में 'मंगलाचरण', राग कावेरी में 'पल्लवी' और राग बागेश्वरी में 'युग्मद्वंद्व' प्रस्तुत किया। उसके बाद उन्होंने 'गीतगोविंद' पर आधारित 'अभिनय' भी पेश किया। 'पल्लवी' सभी नृत्यकार प्रस्तुत

करते हैं, लेकिन संयुक्ताजी के नृत्य का सर्वथा अलग रंग होता था—विन्यास, पद गति तथा हस्त-मुद्राओं में प्रदर्शित लोक छटा उन्हें दूसरे कलाकारों से अलग करती थी। उनकी नृत्य-शैली शास्त्रीय शिल्प के साथ लोकरंजन को भी साधकर चलती थी तथा शृंगार की कोमलता और ओज दोनों को एक साथ उभारती थी। श्री केलचरण महापात्र जैसे गुरु की संगति और श्री रघुनाथ पाणिग्रही के कंठ का सुमधुर गायन, कुल मिलाकर एक समाँ बँध जाता था।

देवदासियों के नृत्यों से हमारे प्राचीन मंदिरों की उपत्यकाएँ तो झंकृत होती ही रहती थीं, हमारा लोकमानस भी सदियों तक इस आनंद-सागर में डुबकियाँ ले विभोर होता रहा। मंदिरों में उकेरे गए भित्ति-चित्रों की भाव-भंगिमाएँ आज भी इस नृत्य शैली में साकार हो उठती हैं। इसलिए कि ओडिसी नृत्य शास्त्र और शिल्प शास्त्र दोनों को त्रिभंग के दर्पण में प्रस्तुत करने का एक महान् कला-प्रयास है। शीर्ष, वक्ष, कटि तीनों के अलग-अलग दोलन की चेष्टा पर आधारित त्रिभंग के दर्शन अन्य किसी भी शास्त्रीय शैली में दुर्लभ हैं। नितंब दोलन भी केवल ओडिसी की ही विशेषता है। इसी कारण यह एक सुंदर किंतु जटिल नृत्य विधा मानी जाती है। संयुक्ता पाणिग्रही को इसी जटिल विधा को साधने का श्रेय प्राप्त था।

संयुक्ता पाणिग्रही का जन्म २४ अगस्त, १९४४ को गंजम (उड़ीसा) में हुआ। तीन वर्ष की उम्र में ही वह माँ के गायन की धुन पर नाचने लगी थीं। माँ शकुंतला मिश्र परंपरागत गीतों की अच्छी गायिका थीं। साढ़े चार वर्ष की संयुक्ता की नृत्य प्रतिभा को पहचानकर माँ ने उसे गुरु केलुचरण महापात्र के पास कटक भेज दिया। उन दिनों ब्राह्मण परिवार की एवं अन्य कुलीन लड़कियों का नृत्य सीखना अच्छा नहीं समझा जाता था, इसलिए पिता श्री अभिराम मिश्र तथा दादा-दादी ने घोर विरोध किया कि लड़की नृत्यांगना बनी तो हमारा सामाजिक बहिष्कार हो जाएगा और इसका विवाह भी नहीं हो पाएगा। किंतु माँ का दृढ़ निश्चय देखकर अंततः सभी को झुकना पड़ा और संयुक्ता का नृत्य-प्रशिक्षण विधिवत् चलने लगा। उन दिनों गुरु केलुचरण से नृत्य सीखनेवाली वह पहली लड़की थीं।

केवल छह वर्ष की उम्र में उड़ीसा के मयूरभंज जिले के अंतर्गत बारीपदा शहर में संयुक्ता का पहला नृत्य-प्रदर्शन हुआ, फिर आठ साल की उम्र में कलकत्ता 'चिल्ड्रन लिटिल थिएटर' द्वारा आयोजित एक अंतरराष्ट्रीय उत्सव में; १९५२ में उस उत्सव में उड़ीसा के तत्कालीन मुख्यमंत्री और केंद्रीय स्वास्थ्य मंत्री राजकुमारी अमृत कौर उपस्थित थे। श्रीमती अमृत कौर बच्ची के नृत्य से बेहद प्रभावित हुईं और उनकी सिफारिश पर संयुक्ता को नृत्य सीखने के लिए उड़ीसा सरकार से छात्रवृत्ति मिल गई, जो १९५३ से १९५९ तक जारी रही। माँ ने उसे मद्रास के 'कला क्षेत्र' संस्थान में भरतनाट्यम सीखने

भेज दिया। वहाँ ऐनी बेसेंट थियोसॉफिकल स्कूल में उसी छात्रवृत्ति पर अपनी पढ़ाई जारी रखते हुए संयुक्ता ने सीनियर कैंब्रिज की परीक्षा उत्तीर्ण की, साथ ही भरतनाट्यम नृत्य में भी दक्षता प्राप्त की।

लेकिन मद्रास के इस प्रशिक्षण के दौरान भी संयुक्ता का ओडिसी अभ्यास बंद नहीं हुआ था। छुट्टियों में जब वह घर जाती, उसका सारा समय ओडिसी को समर्पित हो जाता। इसी तरह उसने 'कला विकास केंद्र' कटक से 'नृत्यश्री' डिप्लोमा भी ओडिसी शैली में प्राप्त कर लिया। पर भरतनाट्यम, ओडिसी दोनों शैलियों में प्रशिक्षण पूरा करने के बाद संयुक्ता ने कैरियर के रूप में ओडिसी को ही चुना। मंदिरों की प्रतिमाओं और भित्ति-चित्रों में अंकित नर्तकियों की भंगिमाओं का अध्ययन किया, देवदासियों से सीखा, उनसे बातचीत की और ओडिसी नृत्य के विकास के लिए अनेक प्रयोग करते हुए निरंतर आगे बढ़ती गईं। उनकी देखा-देखी अन्य लड़कियों ने भी उनकी राह पकड़ी।

सन् १९५७ से गायक रघुनाथ पाणिग्रही और नृत्यांगना संयुक्ता एक साथ कार्यक्रम प्रस्तुत करते आ रहे थे। १९६० में वे परिणय सूत्र में बँध गए। विवाह के समय भी रघुनाथ पाणिग्रही के संगीतज्ञ पिता की ओर से विरोध किया गया कि दो बड़े कलाकार एक साथ कैसे रह सकते हैं? किंतु यहाँ भी संयुक्ता की माँ ने सबको समझा-बुझाकर सफलता प्राप्त की और विवाह सानंद संपन्न हो गया। श्री रघुनाथ पाणिग्रही 'गीतगोविंद' के गायन में विशेष निपुण थे, तमिल फिल्मों के पार्श्व गायक भी थे और विवाह तक खूब विख्यात हो चुके थे।

विवाह के बाद पति-पत्नी दोनों एक साथ कार्यक्रम देने लगे। सूरदास के पद और टैगोर के गीत पर आधारित उनका पहला संयुक्त कार्यक्रम ही इतना सफल रहा कि आगे की सारी शंकाएँ निर्मूल सिद्ध हो गईं और बाधाएँ स्वयमेव ही समाप्त हो गईं।

संयुक्ता पाणिग्रही ने ओडिसी के स्वरूप को धर्म, साहित्य और संगीत की शास्त्रीय सीमाओं में पूजा के स्तर तक पहुँचाया। उनके नृत्य का शिल्प-विधान धार्मिक आस्थाओं के आस-पास ही रहा। उनके अनुसार, "पूजा की भावना ही शास्त्रीय नृत्य को निखारती है अन्यथा तो सारा नृत्य यांत्रिक हरकत मात्र रह जाएगा। ओडिसी की मूल भावना भक्ति ही है। भरतनाट्यम में नृत्य की चाल से कोण बनते हैं, जबकि ओडिसी में पैरों और हाथों की गति अर्धवृत्ताकार होती है, इसलिए भी यह नृत्य कोमल है, ललित है।"

ओडिसी के इतिहास के बारे में संयुक्ताजी ने बताया था, "ओडिसी का प्राचीन नाम 'गोटीपुअ' है। पूजा के सोलह प्रकार के उपचारों में गोटीपुअ नृत्य भी एक था। जहाँ तक प्रदर्शन की बात है, इसे केवल देवदासियाँ ही मंदिरों में प्रस्तुत करती थीं, वह भी देवता के सामने। सोलहवीं शताब्दी में राजा रामचंद्र देव को खयाल आया कि राजा

भी भगवान् का प्रतिनिधि होता है, इसलिए उसके सामने भी नृत्य प्रस्तुत किया जाना चाहिए। राजा ने देवदासियों को दरबार में बुलाया और कुछ अन्य लोगों को भी नृत्य सिखाना शुरू किया।

"चैतन्य महाप्रभु जब वैष्णव धर्म के प्रचार के लिए उड़ीसा आए, तब शुद्ध नृत्य के साथ अभिनय भी जुड़ गया कि वैष्णवपंथी भक्तों ने नृत्य, संगीत को संयुक्त रूप से अपने पंथ के प्रचार का माध्यम बनाया था। इस तरह नृत्य मंदिरों से निकलकर सार्वजनिक हुआ, परंतु जो देवदासियाँ मंदिरों में बच गई थीं, उन्होंने भगवान् के सामने नृत्य प्रदर्शन की अपनी परंपरा को छोड़कर लोगों के सामने नाचना स्वीकार नहीं किया। (ये देवदासियाँ ही 'महारी' कहलाती हैं, महारी माने महान् नारी) जो देवदासियाँ मंदिरों से निकलकर दरबार में आ गई थीं, उनकी देखा-देखी अन्य देवदासियाँ भी जमींदारों के संरक्षण में आ पहुँचीं। तभी आपसी प्रतिस्पर्धा और जमींदारों को खुश रखने की प्रवृत्ति के कारण गोटीपुअ नृत्य में कुछ सस्तापन या बाजारूपन भी आ गया।

"जिन्होंने संरक्षण स्वीकार नहीं किया, नृत्य की गिरावट को भी सहनं नहीं किया, उन गोटीपुअ नर्तक-नर्तकियों को काफी संकटों का सामना करना पड़ा, यद्यपि आजादी के बाद से यह स्थिति भी सुधर रही है। मेरे गुरु केलुचरण महापात्र नृत्य को विशुद्ध रूप में जीवित रखनेवाले गोटीपुअ नर्तक ही हैं।"

बहुत छोटी उम्र से नृत्य-पारंगत संयुक्ता पाणिग्रही को विभिन्न पुरस्कार-सम्मान भी अपेक्षाकृत छोटी उम्र में ही मिलने शुरू हो गए थे। सन् १९६९ में प्रयाग संगीत सम्मेलन द्वारा उन्हें 'नृत्य शिरोमणि' की उपाधि से विभूषित किया गया। १९७५ में उन्हें भारत सरकार ने 'पद्मश्री' से अलंकृत किया। १९७६ में राज्य 'संगीत नाटक अकादमी पुरस्कार' उन्हें उनके पति श्री रघुनाथ पाणिग्रही के साथ संयुक्त रूप से प्रदान किया गया। १९७६ में ही उन्हें 'केंद्रीय संगीत नाटक अकादमी पुरस्कार' भी मिल गया। १९७७ में उन्हें सुर सिंगार संसद् से 'नृत्य विलास' की उपाधि मिली। १९८७ में उन्होंने तिरुपति का राष्ट्रीय पुरस्कार भी प्राप्त किया।

देश-विदेश के अनेक मंचों पर संयुक्ता पाणिग्रही के ओडिसी नृत्य के कार्यक्रम प्रशंसित हुए। १९६७-८८ के बीच भारत आनेवाले लगभग सभी शाही मेहमानों के समक्ष उनके नृत्य-प्रदर्शन हुए। देश की एक सांस्कृतिक प्रतिनिधि के रूप में उन्होंने भारत से बाहर न केवल अनेक देशों की नृत्य-यात्राएँ कीं, बल्कि कई अंतरराष्ट्रीय मेलों-उत्सवों में भी भाग लिया, जैसे—इंग्लैंड, रूस, अमेरिका, स्विट्जरलैंड में आयोजित भारत उत्सव, फिलिपींस, जापान, इंडोनेशिया में संपन्न 'इंटरनेशनल डांस-ड्रामा फेस्टीवल' आदि। अनेक विदेशी सांस्कृतिक व शैक्षणिक संस्थानों में आयोजित सांस्कृतिक कार्यशालाओं में नियमित भाग लेकर उन्होंने भारतीय शास्त्रीय नृत्यों के बारे में अपने

व्याख्यान और ओडिसी नृत्य के व्याख्या-प्रदर्शन प्रस्तुत किए। इस तरह विदेशों में अपनी नृत्य-यात्राओं से अपार धन, प्रशंसा और प्रसिद्धि प्राप्त करने के बाद अपने देश में समय-समय पर धर्मार्थ कई कार्यक्रम देकर उन्होंने विभिन्न राहत कोषों में भी अपना अमूल्य योगदान दिया।

संयुक्ता पाणिग्रही प्रथम नृत्यांगना हैं, जिन्हें 'संकटमोचन मंदिर उत्सव' में भाग लेने की अनुमति प्रदान की गई। इस मंदिर के पिछले पचास वर्षों के इतिहास में यह पहली घटना थी। अपनी बहुमुखी उपलब्धियों के कारण संयुक्ताजी आकाशवाणी से लेकर कई शैक्षणिक, सांस्कृतिक व कला संस्थानों की समितियों और प्रबंध बोर्डों की सदस्य रहीं।

ओडिसी में उनका अनुसंधान-कार्य भी कम नहीं है। सूरदास पदावली, भगवद्गीता, तुलसी रामायण और रवींद्र संगीत पर भी उन्होंने ओडिसी नृत्य के नवीन प्रयोग किए और उनकी 'कोरियोग्राफी' स्वयं निर्मित करते हुए नृत्य की परंपरागत शुद्धता को भी अक्षुण्ण रखा। भागवत, गीतगोविंद, रामायण और श्रीअरविंद की 'भारत की खोज' पर आधारित कुछ नृत्य-नाटिकाएँ (बैले) भी प्रस्तुत कीं।

भारत में शास्त्रीय नृत्यों के भविष्य के बारे में प्रश्न करने पर उनका उत्तर था, ''मैं तो बहुत आशावान् हूँ। मुझे लगता है, अभी भी हमारे प्राचीन साहित्य में नृत्यकला की अपार राशि बिखरी पड़ी है, जिसे खोजकर नृत्य में बाँधा जाना चाहिए। ओडिसी नृत्य के क्षेत्र में मैं इसी प्रयास में लगी हूँ।'' संयुक्ताजी अब हमारे बीच नहीं रहीं, पर उनकी कीर्ति अक्षुण्ण है।

□

मणिपुरी नृत्य की अग्रणी कलाकार
झावेरी बहनें

लगभग दो दशक पूर्व मैंने झावेरी बहनों का नृत्य देखा था। सुंदर, कमनीय चार युवतियाँ मणिपुरी नृत्य की नयनाभिराम पोशाक में मंच पर हवा के झोंकों के साथ झूमती टहनियों-सी लचक रही थीं। एक ओर बैठे थे श्वेत वस्त्रधारी गुरु विपिन सिंह और उनके सामने मृदंग-वादन पर थिरक रही थीं उनकी शिष्याएँ—नयना, रंजना, सुवर्णा और दर्शना। धीमी-शांत गति में नदी की लहरों-सी बल खाती, सौम्यता से इठलाती चार देहें। आँखें चंचल चपला-सी। होंठों पर मंद मृदु मुसकान और हाथों की उँगलियाँ मुद्रा-मग्न। कुल मिलाकर एक अजीब समाँ बँधा था और दर्शक मंत्रबिद्ध से मुग्ध-खामोश बैठे थे।

'झावेरी-सिस्टर्स' के नाम से विख्यात इन चारों बहनों ने भारत में ही नहीं, भारत से बाहर भी, संसार के लगभग सभी देशों में मणिपुरी शास्त्रीय नृत्य के प्रचार-प्रसार में अपनी महत्त्वपूर्ण भूमिका निभाई। आज मणिपुरी नृत्य में अनेक नाम उभरकर सामने आ चुके हैं, लेकिन पिछले चार दशकों से झावेरी बहनों का नाम जिस तरह मणिपुरी नृत्य के साथ जुड़कर निरंतर सामने आता रहा, उससे यह भगिनी-समूह जैसे मणिपुरी नृत्य का पर्याय ही बन चुका है। इन बहनों में से सबसे बड़ी नयना झावेरी का सन् १९८५ में देहावसान हो चुका है, फिर भी झावेरी बहनों के नाम में जैसे आज भी वह शामिल हैं,

क्योंकि शेष तीन बहनों का समूह न केवल इस नृत्य की समूह-छवि को बनाए हुए है, बल्कि सबसे छोटी बहन दर्शना झावेरी अपनी बड़ी बहन, नृत्य-विदुषी नयना झावेरी की शोध-अनुसंधान परंपरा को भी आगे बढ़ाने के लिए निरंतर प्रयत्नशील हैं।

यों ये बहनें गुजराती जैन हैं। सूरत में जनमी और बंबई में पली-बढ़ीं। अब भी मुख्यतः बंबई में ही निवास करती हैं, लेकिन मणिपुरी नृत्य को समर्पित होने से वैष्णव धर्म में भी उनकी उतनी ही आस्था है, जितनी कि मणिपुरी निवासी अन्य नर्तक-नर्तकियों की। मणिपुरी नृत्य सीखने की प्रेरणा उन्हें अपने कला-प्रेमी पिता से मिली, जिन्होंने उन्हें मणिपुर नृत्य के पुरोधा गुरु विपिन सिंह के सान्निध्य में लाकर नृत्य-संगीत सीखने के लिए भरपूर प्रोत्साहन और सुविधाएँ प्रदान कीं। पिता स्वयं अच्छे वादक रहे ओर नृत्य में मणिपुरी रासलीला एवं संकीर्तन के प्रति विशेष आकृष्ट। देवताओं की भूमि मणिपुर की ओर उनका लगाव ही उनकी बेटियों के माध्यम से उनकी इच्छा-पूर्ति का साधन बना और उन्होंने इस नृत्य के लगभग सभी बड़े गुरुओं—गुरु अभूबी सिंह, गुरु आलंबा सिंह, गुरु अमुदोन शर्मा के मार्गदर्शन में भी उन्हें रखा। फिर गुरु विपिन सिंह के साथ तो हमेशा के लिए उनका प्रदर्शन समूह ही बन गया।

मणिपुर को देवताओं की भूमि कहने के पीछे किंवदंतियाँ ही नहीं, एक लंबा इतिहास भी है। एक किंवदंती के अनुसार एक बार भगवान् श्रीकृष्ण राधा और अन्य गोपियों के साथ रासलीला कर रहे थे। भगवान् शिव द्वारपाल के रूप में पहरे पर थे। रासलीला की ध्वनि सुनकर पार्वतीजी ने शिव के साथ रासलीला करने की इच्छा प्रकट की। शिव ने पहाड़ों से घिरा एक निर्जन स्थान देखा। उसे रास के लिए अनुकूल जान, त्रिशूल से पहाड़ बेधकर वहाँ जल प्रवाहित किया। इसी स्थान पर अन्य देवताओं और गंधर्वों के साथ शिव-पार्वती ने सात दिन तक रासलीला की। वही स्थान देवताओं की भूमि मणिपुर कहलाया। कालांतर में चैतन्य महाप्रभु के मणिपुर आगमन पर वहाँ वैष्णव धर्म का प्रचलन हुआ। मणिपुर के महाराजा भाग्यचंद्र ने वैष्णव धर्म अपनाया। उन्होंने स्वप्न में मिले एक आदेश के अनुसार गोविंदजी का मंदिर बनवाया और गुरु रसानंद तथा गुरु स्वरूपानंद के सहयोग से पाँच दिन तक रासलीला करवाई। स्वयं महाराज की पुत्री बिंबावती मंजरी ने राधा की भूमिका अभिनीत की। इसके बाद विभिन्न नृत्य-गुरुओं ने प्राचीन ग्रंथों की पदावलियों के साथ स्वरचित पदावलियों का समावेश कर इसे रास-नाट्य का रूप दिया, जिसमें मुख्यतः राधा-कृष्ण की प्रणयलीला साकार की जाती है और दर्शक सारी रात चलनेवाली इस लीला को देखकर कृत-कृत्य होते रहते हैं।

रास दो प्रकार के हैं—पुरुष-प्रधान और स्त्री-प्रधान। पुरुष-प्रधान रासों में 'राखाल' और 'उलूखल' तथा स्त्री-प्रधान रासों में 'महारास', 'कुंजरास', 'वसंत रास', 'नृत्य

रास' हैं, जबकि प्राचीन शास्त्रकारों ने रास को तीन श्रेणियों में विभक्त किया है—'काल-रास', 'दंड-रास' और 'मंडल-रास'। 'महारास' श्रीमद्भागवत के 'रास पंचाध्यायी' श्लोकों पर आधारित है। यह कार्तिक पूर्णिमा के दिन राज मंदिरों में किया जाता है। 'कुंजरास' एक विशिष्ट कुंज में आश्विन पूर्णिमा के दिन संपन्न होता है और यह वर्णनात्मक नृत्य-नाट्य है। वसंत रास 'गीत-गोविंद', 'चैतन्य चरितामृत' और 'वैष्णव पदावली' पर आधारित नाट्य रूप है। ये तीनों महारास, कुंजरास व वसंत रास महाराजा भाग्य चंद्र की देन हैं। नृत्य-रास १८५० में महाराजा चंद्रकीर्ति के समय में विकसित हुआ। इसकी तिथि और समय निश्चित नहीं तथा यह कथ्य-प्रधान नहीं, नृत्य-प्रधान है, इसलिए इसे 'नर्तन-रास' भी कहते हैं।

रास की शिक्षा देनेवाले गुरु 'रासधारी' कहलाते हैं। प्रत्येक रास रात ९ बजे शुरू होकर प्रातःकाल समाप्त होता है। प्रारंभ गोविंदजी के मंदिर से होता है, फिर दूसरे मंदिरों और मुहल्लों में नृत्य होते हैं। मंदिर के नृत्य-गीत निर्धारित हैं, जबकि ग्रामांचल नृत्य में नई रचनाएँ करने की छूट है। मणिपुर के जनजीवन में संगीत, नृत्य, रासलीला इतने रचे-बसे हैं कि इसके बिना वहाँ जीवन अधूरा है। यह अभिरुचि घर-घर, गली-गली में पाई जाती है। यहाँ तक कि किसी घर का कोई बालक रुग्ण हो जाए तो यह मन्नत माँगी जाती है कि ठीक होने पर बच्चे को रासलीला में सम्मिलित किया जाएगा। राज्य सरकार के स्कूलों में भी पाठ्यक्रम के रूप में नृत्य शिक्षा दी जाती है। इसलिए मणिपुर और मणिपुरी नृत्य का नाम लेते ही एक ऐसे आध्यात्मिक प्रदेश की झलक मन में उभरती है, जहाँ प्रकृति के सुंदर वातावरण में राधा-कृष्ण की रासलीला आज भी विद्यमान है। गुरु विपिन सिंह के अनुसार, "आज मणिपुर में जितने नृत्य गुरु, वादक, नर्तक और गायक हैं, उतने संसार के किसी भी देश में नहीं।"

झावेरी बहनों का मणिपुरी नृत्य के साथ गहरा रागात्मक संबंध है। उन्होंने वहाँ की नृत्य-शैलियों का गंभीर अध्ययन-अनुशीलन करने के साथ ही नृत्य की परंपरागत मूल भावनाओं को भी सुरक्षित रखा है। पिछले ३५ वर्षों में पूरे देश में इन बहनों के लगभग एक हजार सामूहिक प्रदर्शन हुए हैं और विदेशों की लगभग २५ नृत्य यात्राओं में इन्होंने अपने आकर्षक प्रदर्शनों द्वारा सारे संसार को इस नृत्य-शैली से परिचित करवाकर अपार लोकप्रियता अर्जित की है। इनमें से सबसे छोटी बहन दर्शना तो जवाहरलाल नेहरू नृत्य अकादमी से चार वर्षीय नृत्य-पाठ्यक्रम पूरा करने के बाद अपना पूरा समय ही मणिपुरी नृत्य के अध्ययन-अनुसंधान में लगा रही हैं। इस सिलसिले में वह निरंतर मणिपुर जाती रहती हैं। सन् १९७२ में इन बहनों ने अपने गुरु विपिन सिंह के साथ मिलकर बंबई, कलकत्ता और मणिपुर में मणिपुरी नृत्य के प्रशिक्षण के लिए 'मणिपुरी नर्तनालय' की स्थापना की, जिनके संचालन का काम भी नयना झावेरी के

बाद मुख्यत: दर्शना झावेरी ही देखती हैं।

इन नृत्य-संस्थानों में छह वर्षों का पाठ्यक्रम है, जिसमें नृत्य के अलावा मृदंग बजाने की भी शिक्षा दी जाती है। दर्शनाजी के अनुसार, ''मृदंग जानने से नृत्य में गहराई आती है एवं इसकी समझ बढ़ती है।'' उन्होंने यह भी बताया कि ''दो दशक पहले तक लोग मणिपुरी नृत्य को लोकनृत्य व अर्द्धशास्त्रीय नृत्य कहते रहे, लेकिन हम लोगों ने अनुसंधान द्वारा यह सिद्ध कर दिया है कि मणिपुरी नृत्य लोकनृत्य नहीं, विधिसम्मत शास्त्रीय नृत्य-शैली है। हमने न केवल प्राचीन पांडुलिपियों को एकत्रित करके उन्हें व्यवस्थित किया है, मौलिक रूप से उपलब्ध ज्ञान को लिपिबद्ध करके पुस्तकें भी लिखी हैं। यद्यपि अभी इसमें काफी अध्ययन, अनुसंधान और प्रयोगों द्वारा संभावनाओं की गुंजाइश है, पर हम इसके भविष्य को उज्ज्वल मानती हैं। इसलिए कि शास्त्रीय नृत्य होने पर भी मणिपुरी नृत्य जनजीवन से कटा नहीं, उनकी आस्थाओं, निष्ठाओं और जन्म से मृत्यु तक उनके जीवन के अनुष्ठानों से जुड़ा है। कत्थक, भरतनाट्यम, ओडिसी, कुचिपुडि की अपेक्षा इसे सीखना कठिन है, क्योंकि इसमें वृत्ताकार अंग-संचालन जरूरी होता है, शरीर पर काफी नियंत्रण व संयम रखना पड़ता है, पर यह एक आकर्षक लोकप्रिय नृत्य-शैली है, जिसमें श्रृंगार से लेकर रौद्र व बीभत्स तक सभी रसों का समावेश है और इसे एकल, युगल तथा सामूहिक, सभी रूपों में प्रस्तुत किया जा सकता है।''

इस नृत्य में धीमी गति और दुहराव की शिकायत पर उनका उत्तर था, ''मणिपुरी नृत्य में तांडव भी है, लास्य भी। निश्चय ही तांडव रूपों में धीमी गति नहीं चलती, पर इसकी लोकप्रियता लास्य-प्रधान शैली के कारण ही अधिक है, इसलिए विरह, श्रृंगार, शांत, वात्सल्य और भक्ति रस में तो गति धीमी होगी, तभी उसका संपूर्ण सौंदर्य निखर पाएगा। इसके साथ यह भी सच है कि इस नृत्य-शैली की महत्ता प्राचीनता और शास्त्रीयता में ही है। अत: समकालीनता के नाम पर इसे अधिक प्रयोगधर्मी बनाना ठीक नहीं होगा। नृत्य की पूर्णकालीन धार्मिक भावना मध्य काल में मंदिरों की देवदासियों में सिमट जाने के बाद पुनर्जागरण काल से यदि फिर जनजीवन के साथ जुड़ी है तो इसका स्वागत होना चाहिए। जनजीवन में 'संकीर्तन रास' व 'करताल चालन' की पद्धति ही अधिक प्रचलित रहेगी। भक्ति-प्रधान मणिपुरी नृत्य-रास की आत्मा को खंडित होते देखना लोग पसंद नहीं करेंगे, क्योंकि आज भी मणिपुर के अधिसंख्य लोगों के लिए मथुरा, वृंदावन और नवद्वीप सर्वाधिक प्रिय तीर्थस्थल हैं।

''फिर भी हमने रास में 'खंडिता', 'प्रबंध', 'स्वरमाला' के प्रयोग किए हैं, जिसे मणिपुर में कोई नहीं करता। वहाँ गायन पर ज्यादा जोर है। नृत्य के साथ लोग अभिनय तो करते हैं मगर नृत्य कम करते हैं। हमने अभिनय के साथ नृत्य-मुद्राओं पर अधिक

ध्यान दिया है—यह हमारा सृजनात्मक कार्य है। चूँकि ये नए प्रयोग हमने परंपरागत 'भगी परेग' से ही लिये हैं, इसलिए प्रारंभिक विरोध के बाद इन्हें जन-स्वीकृति भी मिली। वास्तव में मणिपुरी नृत्य-मंच हमारे लिए मंदिर है, साधना है, पूजा है। अतः मणिपुर से बाहर रहकर भी हम मणिपुर से जुड़ी हैं, मणिपुरी नृत्य को समर्पित हैं।''

मणिपुरी नृत्य के क्षेत्र में प्रचार-प्रसार, अध्ययन-अनुसंधान की उपलब्धियों को देखते हुए १९७७ में समूह-नेत्री नयना झावेरी का 'मणिपुर राज्य कला अकादमी' की ओर से नागरिक अभिनंदन किया गया। सन् १९७८ में उन्हें 'संगीत नाटक अकादमी' के राष्ट्रीय पुरस्कार से सम्मानित किया गया। १९८० में उन्हें 'गुजरात संगीत नाटक अकादमी' ने भी पुरस्कृत किया। बंबई की 'स्वर सिंगार संसद्' के 'नाट्य-विलास' पुरस्कार से चारों बहनें सम्मानित हुईं और नयना झावेरी के बाद तीन बहनें १९८७ में 'मणिपुर राज्य कला अकादमी' की 'फैलो' नियुक्त की गईं। नृत्य-प्रदर्शन के ढेरों कार्यक्रम देने के बाद ये बहनें अब इस क्षेत्र में अनुसंधान व आलेखन कार्य के साथ तीन राज्यों में स्थित अपने 'मणिपुरी नर्तनालय' द्वारा नई पीढ़ी को अपनी कला में प्रशिक्षित करने में अधिक व्यस्त हैं। बढ़ती आयु के साथ कल को वे मंच से विदाई भी ले सकती हैं, लेकिन मणिपुरी नृत्य के साथ उनका नाम अविस्मरणीय रूप में जुड़ा रहेगा।

□

एक अद्भुत नृत्य-प्रतिभा : कमला लक्ष्मण

दक्षिण भारत की प्रतिभावान् नर्तकी कमला लक्ष्मण को लोग तभी से पहचानते हैं, जब उन्हें 'बसंत' और 'रामराज्य' जैसी प्रसिद्ध फिल्मों के परदे पर देखा गया था। फिर जब १९५३ में उन्हें रानी एलिजाबेथ के राज्याभिषेक समारोह में भाग लेने इंग्लैंड भेजा गया तो इस अवसर पर प्रदर्शित उनके नृत्यों ने उन्हें अंतरराष्ट्रीय ख्याति प्रदान कर दी और देखते-देखते यह नर्तकी पूरे देश में और देश से बाहर भी चमक उठी थी। सन् १९६४ में 'थिएटर नेशनल पेरिस' में भी उन्होंने भारत का प्रतिनिधित्व किया था।

सन् १९६८ के 'संगीत नाटक संगम' मद्रास द्वारा 'कला सिग मणि' की उपाधि पाने और अन्य कई संस्थाओं में सम्मानित-पुरस्कृत होने के बाद कमलाजी की ख्याति जब पूरे दक्षिण भारत के आकाश को छू गई तो सन् १९६९ में उन्हें 'संगीत-नाटक अकादमी के राष्ट्रीय पुरस्कार' से सम्मानित किया गया और अगले ही वर्ष १९७० में गणतंत्र उत्सव पर भारत सरकार ने उन्हें 'पद्मभूषण' की उपाधि से भी विभूषित कर उनकी कला को दोबारा सम्मानित किया, इसलिए कि कमला एक कुशल नर्तकी ही नहीं, लोकप्रियता की कसौटी पर खरी उतरनेवाली एक सफल नर्तकी भी हैं, जिन्हें उनके नृत्य देखने का सौभाग्य प्राप्त हुआ है, उनके मानस-पटल से लय पर थिरकती यह सुघड़ मूर्ति न कभी उतरी, न उतर सकेगी।

२५ फरवरी, १९६८ को मैंने उन्हें अकादमी मंच पर लगभग चार हजार दर्शकों के सामने दो घंटे तक लगातार नृत्य कर भरतनाट्यम का सर्वोत्तम प्रदर्शन करते देखा था। अपनी नृत्य-नाटिकाओं (कई नृत्य-नाटिकाओं की उन्होंने स्वयं रचना भी की है) द्वारा उन्होंने पूरे सभा-मंडप को स्तब्ध, आश्चर्यचकित और मंत्रमुग्ध बनाए रखा था, लेकिन अधिक आश्चर्य उन्हें ही था, जिन्होंने उनका नृत्य पहली बार देखा था। दो घंटे क्या, कमला तो अपनी नृत्य-लय को आठ-आठ, नौ-नौ घंटे तक भी बाँधे

रही हैं। नृत्य की समाप्ति पर, जबकि उन्हें कुछ समय पूरे विश्राम की जरूरत थी, सर्दी के दिनों में भी लगातार नृत्य से निकले पसीने और उखड़ी साँस को अपने नियंत्रण में लिये लगभग एक हजार प्रशंसकों से घिरी कमलाजी वैसे ही मुसकराती हुई ऑटोग्राफ देती चली जा रही थीं।

कमला का जन्म मद्रास प्रांत के मायरन नगर में १६ जून, १९३३ को हुआ था। उनके नृत्य-संस्कार शैशव में ही प्रकट हो गए थे। दो वर्ष की कमला ग्रामोफोन रिकार्ड की धुन पर स्वयं ही नाचने लगी थी। पिता तब बंबई में थे। उन्होंने सुना तो कमला को बंबई बुलाकर एक नृत्य-विद्यालय में भरती करा दिया। पाँच वर्ष की आयु में ही वह कत्थक और मणिपुरी के अच्छे प्रदर्शन करने लगी थी। उसका यह नृत्य-झुकाव देखकर फिर उसे प्रसिद्ध नर्तकी अंजुरी की नृत्य मंडली में शामिल कर दिया गया। इस मंडली के साथ बाल-नर्तकी कमला ने जो सार्वजनिक नृत्य प्रदर्शित किए, उससे उसका नाम शीघ्र ही पूरे बंबई नगर में चर्चित हो गया।

तभी इस बाल-नटी पर फिल्म निर्माताओं की नजर पड़ गई और कमला को फिल्मों में भूमिकाएँ मिलने लगीं। वहाँ उसकी प्रतिभा और चमकी, जो 'रामराज्य' और 'बसंत' फिल्मों के बाद पर्याप्त ख्याति अर्जित करने में सफल हुई।

जब सफलता मिली, नाम हुआ, तब कमला को शास्त्रीय नृत्यों के विधिवत् प्रशिक्षण का ध्यान आया। अपनी कमियों का ज्ञान तभी होता है, जब किसी कला-विशेष की पूरी समझ प्राप्त होती है। सार्वजनिक प्रदर्शनों के बाद कमलाजी को अपनी कला की अपूर्णता का अहसास हुआ और यह अहसास होते ही वह बंबई से मद्रास लौट गईं। मद्रास में नृत्याचार्य वलडूर रामय्या पिल्लै से उन्होंने कर्नाटक संगीत और भरतनाट्यम का विधिवत् प्रशिक्षण लिया। अभ्यास द्वारा शास्त्रीय कुशलता प्राप्त की, फिर कत्थक, कथकली और मणिपुरी की शास्त्रीय शैलियाँ सीखीं कि वे पूर्ण रूप से एक शास्त्रीय नर्तकी बन सकें।

आज कत्थक, मणिपुरी, कथकली और भरतनाट्यम सभी पर उन्हें अधिकार प्राप्त है, पर उनका विशेष झुकाव भरतनाट्यम की ओर ही है। यह नृत्य विशेष पसंद होने पर इसी पर सतत साधना द्वारा उन्होंने विशेष अधिकार भी प्राप्त किया है। उनके नृत्यों के दो विशेष कार्यक्रम तो बहुत ही लोकप्रिय हैं—'नाडर मुडिमेल' और 'कटनम आडीनार'।

कमलाजी की विशेषता इसमें भी है कि वह घंटों लगातार नृत्य कर सकती हैं—इतने सहज, प्रयासहीन ढंग से कि थकान का कोई भी चिह्न उनके चेहरे पर नहीं उभर पाता। बस, एक लय पर लहराती-सी वह थिरकती चलती हैं और दर्शक

मंत्रमुग्ध से उनके जादू में बँधे बैठे रहते हैं। उनका आकर्षक व्यक्तित्व और यह सहज पग-संचालन ही शास्त्रीय काठिन्य को लोकप्रिय सारल्य में बदलकर जादू का समाँ बाँधने में समर्थ होता है। बाद के कुछ वर्षों में उनकी नृत्य-नाटिकाएँ भी बहुत लोकप्रिय हुईं, जिनमें से अनेक की रचना उन्होंने स्वयं की थी।

कुल मिलाकर श्रीमती कमला एक कुशल नर्तकी हैं, एक सफल नर्तकी हैं और एक अत्यंत लोकप्रिय नर्तकी हैं। उनके प्रशंसकों की संख्या बहुत बड़ी है और उनका नृत्य बहुत मूल्यवान्।

□

नृत्य-विदुषी : ऋता देवी

रवींद्रनाथ ठाकुर के परिवार से संबंधित ऋता देवी भारत की प्रथम नृत्यांगना हैं, जो शास्त्रीय नृत्य की छह प्रमुख शैलियों—भरतनाट्यम, कथकली, ओडिसी, कुचिपुडि, मोहिनी अट्टम, मणिपुरी—में एक साथ पारंगत हैं और संस्कृत की छात्रा होने के कारण नृत्य-विदुषी भी। प्राचीन असमी 'सत्रीय नृत्य' की भी वह प्रथम नृत्यांगना हैं। उन्होंने इसे विभिन्न रूपों में प्रस्तुत ही नहीं किया, बल्कि असम के बाहर इसका प्रचार-प्रसार भी किया। इसके पूर्व यह नृत्य असम के बाहर नहीं गया था। ओडिसी को प्राचीन महारी नृत्य के रूप में प्रस्तुत करना भी उनकी विशेषता है। ऋता देवी नर्तकी के साथ इन सब शास्त्रीय नृत्यों की व्याख्याकार और भाषणकर्त्री भी हैं।

कला, संस्कृति, ज्ञान के संस्कार ऋता देवी को विरासत में मिले हैं। माता अरुणा देवी शास्त्रीय संगीत की प्रसिद्ध गायिका थीं, पिता श्री सत्यव्रत मुखर्जी प्रसिद्ध कवि, प्रवक्ता और प्रशासक। बंबई विश्वविद्यालय से अंग्रेजी और संस्कृत में स्नातक होने के बाद नृत्य-कला को उन्होंने कैरियर के रूप में अपना लिया। लंबा गंभीर शास्त्रीय अध्ययन और लंबी कठिन नृत्य-साधना। ऋताजी भारतीय नृत्यों के सूक्ष्म अंतर को जितनी गहराई से समझ पाई हैं, उतनी ही गहराई से श्रोताओं-दर्शकों को समझा पाने में भी समर्थ हुई हैं।

सन् १९६६—मद्रास के वुडलैंड्स होटल के खुले रंगमंच पर मैक्समूलर भवन द्वारा 'भारतीय शास्त्रीय नृत्यों का परिचय' शीर्षक से एक विशाल कार्यक्रम आयोजित किया गया था। उसमें ऋता देवी ने एक छोटी सी साधारण कहानी के माध्यम से भारतीय नृत्य की विभिन्न शैलियों के जो रूप प्रस्तुत किए थे, वह भारतीय नृत्य-इतिहास की एक अविस्मरणीय घटना थी। इस अवसर पर उपस्थित देशी-विदेशी नृत्य-प्रेमियों को अभ्यास से सधी मुद्राओं में और सटीक भाषा-टिप्पणियों के साथ उन्होंने भरतनाट्यम, ओडिसी, कुचिपुडि और कथकली की खूबियाँ समझाई थीं। श्रोता-दर्शक तकनीकी विशेषज्ञ नहीं होते, इसलिए गंभीर तकनीकी बातों से जल्दी ऊब जाते हैं।

उनकी इस मनोदशा को समझने की अभ्यस्त ऋता देवी ने हँसी-मजाक की फुलझड़ियाँ छोड़ते हुए इस ढंग से अपने विचार व्यक्ति किए कि दर्शकों ने रस भी लिया और भारतीय नृत्यों के रस को ग्रहण भी किया।

ऋता देवी ने दर्शकों को बताया, ''भरतनाट्यम दक्षिण भारत का अति प्राचीन एक ऐसा लास्य नृत्य है, जो मुख्यतः स्त्रियों के लिए ही है। लय, ताल, गति की गीतात्मकता, प्रणय भंगिमाएँ और अधिकतर हाथों और उँगलियों के माध्यम से कोमल भावाभिव्यक्ति इसकी विशेषता है।...कथकली भारत के दक्षिण-पश्चिम तट में, विशेषतया केरल के मालाबार और त्रावणकोर क्षेत्रों में सोलहवीं शताब्दी में विकसित पुरुष-प्रधान एक तांडव नृत्य है। रामायण और महाभारत की ओजपूर्ण कथाओं पर आधारित इस नृत्य में भावाभिव्यक्ति का पूरा जोर आँखों और भौंहों के संचलन पर पड़ता है। कत्थक उत्तर-भारत की मुगल प्रभावित एक प्राचीन नृत्य-शैली है, जो तीव्र गति के साथ कोमल पग-संचालन के लिए प्रसिद्ध है। यमुना-किनारे गोपियों के रास और राधा-कृष्ण के प्रेम आख्यानों पर आधारित यह नृत्य देश-विदेश में बहुत पसंद किया गया है। मणिपुरी नृत्य उत्तर-पूर्व भारत की मणिपुर पहाड़ियों में विकसित एक सुंदर रोमांचक नृत्य है, जो अपनी आकर्षक वेशभूषा, रंगीनी और हाव-भाव द्वारा नगाड़ा किस्म के ढोल-मंजीरे की आवाज के बीच एक अद्भुत समाँ बाँध देता है।''

इसी तरह कुचिपुडि और ओडिसी की भी सरल व्याख्याएँ प्रस्तुत करते हुए उन्होंने बताया कि ओडिसी नृत्य उड़ीसा के मंदिरों में उकेरी हुई देवदासी नृत्य-मूर्तियों पर आधारित है, पर इधर इस पर अनेक नवीन प्रयोग हुए हैं। कुचिपुडि दक्षिण के एक गाँव का प्रधानतः पुरुष-नृत्य होने पर भी आजकल स्त्रियों द्वारा इसे सफलतापूर्वक अपना लिया गया है। इस साहसी प्रयोग के कारण ही कुचिपुडि का ओडिसी से अधिक प्रचार व प्रयोग हुआ है।

स्वयं ऋता देवी को नवीन प्रयोगों में बेहद दिलचस्पी है। भारतीय नृत्यों की विविधता से प्रभावित हो, उन्होंने एक के बाद एक, सभी शैलियों का अभ्यास किया। सर्वप्रथम सन् १९४८ में उन्होंने मणिपुर जाकर होबोम अतोंबा सिंह और अरांबमयैमाबी सिंह को अपना गुरु बनाया।

मणिपुरी का अभ्यास पूरा करने के बाद वह दक्षिण गईं और 'नाट्यकला-निधि' श्री पंडनल्लूर चोक्कूलिंगम की शिष्या बन भरतनाट्यम सीखने लगीं। इस शैली में उनकी दक्षता स्वीकार करते हुए 'इंडियन इंस्टीट्यूट ऑफ फाइन आर्ट्स' मद्रास ने उन्हें 'नाट्य कला-भूषणम्' की उपाधि देकर सम्मानित किया। फिर कथकली के आकर्षण से खिंचकर वह केरल चली गईं। वहाँ श्री पी. करुणाकर पणिक्कर के निर्देशन में उन्होंने कथकली का विस्तृत अध्ययन किया।

ऋता देवी जैसे-जैसे नृत्य की विभिन्न शैलियों में पारंगत होती गईं, उनके बारे में और अधिक जानने-समझने की उनकी जिज्ञासा भी बढ़ती गई। संस्कृत का अध्ययन काम आया और उन्होंने इन सभी शैलियों का विधिवत् शास्त्रीय अध्ययन किया। फिर तो ऋता देवी शास्त्रीय नृत्यों की एक विदुषी के रूप में जानी जाने लगीं। कथकली, मोहिनी अट्टम और कुचिपुडि सीखने के बाद फिर उन्होंने ओडिसी की प्रस्तर-प्रतिमाओं जैसी भंगिमाओं में भी रुचि दिखाई। इसके बाद असम के देवालयों में होनेवाली एक अनाम धार्मिक नृत्य-शैली ने उन्हें बेहद आकर्षित किया। यह नृत्य भी पहले पुरुष ही प्रस्तुत करते थे। उनका सीखने का हठ देखकर यहाँ भी एक गुरु को उन्हें अपनी शिष्या स्वीकार करना पड़ा। ऋता देवी ने इस नृत्य-शैली पर भी काफी अध्ययन किया कि पुनरुद्धार द्वारा पुनर्संस्कार पाकर यह 'सत्रीय नृत्य' भी एक अलग शैली के रूप में प्रस्थापित हो सका।

एक नर्तकी का एक साथ इतनी नृत्य-शैलियों पर अधिकार देखकर दर्शक आश्चर्यचकित होते। इस स्तर पर पहुँचने का श्रेय यद्यपि उनकी अथक लगन और साधना को ही है, पर ऋता देवी अपने परिवार की सांस्कृतिक परंपरा को अधिक महत्त्व देती हैं, "हमारे यहाँ परिवार के सभी सदस्यों को किसी-न-किसी रूप में अपनी प्रतिभा का विस्तार करने का अवसर दिया जाता है। वह अवसर उन्हें कौन सी दिशा प्रदान करे और कितनी सफलता दे, इससे अधिक महत्त्व उस अवसर को प्रदान करनेवाली पृष्ठभूमि का है।"

ऋता देवी जर्मनी, फ्रांस, इंग्लैंड, स्विटजरलैंड आदि कई यूरोपीय देशों में, स्कैंडेनेवियन देशों में, अमरीका और रूस में भी अपने नृत्यों का प्रदर्शन कर खूब ख्याति अर्जित कर चुकी हैं। वह पहली भारतीय नृत्यांगना हैं, जिनकी नृत्यकला पर फ्रांस में एक पूरी टेलीविजन फिल्म बनाई गई थी। अमरीका में भी जगह-जगह उनका खूब स्वागत हुआ। कदाचित् इसलिए कि वह पहली भारतीय नर्तकी हैं, जो एक साथ नृत्य की छह प्रमुख शास्त्रीय विधाओं में निपुण होने के साथ, उन सभी का शास्त्रीय ज्ञान भी रखती हैं। नृत्य-प्रदर्शन के साथ उनके माध्यम से भारतीय संस्कृति और दर्शन की शास्त्रीय व्याख्या प्रस्तुत कर दर्शकों को अपने साथ रस-प्रवाह में बहा ले जाना उनकी विशेषता है। तभी तो नृत्यांगना से अधिक एक नृत्य-विदुषी के रूप में उनका मान-सम्मान है।

कला-समीक्षकों की राय में ऋता देवी एक नर्तकी ही नहीं, अपने आप में एक संस्था भी हैं। उनका एकल प्रदर्शन भी प्रायः एक टोली के विविध प्रदर्शनों का आभास देता है, किंतु यह बात समझ से बाहर है कि इधर के वर्षों में विदेश जाने वाले सांस्कृतिक प्रतिनिधिमंडलों में, कला के साथ उसका शास्त्रीय ज्ञान और विश्लेषण-क्षमता भी रखनेवाले ऐसे कलाकारों को प्रमुखता क्यों नहीं दी गई? लेकिन ऋता देवी की लोकप्रियता इससे कहीं प्रभावित हुई हो, ऐसा कभी नहीं लगा। □

जिनके नृत्य में गजब की फुरती है

यामिनी कृष्णमूर्ति

भारत की शास्त्रीय नृत्यांगनाओं में यामिनी की जितनी चर्चा और प्रशंसा देश-विदेश में हुई, उतनी शायद ही किसी की हुई हो। तीन दशक पूर्व इंद्राणी रहमान और यामिनी कृष्णमूर्ति के नाम इस कदर छाए कि मिथक बन गए। इनमें से इंद्राणी तो विदेश में बसकर भारतीय मंच से लगभग ओझल हो गई थीं, यामिनी आज भी शिखर पर ही विराजमान हैं।

यद्यपि यामिनी का भरतनाट्यम, कुचिपुडि, ओडिसी तीनों नृत्य शैलियों पर असाधारण अधिकार है, ओडिसी और कुचिपुडि के पुनरुद्धार व पुनर्संस्कार में भी उनका खासा योगदान रहा है, पर उनकी विशेष ख्याति भरतनाट्यम में सर्वाधिक कमाल दिखाने को लेकर ही रही। अत: पहले इसी पर उनसे चर्चा का प्रसंग बन गया था।

"आपका गतिमय भरतनाट्यम तो मैंने भी देखा है, पर पत्रकार उमा वासुदेव ने इसे 'चीते-सी फुरती' का नाम दिया है, जिसमें आक्रमण से पूर्व वह अपनी सारी मांसपेशियों को खींच लेता है, फिर पूरे वेग से झपटकर वार करता है। आप अपनी समकालीन नृत्यांगनाओं को पछाड़ने के लिए ही तो ऐसा नहीं करतीं?"

हँसी के एक दौर के बाद यामिनीजी ने इसकी पुष्टि इस प्रकार की, "आप लोग मेरी नृत्य-गति को चाहे जो नाम दें, आपको अधिकार है, पर वास्तविकता यही है कि गति ही मेरे भरतनाट्यम की पहली विशेषता है।"

"शायद इसी कारण आपकी पोशाकें भी जल्दी फटकर तार-तार हो जाती हैं और आप नई पोशाकों के लिए परेशान होती रहती हैं?"

"यह भी सच है। इसे भी लोग मेरे 'कास्ट्यूम-क्रेज' का नाम दे देते हैं। मेरी परेशानी नहीं समझते, पर इसके लिए मैं अपनी नृत्य-शैली तो नहीं बदल सकती। अपने नृत्य की गति तो कम नहीं कर सकती। यही तो मेरी अलग पहचान बन चुकी है।"

"आपके नृत्य की अलग पहचान की अन्य विशेषताएँ?"

"इसकी परंपरागत शास्त्रीयता का गहन अध्ययन, नवीन प्रयोग और समयानुकूल पुरातनता व नवीनता का समन्वय कर अपनी निजी शैली विकसित करना। मैंने बड़े-से-बड़े गुरु से सीखा। कांचीपुरम् कंडप्पन स्कूल के अल्लयप्पा पिल्लै से चार साल तक सीखा। पडनेल्लु, तंजौर में मीनाक्षी सुंदरम् पिल्लै स्कूल से लंबा प्रशिक्षण लिया। हर स्कूल का व्याकरण समझा, हर स्कूल की कविता अपनाई, पर आपको बता दूँ, भरतनाट्यम के ये दो ही प्रमुख स्कूल हैं—कंडप्पन और पंडनेल्लु स्कूल। बाला सरस्वती कंडप्पन शैली से जुड़ी थीं, इसलिए यह बाला सरस्वती स्कूल भी कहलाता है। रुक्मिणि अरुंडेल दूसरे स्कूल पंडनेल्लु से जुड़ी थीं, अतः यही रुक्मिणि अरुंडेल शैली भी है।

"रुक्मिणि अरुंडेल ही मेरी प्रथम गुरु व अनवरत प्रेरणा रही हैं। उन्हें पुराने स्कूल का अति श्रृंगार पसंद नहीं था, विशेष रूप से नृत्य नाटिकाओं में। उन्होंने खूब अध्ययन-शोध करके इसका कुछ आधुनिकीकरण कर लिया था। उन्होंने ही मेरी इस रुचि व प्रतिभा को पहचाना और खूब प्रोत्साहन देकर मुझे इस क्षेत्र में आगे बढ़ाया। अब मैं भी इसी शैली में अपनी शिष्याओं को तैयार कर रही हूँ, पर अपनी गुरु रुक्मिणिजी की शोध अध्ययन प्रेरणा से इस दिशा में बहुत खोजबीन करके इस स्कूल के अंतर्गत भी अपनी निजी शैली विकसित करने के बाद।"

"किस तरह?"

"नाट्य शास्त्र का अध्ययन करके। वेदों, उपनिषदों में से अपनी इस समृद्ध विरासत को खोजकर। देवदासियों से शुद्ध शास्त्रीय रूप सीखकर और आधुनिक युग की माँग को पहचानकर। जैसे ऋग्वेद के 'वाग्देवी मंडल' पर आधारित सृष्टि निर्माण संदर्भ पर मैंने अपना नृत्य कार्यक्रम तैयार किया। 'सूर्य मंडल' पर आधारित गायत्री व सूर्योपासना पर कोणार्क नृत्य-नाटिका की रचना की। खजुराहो 'वसंत उत्सव' पर मैंने जो अपना नृत्य कार्यक्रम दिया, वह 'अर्धनारीश्वर' की चित्ताकर्षक अवधारणा को सँजोए था, जिसका प्रारंभ मैंने 'शंकर स्त्रोतम्' से किया। भारत में नृत्य एक दिव्यता की अभिव्यक्ति मानी जाती है। भारतीय दर्शन के अनुसार यह दिव्यता नारी पुरुष में समानरूपेण प्रगट हो सकती है—यही अर्धनारीश्वर की कल्पना है, जो विश्व में बेजोड़ है। शिव की अवधारणा में भी समाधि और नृत्यालय दोनों समाहित हैं। शिवम् का अर्थ है कल्याण। शिव का वाम हस्त वरदानी मुद्रा में है, दायाँ हाथ अभय मुद्रा में। अपने दाएँ हाथ अर्धांश में तांडव और बाएँ अर्धांश से लास्य करते हुए अर्धनारीश्वर शिव अपनी शक्ति के बिना

एक पग भी आगे नहीं बढ़ सकते। यही भावना मैंने अपने 'खजुराहो' नृत्य में प्रस्तुत की कि शिवरात्रि पर आयोजित वह पूरा कार्यक्रम नृत्य सम्राट् शिव को समर्पित था, जिसे कला-पारखियों और सामान्य ग्रामीण दर्शकों ने समान भाव से सराहा। मेरा आनेवाला नृत्य सीरियल 'कोणार्क' भी ऋग्वेद पर ही आधारित है—सूर्य, छाया, संध्या के रूप में जिसका आरंभ निशा से होता है। दिन चक्र का प्रतीकात्मक प्रदर्शन। इसके पूर्व १९८३ में मैंने दूरदर्शन के लिए जो नृत्य-नाटिका तैयार की थी, उसमें कथ्य के तौर पर वैदिक गीतों का ही चयन किया गया था। 'बैले' शुरू होता है सृष्टि के एक वेद गीत से और खत्म होता है अग्नि के आवाहन से, बीच में जीवन के विभिन्न आयामों से गुजरते हुए। इस तरह निरंतर शोध अध्ययन द्वारा मैं अपनी नृत्य-रचनाओं का निर्माण करती हूँ और अपना नृत्य अपनी पूरी शक्ति व क्षमता के साथ प्रस्तुत करती हूँ। कला के प्रति पूर्ण समर्पण के बिना यह संभव नहीं। इसे ही आप मेरी अलग पहचान या विशेषता कह लीजिए, मेरे लिए तो यह पूर्ण समर्पण ही है।''

सचमुच, जिन्होंने दूरदर्शन पर 'सृष्टि' नामक वह नृत्य-नाटिका देखी थी, उसमें यमी की भूमिका में आई यामिनी के नृत्य प्रदर्शन को वे भूले नहीं होंगे। मंच पर जब तक वह प्रगट नहीं हुई, उनकी मंडली का प्रदर्शन फीका रहा, पर जब वह आईं तो जैसे कार्यक्रम में जान पड़ गई थी। उनके शरीर की गति देखने लायक थी। इसके अलावा बौद्धिक क्षमता के साथ सृजनशीलता और कला का ऐसा समन्वय भी बहुत कम देखने को मिलता है। कला के पूरे तत्त्व को पा लेने की तड़प के साथ, अपने आपको पूरे वेग के साथ, अपने नृत्य-प्रदर्शन को समर्पित कर देना ही उनकी भारी सफलता का राज है। एकल नृत्य प्रस्तुत करते समय तो उनकी यह विशेषता अद्वितीय रूप से उजागर होती है, जरा न चूकनेवाली। इसीलिए अपने नृत्य-जीवन के प्रथम दशक में ही वह मिथ बन चुकी थीं।

कला के प्रति यामिनी कृष्णमूर्ति का यह समर्पण ही उन्हें इतना आत्मकेंद्रित कर गया कि एक बार इसे कैरियर के रूप में अपनी आध्यात्मिक निष्ठा के साथ अपना लेने के बाद उन्होंने पीछे मुड़कर नहीं देखा और विवाह भी नहीं किया। ''मूल्य-आधारित साधना पूर्ण समर्पण माँगती है।'' यह उनकी मान्यता है और अपने क्षेत्र में इतना व्यापक शोध-अध्ययन, प्रयोग एवं सृजन इसका प्रमाण कि परंपरा के प्रवाह को सार्थक रूप से आगे बढ़ाने के लिए ऐसे समर्पण हर युग की माँग भी होते हैं मुद्राओं में, गति में, शैली में नवीनता लाना। पूर्व बीस-तीस 'आइटमों' का युगानुरूप विस्तार करना। दुहराव से बचकर शास्त्रीयता को पुनः लोकरंजक बनाना। भरतनाट्यम को कर्नाटक संगीत तक ही सीमित न रख, हिंदी प्रदेशों के भी अनुकूल बनाने के लिए उसे तुलसीदास, हरिदास, विद्यापति, मीराँ आदि के हिंदी भजन, पद गायन के साथ जोड़ना कि दर्शक की रुचि व

पसंद का विस्तार किया जा सके। ''नृत्य-प्रभाव के साथ उसमें संदेश भी हो और उस संदेश का क्षेत्र विशेष के श्रोता ग्रहण भी कर सकें, यह मेरा प्रयत्न है। यह कलाकारों का सामूहिक प्रयत्न भी होना चाहिए, तभी इन कलाओं द्वारा युग की माँग पूरी कर इस परंपरा-प्रवाह को हम आगे बढ़ा सकेंगे। हाँ, प्रयोगों के नाम पर शास्त्रीय शुद्धता को हानि न पहुँचे, यह ध्यान भी रखना होगा।''

इस तरह नृत्यांगना ही नहीं, नृत्य विदुषी, शोधकर्त्री और रचना-सृजक की पहचान बनानेवाली यामिनी कृष्णमूर्ति ने न केवल भरतनाट्यम, कुचिपुडि, ओडिसी—तीनों शैलियों में अनेक जीवंत, दर्शनीय एवं मौलिक रचनाएँ ही पूरी क्षमता और सहजता के साथ प्रस्तुत की हैं, जैसे कुचिपुडि में उनका 'भामाकलापम्' देखते ही बनता है, इन नृत्यों की ऐतिहासिकता, शास्त्रीयता और परंपरा पर विद्वत्तापूर्ण लेखन भी किया है, देशी-विदेशी कला-पारखियों व कला-समीक्षकों के सामने अध्ययन-उद्धरणों से भरपूर भाषण भी दिए हैं। 'नाट्य' शीर्षक उनका 'मोनोग्राफ' भारतीय शास्त्रीय नृत्यों पर एक मानक रचना है।

पश्चिमी और भारतीय नृत्यों में आपने मुख्य अंतर क्या पाया? यह पूछने पर उनका उत्तर था, ''पश्चिम के नृत्यों में लचक अधिक है, भावाभिव्यक्ति कम। भारतीय शास्त्रीय नृत्यों की-सी श्रेष्ठता मैंने किसी विदेशी नृत्य में नहीं देखी। इसलिए कि हमारे यहाँ नृत्य केवल मनोरंजन के लिए नहीं है, इसके साथ आध्यात्मिक भावना, जीवन के प्रति आस्था और अपने ईष्ट के प्रति समर्पण भी जुड़ा है। तभी तो यह मंदिरों से जुड़ा था। यह अलग बात है कि मध्य सामंती काल के मंदिरों को समर्पित देवदासियों का भी शोषण हुआ, पर यह भी एक तथ्य है कि विदेशी आक्रमणों के दौरान, यदि यह मंदिरों में न सिमटता और देवदासियाँ हमारी इस समृद्ध परंपरा को जीवित न रखतीं, तो आज हम अपनी इस अमूल्य धरोहर से वंचित होते।''

''आपने नृत्य-नाटिकाओं की पूर्व शैली में क्या परिवर्तन किए हैं?''

''पूर्व श्रृंगार भावना, नाटकीयता, कमनीयता को नई गरिमा और शालीनता के साथ प्रस्तुत करना कि समाज के अधिसंख्य वर्गों के लिए स्वीकार्य हो सके। प्राचीन एवं नवीन साहित्यिक रचनाओं को आधार बनाना और इसे हिंदी क्षेत्रों में भी लोकप्रिय बनाकर विस्तारित करना। किसी भी साहित्यिक कृति के चयन के बाद उसे अपनी शैली व गति पर इस तरह लाना कि प्रस्तुति में नृत्य प्रधान रहे और नाटक गौण। आमतौर पर नृत्य-नाटिकाओं में नाटक प्रमुख हो जाता है, नृत्य गौण रह जाता है। मैंने इस क्रम को उलट दिया है। शेष निष्कर्ष तो मेरा नृत्य देखकर आप स्वयं ही निकाल सकती हैं।''

यामिनी कृष्णमूर्ति का जन्म २० दिसंबर, १९४२ को मदनापल्ली, आंध्र के एक सुसंस्कृत परिवार में हुआ। उनके कवि व विद्वान् पिता श्री एम. कृष्णमूर्ति ने बच्ची के

कला-रुझान को देखते हुए बचपन से ही उसे रुक्मिणि देवी के हवाले कर दिया था। दस वर्ष की आयु में तो यामिनी का विधिवत् शास्त्रीय प्रशिक्षण भी रुक्मिणि अरुंडेल के प्रसिद्ध कला स्कूल 'कला क्षेत्र' में आरंभ हो गया था। अपनी इन प्रथम गुरु के कुशल निर्देशन व प्रोत्साहन से आगे बढ़ते हुए यामिनी ने भी साधना में इतनी रुचि ली कि फिर पीछे मुड़कर नहीं देखा।

सन् १९६२ में सर्वप्रथम ऑस्ट्रेलिया और न्यूजीलैंड से यामिनी की विदेश यात्राओं का जो क्रम शुरू हुआ, वह भी आगे कभी नहीं थमा और उन्हें देश-विदेश में अपने नृत्य प्रदर्शनों से अपार मान-सम्मान मिला। अमरीका के तत्कालीन राष्ट्रपति निक्सन के भारत आने पर परंपरानुसार उनके सम्मान में जब राष्ट्रपति भवन में रात्रिभोज दिया गया तो सांस्कृतिक कार्यक्रम का आरंभ यामिनी के नृत्य से ही हुआ। उन दिनों वह भारत से बाहर थीं तथा इस कार्यक्रम के लिए लंदन से विशेष रूप से बुलाई गई थीं। इस तरह की 'पहल' का सम्मान उन्हें अन्यत्र भी अकसर मिलता रहा। जैसे—रियान (फ्रांस) में 'फेस्टीवल इंटरनेशनल कंपेरिया दि रियान' नामक अंतरराष्ट्रीय नृत्य समारोह में आमंत्रित व सम्मानित होनेवाली वह भारत की पहली नृत्यांगना हैं।

इधर कुछ वर्षों से यामिनीजी ने अपनी विदेश यात्राएँ कम करके अपना समय व ध्यान अपनी नृत्य प्रशिक्षण संस्था 'नृत्य कौस्तुभ कल्चरल सोसाइटी' को देना शुरू किया है। इस संस्था का उद्घाटन १९४७ में डॉ. राधाकृष्णन ने किया था। इस संस्थान की दो शाखाएँ दिल्ली व मद्रास में चलती हैं। प्रतिवर्ष यहाँ से साठ-सत्तर छात्र-छात्राएँ प्रशिक्षण लेते हैं।

"इस तरह जनसाधारण में इन कलाओं का जो रूप विकसित व लोकप्रिय हो रहा है, इसे आप कला का विकास मानती हैं या स्तर में गिरावट? और समर्पित भाव से कला-साधना करनेवाले छात्रों का प्रतिशत कितना होगा?"

"निश्चय ही इधर जनसामान्य की रुचि इस ओर विकसित हुई है। किसी भी कला के विकास के लिए उसका सीमित क्षेत्रों से निकलकर विस्तारित होना एक सुखद आश्वासन है। यह क्या कम संतोष की बात है कि भारतीय नृत्यकला अब राज-दरबारों अथवा देवदासियों तक सीमित नहीं रही। अतीत की तुलना में आज प्रशिक्षण अवसरों की भी कमी नहीं। जब अधिक संख्या में प्रशिक्षार्थी सामने आएँगे तो उनमें से कुछ अच्छे कलाकार भी निकलेंगे, पर गुरु-शिष्य परंपरा को या कला के प्रति पुरानी निष्ठा-भावना को पुनर्जीवित करना कठिन है। आज माता-पिता द्वारा अपनी लड़कियों को नृत्य प्रशिक्षण दिलाने के लिए कला-प्रेम कम, अपनी संभ्रांत रुचि के सच्चे-झूठे प्रदर्शन द्वारा अपनी कथित सामाजिक प्रतिष्ठा बनाना-दिखाना अधिक होता है प्रायः। शिष्य को अपने से आगे देखनेवाले वैसे गुरु भी अब कहाँ रह गए हैं?

अपनी शैली से अपनी विशिष्ट नृत्यांगना की पहचान रखनेवाली और अपने अवकाश के क्षणों को भी अच्छी पुस्तकें पढ़ने, बागवानी करने और कला-विषयक खोज, कल्पना व चिंतन में ही बितानेवाली इस समर्पित साधिका की अपने क्षेत्र की उपलब्धियों को देखते हुए उन्हें देश-विदेश से अनेक सम्मान-पुरस्कार भी प्राप्त हुए, जिनमें से 'पद्मश्री' का राष्ट्रीय अलंकरण और 'देवस्थानम् तिरुपति' के सम्मान विशेष उल्लेखनीय हैं। तिरुपति विश्वविद्यालय की ओर से उन्हें 'ऑनरेरी डी.लिट.' की उपाधि प्रदान करने के साथ 'अस्थान नर्तकी' भी घोषित किया गया है।

□

सोन चिरैया-सा एक नाम

सोनल मान सिंह

हवा में अपने पंख फैलाए आसमान में ऊँचे···और ऊँचे उड़ती जाती सोन चिरैया देखी है आपने? सुंदरता, कोमलता, प्रतिभा, कला और स्वतंत्रता, निश्छलता, साफगोई को एक साथ देखना हो तो सोनल को देखें। भरतनाट्यम और ओडिसी की ऊँचाइयों का आनंद लेना हो तो सोनल का नृत्य देखें और कल-कल करते प्रवाह में बहते पहाड़ी झरने की फुहारों को महसूसना हो तो सोनल के पास बैठकर सोनल की बातें सुनें।

सोनल मान सिंह भारत की प्रख्यात शास्त्रीय नृत्यांगना तो हैं ही, अपने देश से बाहर संसार में जहाँ कहीं भी लोग भारतीय शास्त्रीय नृत्यों के बारे में थोड़ी सी भी जानकारी रखते हैं, उनका नाम अवश्य जानते हैं और जो भरतनाट्यम व ओडिसी नृत्यों की पहचान रखते हैं, उन्हें खूब पहचानते हैं। उन्हें शिकायत है, ''इस देश में आलोचक बहुत हैं, समीक्षक कम, कला-पारखी समीक्षक तो और भी कम। प्रदर्शनकारी कलाओं पर लिखनेवाले पत्रकार भी कितने कला-पारखी होते हैं?''

इसी संदर्भ में अवसर पाकर मैं पूछ लेती हूँ, ''औरों की बात छोड़िए, मैं तो सचमुच आप से यह समझना चाहती हूँ कि आपके भरतनाट्यम और दूसरी नर्तकियों के भरतनाट्यम में क्या अंतर है? आपके नृत्य की क्या विशेषताएँ हैं? साथ का गायन हिंदुस्तानी संगीत का न होकर कर्नाटक संगीत में होने से भी हमें समझने में कठिनाई होती है। सारे भारत में लोकप्रियता पाने के बावजूद इसे हिंदुस्तानी संगीत में प्रस्तुत करने के बारे में क्यों नहीं सोचा गया?''

"ऐसा नहीं कि बिलकुल नहीं सोचा गया, पर वह प्रयोग अधिक सफल नहीं हुआ। किसी भी कला को उसके इतिहास और पारंपरिक प्रवाह से अलग नहीं किया जा सकता। करेंगे तो उसकी मौलिकता, उसकी वर्षों से बनी-ढली और लंबी प्रगति-यात्रा में सँजोई गई धरोहर की पहचान कायम न रह सकेगी। मैं गुजरात की हूँ। शिक्षा-दीक्षा बंबई में हुई। बचपन में मैंने श्री यू.एस. कृष्ण राव से भरतनाट्यम सीखा। दक्षिण में मेरी भरतनाट्यम शिक्षा रुक्मिणी देवी के भी गुरु रहे श्री मीनाक्षी सुंदरम पिल्लै से हुई। बंबई में मैंने श्रीमती जया लक्ष्मी अल्वा को गुरु चुना। यह प्रसिद्ध गुरु दंडायुद्धपाणि पिल्लै की प्रथम शिष्या थीं। तो मेरे नृत्य में दोनों घरानों की विशेषताएँ आ गईं। तीसरी बात—श्रीमती गौरी अम्मा आखिरी देवदासी थीं, कपिलेश्वर मंदिर की। इन देवदासियों का अभिनय पक्ष बड़ा सबल होता था। इसलिए उनसे बाला सरस्वती ने भी सीखा, रुक्मिणि अरुंडेल ने भी। मुझे भी १९६८ में अवसर मिलने पर मैंने उनसे सीखा, तो लगा कि यह मौलिकता है।

"इस तरह, इन सभी तत्त्वों को मैंने अपने भरतनाट्यम में अपनाया। उस पर अपने निजी प्रयोग किए—संयोजन के, वरणम वगैरह के। मीरा, सूरदास के पदों पर, रवींद्रनाथ टैगोर की कविताओं पर भी नृत्य किए, जिनकी 'कोरियोग्राफी' मेरी थी। इस तरह मेरी अपनी निजी शैली विकसित हुई। मेरे गुरु भी शास्त्रीय कट्टरता के हामी नहीं, आधुनिक चिंतक रहे। उन्होंने भी कहा, "मूल तत्त्व न बदलें, शास्त्रीय परंपरा की धारा बहती रहे, नृत्य की मूल आत्मा को अक्षुण्ण रखते हुए कोई भी नए प्रयोग इसे समृद्ध ही बनाएँगे। बस समझिए, यही मेरा सिद्धांत है। विदेशियों को मैं यह सब समझाने के बाद नृत्य दिखाती हूँ तो उनकी रुचि बढ़ जाती है। वे नृत्य के एक-एक अंग को समझने की कोशिश करते हैं। हमारे यहाँ ऐसा कम ही होता है। इसलिए नाच नाच में अंतर नहीं कर पाते बहुसंख्यक दर्शक।"

"भरतनाट्यम के बाद ओडिसी की ओर आपका झुकाव कैसे हुआ? आप दोनों में से किसे प्राथमिकता देती हैं?" मेरे इस प्रश्न के उत्तर में सोनल कहती हैं, "दोनों का अपनी-अपनी जगह महत्त्व है, अपनी विशेषताएँ हैं। ओडिसी बाद में सामने लाया गया हो, पर इसकी भी अपनी बहुत प्राचीन परंपरा है और बहुत समृद्ध परंपरा रही है। हाँ, भरतनाट्यम ओज, शौर्य व जोश का नृत्य है, ओडिसी शांत लय में डोलता-सा, जैसे पानी पर हौले-हौले तैरता पीपल का पत्ता। 'गीतगोविंद' की रचना अभिनय के उद्देश्य से ही हुई थी। विगत ९०० सालों से ओडिसी नृत्य शैली में अष्टपदियों का समावेश है। गुरु कालीचरण महापात्र ने इसमें संचारी भावों का प्रयोग किया, जिनसे राधा के आरोपों के उत्तर में कृष्ण की चतुराई सामने आती है। सृजनात्मक और कलात्मक अभिव्यक्तियों के लिए गीतगोविंद आनंद का स्रोत है, इसमें मतभेद नहीं। मैं महापात्र और राउत राय

की दोनों शैलियों को पसंद करती हूँ और उनके प्रसंगों को प्रस्तुत करती हूँ। वैसे मैंने अपने श्वसुर डॉ. मायाधर मान सिंह की प्रेरणा से १९६५ में गुरु कालीचरण महापात्र से सीखना शुरू किया था। बाद में रुचि बढ़ने पर मैंने इसकी गहरी पारंपरिक जड़ों का अध्ययन किया और लोक मंडलियों की सांस्कृतिक समृद्धि देखकर चकित रह गई।

''आप 'पाला' नट मंडलियों का काम देखें, आपको कहीं लोक व शास्त्रीय शैली का अंतर नहीं मिलेगा। दरअसल, यह विभाजन हमारे यहाँ था ही नहीं—ये विभाजक शब्द हमारे यहाँ पश्चिम की देन हैं। पाला नटों ने सारे भारत की सारी भाषाओं के साहित्यों में से चयन करके अपनी नायिका सुभद्रा की आँखों की उपमा के लिए शब्द लिये हैं। कैसे? सोचकर हैरानी होती है। मयूरभंज का 'छऊ नृत्य' ओडिसी की लास्य प्रधान शैली के विपरीत, तांडव प्रधान होने से भी यही लगता है कि उसमें दक्षिण का प्रभाव है, इसलिए लास्य और तांडव मिलकर यहाँ 'वसंत तांडव' जैसा नृत्य विकसित हुआ। नटराज, अर्धनारीश्वर, विश्वरूप जैसा नृत्यभाव मयूरभंज के छऊ नृत्य में है।

''इसी तरह प्रसिद्ध 'गीतगोविंद' रचना हर प्रांत, हर राग में अपने ढंग से ले ली गई है, क्योंकि सारे राग 'संगीत रत्नाकर' से ही निकाले गए हैं। 'हिंदुस्तानी संगीत' तो बहुत बाद में भारत में मुसलिम प्रभाव से विकसित हुआ। उड़िया के अपने विशिष्ट संगीत की परंपरा बहुत पुरानी है। दक्षिण और उड़ीसा के संगीत-नृत्य का पारंपरिक अध्ययन करने पर मुझे अपनी समान सांस्कृतिक धरोहर के आश्चर्यजनक तथ्य हाथ लगे हैं, जिसने हमारी राष्ट्रीय भावधारा का वह उज्ज्वल पक्ष देखने को मिलता है, जो हमारे सारे धर्म, दर्शन और शाश्वत साहित्य का आधार है, पर ओडिसी के वर्तमान रूप में लंबे कार्यक्रम नहीं दिए जा सकते, ४५-५० मिनट देखने के बाद उसमें दुहराव लगेगा। अतः हम लोग प्राचीन परंपरा का अध्ययन करके इसे फिर से शास्त्रोक्त बना रहे हैं।''

सोनल बताती हैं, ''छोटी उम्र से ही न जाने क्यों, मेरे मन में नृत्य के प्रति एक अनाम आकर्षण जाग्रत् हुआ। माता-पिता दोनों संगीत-प्रेमी, पर दादाजी (प्रसिद्ध स्वतंत्रता-सेनानी और आजादी के बाद बनाए गए पहले पाँच राज्यपालों में से एक) श्री मंगलराम पकवासा ने मेरे नृत्य सीखने का विरोध किया, 'मुझे नाचनेवाली लड़कियाँ पसंद नहीं।' मैं दक्षिण में नहीं, बंबई के एक गुजराती परिवार में पैदा हुई ('बायोडाटा' में जन्मतिथि नहीं दी गई, शायद नृत्यांगनाओं से उनकी उम्र नहीं पूछनी चाहिए।) मेरी माँ बहुत सुंदर थीं, कलाप्रेमी और समझदार भी। स्वतंत्रता-आंदोलन में भाग लेकर वह भी जेल गई थीं और कस्तूरबा गांधी के साथ उनके कक्ष में रही थीं। बाद में भी वह गुजरात में भीलों के लिए एक गुरुकुल चला रही थीं। हम तीन भाई-बहन हैं। दोनों बहनों को माँ ने कभी महसूस नहीं होने दिया कि हम लड़कियाँ हैं, हमें भाई से अलग तरह से पाला-पोसा

जाना चाहिए। माँ ने खेल-कूद, घूमने-फिरने, संगीत-चित्रकला सीखने पर कोई रोक नहीं लगाई। पढ़ती भी हम सहशिक्षावाले स्कूल में थीं। पर दादाजी ने एक दिन नृत्य-कक्षा से लौटते हुए नृत्य-पोशाक में देख लिया तो डाँटकर रोक लगा दी। मैं भी डट गई। पूरे तीन दिन खाना नहीं खाया। अंत में दादाजी झुके और मान गए। आखिर वह संवेदनशील इनसान, विद्वान् और कला-पारखी थे। घर में उनका बहुत बड़ा पुस्तकालय था। ज्ञान-विज्ञान, धर्म-परंपरा, दर्शन-संस्कृति, रामायण-महाभारत, सभी ग्रंथ थे वहाँ, जिन्हें पढ़-पढ़कर हम बड़े हुए। नासिक के भोंसले सैनिक स्कूल में पढ़ती थी। छुट्टियों में घर लौटने पर माँ द्वारा संचालित शिविर में चली जाती थी, जहाँ लड़कियों को व्यायाम, घुड़सवारी, बंदूक चलाना आदि सिखाकर आत्मनिर्भर और आत्मविश्वासी बनाया जाता था। वे ही संस्कार आज तक काम आ रहे हैं।''

''जिंदगी को अपने ढंग से और दमखम से जीने का इतना सबल आत्मविश्वास यहीं से आया लगता है?''

''इससे भी, इसके बाद झेले गए हादसों से भी और एक बड़ी दुर्घटना से भी, जिसमें मेरी चार पसलियाँ टूट गई थीं और सभी को लगता था कि अब मैं कभी मंच पर नाच नहीं पाऊँगी, पर भगवान् की कृपा और अपने भीतर की इच्छाशक्ति कहिए या आत्मविश्वास, मैं हर बार, एक अंतराल के बाद, पूरे जीवंत रूप में खड़ी हो गई। शायद इसलिए कि नृत्य ही मेरा जीवन है, यही मेरी पूजा है। शायद यह विश्वास भी कि कला की न कोई भाषा होती है, न जाति, न धर्म, न प्रदेश। यहाँ तक कि देशों की सीमाएँ लाँघकर यह सत्यं शिवं सुंदरम् का आनंद सब का है, सारी मानवजाति के लिए समान है। एक कलाकार के नाते मुझे देश-विदेश में सभी जगह सब लोगों से भरपूर प्यार व सम्मान मिला है, और क्या चाहिए किसी कलाकार को?''

बंगलौर, बंबई और मद्रास में भरतनाट्यम, कटक में ओडिसी, नई दिल्ली में शास्त्रीय संगीत सीखकर, मद्रास में कुछ समय कुचिपुडि का भी विशेष प्रशिक्षण लेकर, भारत के लगभग सभी भागों में नृत्य-प्रदर्शन के साथ, १९६५ से १९९० तक हर वर्ष विदेश यात्राएँ कर, संसार के सभी प्रमुख देशों और महानगरों में अपनी कला का प्रदर्शन कर सोनल मान सिंह ने अपार लोकप्रियता अर्जित की। कई नृत्य-नाटिकाओं का संयोजन किया। अनेक राष्ट्रीय व अंतरराष्ट्रीय महत्त्व के आयोजनों में भाग लिया। सन् १९७७ से भारतीय शास्त्रीय नृत्यों के लिए एक प्रशिक्षण केंद्र चलाकर अपनी शिष्याएँ तैयार कीं, जिनमें से कुछ प्रमुख नाम हैं—भरतनाट्यम में भारती शिवाजी, उषा अरुणाचलम, दीप्ति नवल और ओडिसी में अरुणिमा दास। विदेशों में तो उन्हें 'भारत की सांस्कृतिक दूत' के रूप में जाना जाता है, केवल नृत्य-प्रदर्शन के कारण नहीं, अपने प्रदर्शनों के उच्च स्तर के कारण भी और विदेशियों के सन्मुख उनकी भाषा में भारतीय सांस्कृतिक विरासत

और समृद्ध कला-परंपरा, विशेष रूप से शास्त्रीय नृत्य-परंपरा की व्याख्याएँ प्रस्तुत करने के कारण भी।

इस संक्षिप्त लेख में सोनल मान सिंह की सभी उपलब्धियों का उल्लेख संभव नहीं, न इन उपलब्धियों को किन्हीं सरकारी और संस्थागत पुरस्कारों-सम्मानों से आँका ही जा सकता है। संघर्षों पर बार-बार विजय की उनकी जीवन-गाथा के पड़ावों-पुलों पर प्रकाश डालने की भी यहाँ गुंजाइश नहीं। अत: उनको अभी तक मिले प्रमुख पुरस्कारों-सम्मानों का नामोल्लेख ही करके संतोष करना पड़ेगा— १९६७ में उन्हें हरिदास संगीत सम्मेलन, बंबई में 'सिंगर मणि' उपाधि से सम्मानित किया गया। १९८५ में श्रीकृष्ण गण सभा, मद्रास की ओर से 'नृत्य-चूड़ामणि' की उपाधि से, साहित्य कला परिषद्, दिल्ली प्रशासन के पुरस्कार से और राष्ट्रीय सांस्कृतिक संगठन की ओर से 'नृत्य कला रत्न' की उपाधि से सम्मानित किया गया। इसके बाद १९८६ में कलाप्रिय संस्था, नेल्लोर द्वारा उन्हें 'नृत्यकला कौमुदी' की उपाधि दी गई, साथ ही राष्ट्रीय संगीत-नाटक अकादमी द्वारा भी पुरस्कृत किया गया। १९८९ में उन्हें गुजरात सरकार द्वारा राज्य पुरस्कार प्रदान किया गया और नई दिल्ली में 'शिरोमणि पुरस्कार' से सम्मानित किया गया।

सन् १९९२ में उन्हें 'पद्मभूषण' के राष्ट्रीय अलंकरण से सम्मानित किया गया, २००३ में 'पद्मविभूषण' से। दिसंबर २००३ में उन्हें राष्ट्रीय 'संगीत नाटक अकादमी' की चेयरपर्सन के रूप में मनोनीत किया गया। किसी भी भारतीय नृत्यांगना के लिए 'पद्म विभूषण' जैसे उच्च स्तर के अलंकरण से सम्मानित किया जाना और राष्ट्रीय अकादमी के अध्यक्ष पद को सुशोभित करना निस्संदेह गौरव की बात है।

महिलाओं की स्वतंत्रता पर प्रश्न उठाने पर उनका उत्तर था, ''मैं यह नहीं कहती कि महिलाओं को समाज की परवाह नहीं करनी चाहिए, पर समाज को भी उनके प्रति अपनी जिम्मेदारी समझनी चाहिए और महिलाओं की स्वतंत्रता को गलत दृष्टि से नहीं देखना चाहिए।'' नई पीढ़ी की नृत्य प्रशिक्षार्थी लड़कियों के लिए उनकी राय है, ''वकील, डॉक्टर बनने में अगर वे श्रम करती हैं, तो नृत्य-क्षेत्र तो अधिक समर्पण, अधिक साधना माँगता है। उन्हें इस कैरियर को गंभीरता से लेना चाहिए और श्रम-साधना से निखारना चाहिए। साथ में आपनी भारतीय संस्कृति पर काफी कुछ पढ़ना भी चाहिए, घूमकर लोक-संस्कृति को समझना भी चाहिए, तभी वे अपनी कला के साथ न्याय कर सकेंगी।'' सोनल मान सिंह की देश-विदेश की यात्राओं की तो कोई सीमा नहीं, फुरसत के समय वह काफी पढ़ती भी हैं, अधिकतर संस्कृत पुस्तकें और वास्तुकला पर पुस्तकें। वह ६ भारतीय भाषाएँ और ४-५ पाश्चात्य भाषाएँ भी जानती हैं। इसी तरह निखरा है उनका व्यक्तित्व—सुंदरता, सुरुचि, कला और विद्वत्ता के संयोजन से। □

कत्थक की ऊँचाइयों का एक नाम
उमा शर्मा

कत्थक नृत्य के क्षेत्र में लगभग चार दशकों से निरंतर छाया रहनेवाला नाम उमा शर्मा इतना जाना-पहचाना है कि उसे किसी परिचय की आवश्यकता नहीं। उमा शर्मा को कत्थक की चामत्कारिक नर्तकी, कत्थक की शोध नर्तकी, कत्थक की बेजोड़ नर्तकी तो कहा ही जाता है, यह पहचान 'कत्थक की सीता', 'कत्थक की राधा' से होकर अब 'कत्थक की स्त्री' तक भी पहुँच गई है। रामलीला की सीता, भारतीय कला केंद्र की प्रसिद्ध नृत्य-नाटिका रामलीला की सीता के रूप में दर्शक उन्हें पहचानते ही थे, फिर रासलीला की, प्रतिवर्ष राजधानी के बड़े मंदिरों में शरदोत्सव पर प्रस्तुत वृंदावन की महारासलीला नृत्य-नाटिका की राधा के रूप में भी उन्हें पहचानने लगे और अब स्त्री जागरण के प्रतीक आधुनिक युग की जागरूक स्त्री के नए रूप में भी उन्हें जाना जाने लगा है।

पर उनकी कलायात्रा के विकास-क्रम की कहानी इतनी भर नहीं है। प्रसिद्ध पत्रकार श्री खुशवंत सिंह के शब्दों में—यह कहानी भी किसी चमत्कार से कम नहीं है। एक समय की बात है, धौलपुर का एक ब्राह्मण परिवार रियासत के दरबार में राज ज्योतिषी की भूमिका निभाता था। एक दिन दरबार में बड़े गुलाम अली खाँ साहब का गाना हुआ। सुनकर परिवार का छोटा लड़का इतना अभिभूत हुआ कि उसे राजदरबार छोड़ने का जैसे बहाना मिल गया। जेब में बहुत कम पैसे लिये वह अपनी नवविवाहिता पत्नी के साथ संगीत की तलाश में दिल्ली चला गया। न साधन थे, न संगीत की समझ। थी तो केवल धुन और लगन। एक छोटा सा घर किराए पर लेकर एक ओर वह

हिंदुस्तानी शास्त्रीय संगीत सीखने लगा, दूसरी ओर कुछ छोटे बच्चे जुटाकर उन्हें सुगम संगीत सिखाने लगा। बड़ा कठिन समय था, पर धुन तो धुन थी। उसने अपने तीन छोटे बच्चों को भी संगीत शिक्षा देना शुरू किया और उन्हें बड़े कलाकार बनाने के सपने देखने लगा। मँझली लड़की उमा की आवाज बहुत अच्छी थी, तो आशाएँ भी उसपर अधिक आ टिकीं—स्वाभाविक था। पर लड़की ने गायन के साथ नृत्य और अभिनय में भी विशेष रुचि दिखाई। उसकी कला-प्रतिभा आँखों की भाषा में झलकने लगी तो दिशा भी तय हो गई।''

सितारा देवी की तरह उमा शर्मा ने भी किशोरावस्था से ही कत्थक में नाम कमा लिया था। चौदह साल की यह किशोरी पं. जवाहरलाल नेहरू के जन्मदिवस की पार्टियों में अपना नृत्य-कौशल दिखाने लगी थी। इंग्लैंड की महारानी एलिजाबेथ के आगमन पर, शाह ईरान के आगमन पर उसे नृत्य के लिए बुलाया गया। इतनी छोटी उम्र में इतना सम्मान और कोई लड़की होती तो गर्व से फूल जाती, पर उमा शर्मा को दशहरे की सीता या नृत्य-नाटिका शकुंतला से संतोष नहीं हुआ। भारतीय कला केंद्र से छात्रवृत्ति लेकर वह सुप्रसिद्ध कत्थक-गुरुओं से बाकाया प्रशिक्षण लेने लगी कि अपनी कला को निखार सके। उसने लखनऊ घराने के गुरु शंभू महाराज और जयपुर घराने के गुरु सुंदर महाराज से सीखकर और साधना करके कत्थक में महारत हासिल की, तब जाकर उसे संतोष हुआ कि हाँ वह कत्थक नर्तकी है।

अब उमा शर्मा न केवल 'भारतीय कला केंद्र' द्वारा प्रतिवर्ष प्रस्तुत प्रसिद्ध नृत्य-नाटिका (बैले) रामायण की सीता की भूमिका अभिनीत करनेवाली सीता के रूप में प्रसिद्ध हुईं, तरुणाई पार करते-करते, अंतरराष्ट्रीय ख्याति प्राप्त करने में भी सफल हो गईं। कला-केंद्र के बैले ट्रुप के साथ तथा अकेले सारे भारत का भ्रमण कर नृत्य प्रदर्शन के साथ उन्होंने अनेक बार विदेश यात्राएँ भी कीं। सन् १९६८ में भारतीय सांस्कृतिक मंडल की एक सदस्या के नाते अफगानिस्तान के 'योमे-जश्न' में भाग लेने से पूर्व वह रूस, अमेरिका, कनाडा, जापान, हांगकांग, लाओस, सीलोन (श्रीलंका), बर्मा (म्याँमार), नेपाल की यात्रा कर चुकी थीं। बाद की यात्राओं का तो कोई हिसाब ही नहीं।

कत्थक महारथी शंभू महाराज से दीक्षा लेने के बाद सार्वजनिक मंच पर उनके नृत्य-प्रदर्शन तो किशोरावस्था से ही प्रारंभ हो चुके थे। उम्र बढ़ने के साथ कला भी बढ़ी, बढ़नी स्वाभाविक थी, पर ऐसा बहुत कम होता है कि यौवन में प्रवेश के साथ ही किसी की कला प्रौढ़ हो जाए। भारी सफलता पाने का एक कारण यह भी हो सकता है कि उन्होंने अपना पूरा ध्यान तथा श्रम एक ही नृत्य विधा सीखने की ओर केंद्रित किया, अन्य विधाओं में भटकाव को राह नहीं दी। यही नहीं, कत्थक के शास्त्रीय नियमों-उपनियमों का अनुशासन निभाते हुए भी उन्होंने इसमें अपने कुछ मौलिक प्रयोग भी

किए, जिससे प्रस्तुतीकरण में नया अंदाज पैदा हुआ, नृत्य की अनेक संभावनाओं के द्वार खुले और नर्तकी को खूब लोकप्रियता मिली।

नए प्रयोगों के प्रति उमा शर्मा का यह झुकाव बढ़ती उम्र के साथ भी कम नहीं हुआ है। वह गजलों पर भी नृत्य करती हैं, ठुमरी पर भी और रवींद्रनाथ टैगोर, बच्चन की कविताओं पर भी। उनकी आँखों की भाषा जितनी कालिदास के मेघदूत, कुमारसंभव के लिए उपयुक्त है, उतनी ही सूरदास व तुलसी के सूरसागर व रामचरितमानस के लिए और गालिब, फैज की गजलों से लेकर आधुनिक कवियों की कविताओं के लिए भी। इसी तरह एक ओर वह नवाब वाजिद अली शाह के जमाने का डांस ड्रामा 'इंद्र सभा', जिस अभिनय कुशलता के साथ प्रस्तुत कर सकती हैं, दूसरी ओर उसी कुशलता से नारी मुक्ति के प्रतीक 'स्त्री' डांस ड्रामा की विभिन्न भंगिमाओं को भी।

इसीलिए उमा शर्मा को मिले पुरस्कार और सम्मान कत्थक की ऊँचाइयों के पुरस्कार सम्मान बन गए। सन् १९७३ में उन्हें वरिष्ठ कत्थक नृत्यांगना सितारा देवी के साथ ही 'पद्मश्री' का राष्ट्रीय सम्मान मिल गया था। संगीत नाटक अकादमी का पुरस्कार उन्हें १९८७ में और 'पद्म विभूषण' २००१ में। दूरदर्शन पर भी अकसर उनके कार्यक्रम दिखाए जाते हैं। उमाजी के चलाए नृत्य-संगीत संस्थान 'भारतीय संगीत सदन' का देश-विदेश में काफी नाम है, जहाँ विदेशी छात्र-छात्राओं के लिए अलग कक्षाएँ भी चलाई जाती हैं और अन्य बड़े कलाकारों के कार्यक्रम भी आयोजित किए जाते हैं।

भारतीय संगीत सदन कदाचित् उस छोटे से संगीत विद्यालय का ही विकास-विस्तार है, जो उनके पिता ने दिल्ली आकर अपनी आजीविका के लिए चलाया था। आज ईस्ट ऑफ कैलाश में स्थित इस संस्थान के एक निजी भवन में औसतन साठ-सत्तर छात्र-छात्राओं को लेकर संगीत-नृत्य प्रशिक्षण की कक्षाएँ चलाई जाती हैं। 'मजलिस' नाम से यहाँ संगीत-प्रेमियों के लिए अनौपचारिक प्रशिक्षण भी चलता है कि जो विधिवत् सीखकर नहीं करते, उनमें भी कला समझ बढ़ाई जा सके, वे इन कलाओं का भरपूर आनंद ले सकें। कुछ बड़े कलाकारों के आयोजन तो यहाँ होते ही हैं, अनेक अवसरों पर राहत कोष एकत्र करने के लिए 'चैरिटी आयोजन' भी किए जाते हैं—संस्था में या संस्था के बाहर संस्था की ओर से। इस कला संस्थान की प्रारंभ से ही यह महत्त्वपूर्ण भूमिका सराही जाती रही है। जैसे १९४५ में पश्चिम बंगाल के दंगा पीड़ित शरणार्थियों की सहायतार्थ आयोजित कला प्रदर्शन, १९४८ में पश्चिम पंजाब के ऐसे ही शरणार्थियों की सहायता के लिए दोनों, वाई.एम.सी.ए. हाल में। कभी बाढ़ पीड़ित कोष के लिए तो कभी विकलांग कल्याण कोष के लिए। सन् १९७१ में बँगलादेश के सहायतार्थ फंड के लिए तो १९८४ में दंगा पीड़ितों के सहायतार्थ। १२-१४ अप्रैल, १९९० को 'भारतीय संगीत सदन' की ओर से उमा शर्मा ने राजा रेड्डी, सोनल मान सिंह, यामिनी कृष्णमूर्ति

के साथ स्वयं नृत्य प्रदर्शन (अपनी-अपनी विधाओं में) करके तथा पेंटिंग व गायन में अन्य नामी कलाकारों की सहायता लेकर कश्मीर के आतंक-पीड़ित शरणार्थी सहायता कोष के लिए साढ़े पाँच लाख रुपए एकत्रित करके प्रधानमंत्री सहायता कोष में दिए थे। इस अवसर पर प्रधानमंत्री स्वयं भी उपस्थित थे। यह उमा शर्मा और उनके प्रशिक्षण संस्थान दोनों के लिए गौरव की बात थी।

राष्ट्रीय दायित्व भावना की दृष्टि से और कलाकार की संवेदन दृष्टि से यह बात गौण नहीं, फिर भी उमा शर्मा की दृष्टि में कला इन सबसे ऊपर है। उसी का सम्मान होना चाहिए। नृत्य शाश्वत सौंदर्य व आनंद की अनुभूति है। प्रभु को पाने का एक माध्यम है। इसीलिए तो सभी संत कवियों ने गाया, नाचा। मेरे लिए तो नृत्य ही जीवन है, नृत्य ही पूजा। मैंने असंख्य दर्शकों को प्यार किया है, उनसे प्यार पाया है लेकिन विवाह किया है अपने नृत्य से, जिसके प्रति मैं पूर्णतया वफादार व समर्पित हूँ।'' आप उन्हें आधुनिक मीरा कहें, न कहें, महारास के समय अपने आराध्य कृष्ण के प्रति उनकी भाव-विभोरता देखकर, नृत्य में उनकी तल्लीनता लक्ष्य करके आप शायद इसके सिवाय कुछ सोच भी नहीं सकेंगे। अपनी इस आध्यात्मिक स्थिति व कला-सिद्धि के प्रति वे पूरी तरह चेतन भी हैं। यह उनकी कमजोरी भी है और शक्ति भी।

□

साकार स्वप्न-सी : **स्वप्न सुंदरी**

किसी फिल्म में जब सुंदर सा दृश्य दिखाना होता है, उसे स्वप्न के ग्लैमर से जोड़ देते हैं। कोई बहुत सुंदर कल्पना जिस तरह स्वप्न में घटित होती है, उस तरह जीवन में विरले ही हो पाती है, पर भरतनाट्यम और कुचिपुडि की प्रसिद्ध नृत्यांगना स्वप्न सुंदरी का नाम सामने आते ही जैसे सौंदर्य, ग्लैमर, कला, कल्पना, शास्त्रीयता और सफलता के सारे स्वप्न एक साथ साकार हो उठते हैं। सुंदर तो वह हैं ही, कम उम्र में इतनी सफलता भी शायद ही किसी अन्य कालाकार को मिली हो और यह परितृप्ति उनके मूर्ति जैसे सौंदर्य को कलात्मक आकर्षक रूप में प्रस्तुत करती है।

स्वप्न सुंदरी स्वयं भी मानती हैं कि तीस साल की उम्र में ही उन्हें जितना यश, जितनी लोकप्रियता मिली, वह बहुतों के लिए ईर्ष्या का कारण रही, "मेरी अनेक हमउम्र कलाकार जब कड़ा संघर्ष कर रही हैं। ऐसे में अपने से दुगुनी आयु की कलाकारों की श्रेणी में स्वीकृति पा जाना कम संतोष की बात नहीं, इसलिए मैं अपनी सफलता पर संतुष्ट हूँ, पर गर्वित नहीं। अभी मुझे बहुत कुछ सीखना है। बहुत कुछ करना है। अब भी मैं नियमित रियाज करती हूँ। मेरी महत्त्वाकांक्षा है कि मैं न केवल नर्तकी के रूप में, बल्कि रूप-सज्जा उस्ताद और गायिका के तौर पर भी प्रतिष्ठित होऊँ।" यह कम ही लोग जानते होंगे कि स्वप्न सुंदरी अपने नृत्य के साथ स्वयं गायन की अपनी प्राचीन परंपरा को भी पुनर्जीवित करना चाहती हैं और इस तरह के प्रयोगों में वह सफल भी हुई हैं। 'आम्रपाली' नृत्य-नाटिका में उन्होंने स्वयं ही गाया है और अच्छा गाया है।

'आम्रपाली' शीर्षक उनकी नृत्य-नाटिका को देर रात तक दूरदर्शन पर देखने के लिए मैं घंटों जागी थी। पाँच सौ ईस्वी पूर्व की इस बौद्धकालीन नृत्यांगना पर बनी टेली

फिल्म कोरियोग्राफर, नृत्यांगना, नायिका, गायिका स्वप्न सुंदरी ने जिस तरह उस नगरवधू के जीवन को छोटे परदे पर जीया, जिस तरह लंबे अध्ययन के बाद इस फिल्म की पटकथा और रूप-सज्जा की परिकल्पना की और जिस तरह इस नृत्य-नाटिका को अपने शिष्य-शिष्याओं के साथ प्रस्तुत किया, वह सब देखना अपने आपमें एक अनोखा अनुभव था। इसके पूर्व मुझे उनकी 'ओम-शक्ति' नामक नृत्य-नाटिका को भी देखने का अवसर मिला था और मैंने उनसे मिलने का निश्चय कर लिया था।

स्वप्न सुंदरी का नाम नए रसज्ञों के लिए कुचिपुडि का पर्याय बन चुका है, पर वह भरतनाट्यम पर भी उतना ही असाधारण अधिकार रखती हैं, यद्यपि दोनों का शैलीगत अनुशासन भिन्न है। लगभग १५ वर्ष पहले की बात है, मैंने जब राजधानी के कमानी सभागार में इंडियन म्यूजिक सोसाइटी द्वारा आयोजित उनकी भरतनाट्यम प्रस्तुति देखी थी, तब भी अनेक गीत-मालाओं में गूँथी उनकी वह लंबी प्रस्तुति मुझे एक महाकाव्य का-सा आभास-अहसास दे गई थी। यह युग किसी भी क्षेत्र में महाकाव्यात्मकता का नहीं है। अधिकतर लोग संक्षिप्त गीत्यात्मक विन्यास के आदी हैं और छोटी नृत्य-प्रस्तुतियाँ ही पसंद करते हैं। फिर स्वप्न सुंदरी की लंबी नृत्य-नाटिकाओं और इस तरह की लंबी भरतनाट्यम व कुचिपुडि प्रस्तुतियों की लोकप्रियता का रहस्य क्या है?

यह तर्क या विश्लेषण का विषय नहीं, देखने और महसूसने से संबंध रखता है। विशाल फलक पर चित्रांकन की तरह कविता-शृंखलाएँ या कालावधि को लाँघते नृत्य रूप एक रचनात्मक ऊर्जा के ही परिणाम होते हैं। भक्ति-शृंगार में शिव को संबोधित एक घंटे लंबा वरणम् हो, संचारी भावों के विस्तार का कोई अनोखा काव्यात्मक नमूना हो या दीक्षितार कृति में आदि शक्ति, ब्राह्मणी, वैष्णवी, महेश्वरी, वाराहि, कौमारी, चामुंडी आदि देवी के विभिन्न रूप, नृत्य और नृत के अद्‌भुत सामंजस्य तथा अभिनय-क्षमता के विस्तारित मोहक प्रदर्शन में स्वप्न सुंदरी को कमाल हासिल है। सुंदर कटीली आँखों के साथ अभिनय उनका सर्वाधिक प्रबल पक्ष है। इतनी विविधता, इतनी गहराई, शरारत भरी चंचलता के साथ ऐसी दैवी सौम्यता उनकी समवयस्क नृत्यांगनाओं में देखने को नहीं मिलती। इसी विलक्षण आश्चर्य-लोक की सृष्टि में छिपा है उनकी अपार लोकप्रियता का रहस्य।

नृत्यरत स्वप्न सुंदरी का आंतरिक रचना-सुख, अपनी आनंदानुभूति के साथ दर्शकों को उसी आनंद-लोक में बहा ले जाने का कौशल, संगीत की दिव्यता के साथ धरती और आकाश को नापता विस्तार तथा इस माध्यम से विराट् से साक्षात्कार, कुल मिलाकर यह अहसास देता है कि जैसे नृत्य-मंच एक संपूर्ण लोक है और हम सब दर्शक उसके अविभाज्य अंग हैं, बीच में से टूटकर अलग हो ही नहीं सकते। भाव-तंत्र का यह अनवरत क्रम इस नृत्यांगना की सिद्धि है, सफलता भी। कम उम्र में बड़ी साधना ही

ऐसी उपलब्धि का श्रेय ले सकती है, यद्यपि अब वह युवा नहीं हैं। युवा कलाकरों में स्वप्न सुंदरी का नाम आज भी चमक रहा है। सबसे अलग, कला की ऊँचाइयों को छूता हुआ। यही नहीं, विचारों की स्पष्टता व गहनता में भी वह परिपक्व हैं।

उनके विचार में—"कला में मौलिकता होनी चाहिए। मनोरंजन और कला में अंतर है। मनोरंजन दूसरों के सुख के लिए होता है, कला अपने आनंद के लिए। आनंद आध्यात्मिक पक्ष है। यह आनंद रियाज करते समय भी अनुभव हो, नृत्य या गायन प्रस्तुत करते समय भी, तभी उसमें दर्शकों और श्रोताओं को साथ बहा ले जाने की क्षमता पैदा होती है। नई पीढ़ी के अधिकांश कलाकार इस बात को नहीं समझते, इसलिए 'शॉर्टकट' से सफलता चाहते हैं। हमें कुछ मानक स्थापित करने होंगे कि आयोजकों को कलाकार और गैर-कलाकार की सही पहचान हो सके। सिफारिश, जिसके चक्र में कला-संस्थाएँ और राष्ट्रीय अकादमियाँ तक फँसी हुई हैं, का दखल कम-से-कम होना चाहिए।...एक कलाकार की दूसरे कलाकार से तुलना भी कोई अच्छी परंपरा नहीं है।...उम्र नहीं, काम और विशेषता देखी जानी चाहिए।"

बात घूमकर फिर उनकी कम उम्र में अधिक सफलता पर आ गई तो इसकी भी जाँच-पड़ताल कर ही ली जाए—पहले 'खजुराहो उत्सव' में उच्च कोटि का नृत्य प्रस्तुत करनेवाली वह सबसे कम उम्र की नर्तकी थीं, इसी तरह अगले खजुराहो उत्सव में भी।...किसी भी कलाकार की यह विशेष उपलब्धि मानी जा सकती है कि तीस की उम्र तक वह अंतरराष्ट्रीय ख्याति की उत्तम कलाकार मानी जाने लगे। स्वप्न सुंदरी के विचार में—"कलाकार वह, जो हमेशा युवा, जीवंत और सुंदर बना रहे। जो कलाकार उम्र के साथ कुंठित हो जाए, वह कलाकार कैसा? पहले कलाकार एक उम्र के बाद अपने शिष्यों की जड़ें मजबूत करने में जुट जाते थे, आज कलाकार पढ़े-लिखे, कला-विद्यालय चलाएँ, कला-सेवा के अनेक रास्ते खुले हैं। फिर उम्र का संबंध चिंतन और अध्यात्म से है। सच्चे कलाकार कभी नहीं चुकते। बाला सरस्वती एक मिसाल थीं। मैं भी ऐसी एक मिसाल बनना चाहूँगी। अभी तो संभावनाओं के द्वार पर खड़ी हूँ, इसपर अभी से क्या सोचना।"

पाँच वर्ष की उम्र में कुचिपुडि की साधना करनेवाली स्वप्न सुंदरी की दादी सुंदरम्मा गायिका थीं। माँ सरला राव भी एक अच्छी गायिका रहीं। कर्नाटक संगीत उन्होंने अपनी दादी और प्रसिद्ध कर्नाटक संगीत कलाकार टी. मुक्ता से सीखा, अर्धशास्त्रीय संगीत और सुगम संगीत अपनी माँ से। पिता सैनिक अफसर थे, जिन्होंने स्वप्न सुंदरी के नृत्य-शिक्षण को लेकर सामाजिक बाधाओं की कोई परवाह नहीं की, न दक्षिण भारत की अनेक फिल्मों में गीत गानेवाली माँ ने। माता-पिता दोनों को कोई चिंता थी तो यही कि लड़की व्यावसायिक नर्तकी के रूप में सफल भी हो पाएगी कि नहीं? पर स्वयं

स्वप्न सुंदरी के अनुसार, "कच्चे शरीर के साथ ही जमकर साधना करें तो कठिनाई नहीं होती। मैं तो इसीलिए कॉलेज नहीं गई, जरूरत भर स्कूली शिक्षा के बाद नृत्य साधना में लीन हो गई। परिणाम सामने है। सीखा कत्थक भी, ओडिसी और मोहिनी अट्टम भी, पर व्यवसाय-रूप में अपनाया भरतनाट्यम और कुचिपुडि को ही। अपने प्रयोग भी इन्हीं शैलियों में किए, पूर्णता और विशेषता का लक्ष्य सामने रखकर। सफलता तो गुरुओं के आशीर्वाद, साधना के फल और भाग्य के चमत्कार पर निर्भर करती है प्राय:।"

प्रमुख नृत्यों में और भारतीय व विदेशी नृत्यों में अंतर की बात संक्षेप में वह इस प्रकार बताती हैं—"विदेशी नृत्य आंगिक हैं, जबकि भारतीय नृत्यों में अंग-संचालन के साथ अभिनय पर भी जोर है। कत्थक मुख्यत: महफिलों का नृत्य है, भरतनाट्यम मंदिरों का। कुचिपुडि पहले आंध्र प्रदेश में लोकनृत्य के रूप में प्रचलित था, जिसमें अनेक पौराणिक कथाओं को उतारा जाता था। यह इसके शास्त्रीय स्वरूप के पुनरुद्धार से पहले की बात है कि इसे पुरुष ही करत थे, स्त्री-भूमिकाओं में भी पुरुष ही आते थे, वह भी प्राय: निम्न जातियों के। संभ्रांत घरों की लड़कियाँ क्या, लड़कों के लिए भी यह नृत्य-अभिनय अच्छा नहीं समझा जाता था। अब यह परंपरा समाप्तप्राय हो गई है। लगभग पैंतीस वर्ष पहले महिलाओं ने इस क्षेत्र में पदार्पण किया और इसके प्राचीन शास्त्रीय रूपों को उभारा। यामिनी कृष्णमूर्ति, इंद्राणी रहमान जैसी विदुषी नृत्यांगनाओं का योगदान इस नृत्य की प्रगति और विकास में भुलाया नहीं जा सकता। मैंने भी, व्याख्या सहित इस अ-तेलुगु-भाषी क्षेत्रों में प्रस्तुत कर नई दिशाएँ और संभावनाएँ देने का प्रयास किया है। मैं इसे शास्त्रीय नृत्यों की श्रेणी में सम्मानजनक स्थान दिलाना चाहती हूँ। यह भी मेरा एक स्वप्न है। मैं इसके लिए प्रयत्नशील हूँ।"

स्वप्न सुंदरी ने कुचिपुडि नृत्य को आंध्र प्रदेश की सीमा से बाहर लाने के लिए बहुत काम किया है और इसे 'सोलो' रूप देकर देश-विदेश के मंचों पर अत्यंत लोकप्रिय बनाया है। अपनी संस्कृति के प्रति दृढ़ आस्था होने के कारण वह अपने सांस्कृतिक ऐक्य के मूल्यों के प्रति काफी जागरूक हैं। उनकी 'ओम शक्ति', 'आम्रपाली', 'नौकाचरितम्' (त्यागराज कृति) नृत्य-नाटिकाएँ तो प्रसिद्ध हैं ही, सूर, मीरा, तुलसी, विद्यापति, केशवदास, पद्माकर, कालिदास जैसे सुप्रसिद्ध कवियों की रचनाओं को दक्षिण भारतीय नृत्यों में सम्मिलित करके भी उन्होंने राष्ट्रीय सांस्कृतिक एकता की दृष्टि से एक बड़ा काम किया है। भरतनाट्यम में पूरी लंबाई की दस प्रस्तुतियों को पुनर्संयोजित करके, कुचिपुडि में पच्चीस मौलिक रचनाओं का संयोजन करके, एक दर्जन से ऊपर नई संरचनाएँ देकर, 'भामाकलापम्', 'उषा परिणयम्' जैसी प्रसिद्ध नृत्य-नाटिकाओं को नए रूप में प्रस्तुत करके स्वप्न सुंदरी ने भारतीय शास्त्रीय नृत्यों पर

अपनी छाप छोड़ी है। 'पद्म' पर उनका विशेष शोधकार्य है। अपने नृत्यों को व्याख्या-भाषणों सहित देश-विदेश के मंचों पर प्रस्तुत करना और वार्त्ताओं, सेमीनारों में भाग लेना उनकी अतिरिक्त विशेषता है। ये व्याख्याएँ वह हिंदी, अंग्रेजी, तेलुगु तीनों भाषाओं में प्रस्तुत करती हैं और अब तक ऐसे ६०० व्याख्यान दे चुकी हैं।

देश-विदेश में एक हजार से अधिक नृत्य प्रस्तुतियाँ दे चुकी स्वप्न सुंदरी राजधानी के पंडारा रोड स्थित अपने निवास पर एक 'कुचिपुडि ट्रेनिंग सेंटर' भी चला रही हैं। स्वयं एक दर्जन से ऊपर गुरुओं से सीखी स्वप्न सुंदरी गुरु-शिष्य परंपरा में ही साधना का विकास देखती हैं, भीड़ भरी कक्षाओं में नहीं। दूरदर्शन पर उनका 'नृत्यांजलि' शीर्षक लंबा सव्याख्या नृत्य कार्यक्रम दो भागों में दिखाया गया था। नृत्य के अखिल भारतीय कार्यक्रम में अपने भरतनाट्यम और कुचिपुडि को लेकर वह कई बार आ चुकी हैं। दूरदर्शन पर उनकी 'ओम शक्ति' और 'आम्रपाली' नृत्य-नाटिकाएँ भी खासी लोकप्रिय रही हैं। इसके अलावा सात किस्तों में दिखाई गई उनकी घरेलू समाधानों की श्रृंखला 'स्वप्न सुंदरीज सॉल्यूशन' भी पसंद की गई, जो इस बात का भी प्रमाण है कि स्वप्न सुंदरी एक कुशल गृहणी भी हैं। नृत्यांगनाएँ अकसर अपने कैरियर के प्रति समर्पण के कारण विवाह करने के पक्ष में नहीं होतीं, पर स्वप्न सुंदरी कहती हैं, ''मैं कोई योगिनी नहीं हूँ। मैं अपने नृत्य के साथ हमबिस्तर तो नहीं हो सकती। मेरे पति न केवल नृत्य-प्रशंसक हैं, स्वयं अच्छे नर्तक भी हैं और मैं नृत्यांगना होने के साथ किसी भी पत्नी-गृहिणी से अधिक अच्छी पत्नी-गृहिणी हूँ।'' एक प्रख्यात नर्तकी के साथ ये अतिरिक्त विशेषताएँ और अजंता-मूर्तियों का सा सौंदर्य उनके कलाकारी व्यक्तित्व को चार चाँद लगाता है। पर कला-संस्थाओं की उपाधियों—'कला रत्न' (संगीत कला संगम, भोपाल), 'नृत्य मयूरी' (बनारस हिंदू विश्वविद्यालय, आंध्र समिति), 'सिंगर मणि' (सुर सिंगार संसद, बंबई), 'नृत्य शारदा' (प्राचीन कला केंद्र, चंडीगढ़), 'नृत्य विलास' (सुर सिंगर संसद, बंबई) और राजस्थान, आंध्र प्रदेश व दिल्ली प्रशासन के सम्मानों-पुरस्कारों के बाद राष्ट्रीय सम्मान या अलंकरण अभी उन्हें प्राप्त नहीं हो सके हैं। शायद इसके लिए उम्र की प्रतीक्षा की जाती हो, जबकि कला की उपलब्धियाँ उम्र की मोहताज नहीं हुआ करतीं। कला का मूल्यांकन केवल कला के स्तर पर ही होना चाहिए। उन्हें सन् २००० के 'राष्ट्रीय संगीत नाटक पुरस्कार' (कुचिपुडि) से सम्मानित किया गया।

□

मोहिनी अट्टम का पुनर्संस्कार करनेवाली कनक रेले

'केरल का भरतनाट्यम' कही जानेवाली एक संगीतमय नृत्य-शैली, जो कभी अपने उत्कर्ष पर थी, लगभग चार दशक पूर्व लुप्तप्राय: होने लगी थी। इसी 'मोहिनी अट्टम' को गुमनामी के अँधेरे से निकालकर, पुनर्स्थापित करने और कला-जगत् में फिर से उसे उसका सम्मानजनक स्थान दिलाने का श्रेय नृत्यांगना कनक रेले को दिया जाता है। 'नालंदा नृत्य शोध केंद्र', बंबई (अब मुंबई) की संस्थापक-निदेशक डॉ. कनक रेले शास्त्रीय नृत्यों की प्रमुख नृत्य-विदुषी हैं। उच्च स्तर की नाट्य-प्रस्तुतियों के साथ, नृत्य-शोध क्षेत्र में उनकी गणना प्रथम श्रेणी के नृत्य शिक्षाविदों में दी जाती है।

कथकली नृत्य-शैली को बहुत कम नृत्यांगनाओं ने अपनाया है। डॉ. कनक रेले न केवल कथकली की प्रमुख नृत्यांगना हैं, वें मोहिनी अट्टम नृत्य की गीतात्मक शैली की पुनर्स्थापना व पुनर्संस्कार हेतु किए जानेवाले शोध-कार्य से भी जुड़ी हैं। मोहिनी अट्टम को कथकली का ही संक्षिप्त रूप कहा जाता था या 'एक रूमानी कला' कहकर उसकी उपेक्षा की जाती रही। इस नृत्य-शैली को अन्य शास्त्रीय नृत्य-शैलियों के समकक्ष स्थान नहीं दिया गया। कनक रेले ने कला-पारखियों के सन्मुख रख इसे इसका उचित स्थान दिलाने के लिए न केवल निरंतर शोध-कार्य किया, उसके परिणामों को मान्यता दिलाने के लिए एक आंदोलन भी चलाया। अंतत: मोहिनी अट्टम नाम फिर से एक प्रमुख शास्त्रीय नृत्य-शैली के रूप में सामने आया और स्वीकृत हुआ। इसके बाद तो इसकी लोकप्रियता में उत्तरोत्तर वृद्धि होती गई। इस सबका श्रेय नृत्यांगना कनक रेले को

ही है, जिसने स्वयं उनकी ख्याति में भी वृद्धि की।

गुरु करुणाकर पानिक्कर की शिष्या और कावलम नारायण पानिक्कर की सहकर्मिणी डॉ. कनक रेले प्राचीन भारतीय नाट्य शास्त्र की अध्येता हैं। उनकी पुस्तक 'बॉडी काइनेटिक्स इन डांस' ने अंतरराष्ट्रीय स्तर पर उन्हें पहचान दिलाई है। 'चिदंबर फेस्टीवल', 'हरिदास नृत्योत्सव' एवं 'खजुराहो उत्सव' सहित देश में तथा विदेशों में भी अनेक प्रस्तुतियाँ देकर उन्होंने मोहिनी अट्टम का प्रचार-प्रसार किया और उसे पहचान दिलाई। वे बताती हैं, ''पाँच वर्ष की उम्र में मैंने इसे शांति निकेतन में देखा था। बाद में कथकली की नृत्यांगना होने पर भी, इस नृत्य-शैली को अपनाने का मेरे बालमन में जमा संस्कार उभरा और मैंने १९६६ से न केवल इसे शुरू किया, बल्कि इसमें आगे शोध के लिए भी प्रवृत्त होती गई। इतनी कि इसकी खोई प्रतिष्ठा को वापस दिलाने के लिए कटिबद्ध हो गई।''

यह नहीं कि मोहिनी अट्टम के पुनर्स्थापन-कार्य में उन्हें दिक्कतों का सामना नहीं करना पड़ा। पर एक सच्ची निष्ठा से किसी कार्य को करने का संकल्प ले लें और फिर दृढ़ इच्छाशक्ति से उसमें जुट जाएँ तो देर-सबेर चाह को राह मिलती ही है। उनके मोहिनी अट्टम को अपनाने के बीस-पच्चीस वर्ष पहले तक किसी सम्मानित परिवार की लड़की का नृत्य के लिए सार्वजनिक मंच पर आना ही बुरा समझा जाता था। धीरे-धीरे मंदिरों के बाहर भी नृत्य प्रदर्शन के रास्ते खुले और एक के बाद एक संभ्रांत परिवारों की लड़कियाँ नृत्यांगना के रूप में न केवल सामने आईं, बल्कि प्रतिष्ठित भी हुईं।

तब तक एक मंजिल तो पार कर ही ली गई थी। कनक रेले का प्रादुर्भाव बाला सरस्वती, रुक्मणि अरुंडेल जैसी प्रख्यात नृत्यांगनाओं द्वारा प्रथम राह का निर्माण कर देने के बाद ही हुआ था। इसलिए उन्हें अपेक्षाकत आसान राह मिलनी चाहिए थी। पर ऐसा नहीं हुआ, तो इसलिए कि उन्होंने अपने लिए नई राह चुनी। उन्होंने ठान लिया था कि एक लंबी अवधि से अनदेखी रह गई इस नृत्य-शैली का गहन अध्ययन कर, इसे पुनर्स्थापित-परिमार्जित करना है। इस क्रम में कनक रेले ने बंबई विश्वविद्यालय से इसी विषय पर पी-एच.डी. की और इसके लिए गुरु-शिष्य परंपरा को भी अपनाया। उनकी पहल पर ही बंबई विश्वविद्यालय ने इस नृत्य-शैली को समुचित स्थान दिलाने के लिए स्नातक एवं स्नातकोत्तर पाठ्यक्रमों की शुरुआत की थी।

एक कला-शिक्षक और कला-विशेषज्ञ के नाते डॉ. कनक रेले नृत्य के सर्वांगीण विकास को महत्त्व देती हैं और उसके त्रुटिहीन प्रदर्शन की पक्षधर हैं। सुप्रसिद्ध इंडोलॉजिस्ट डॉ. मोतीचंद्र ने इन्हें सुझाव दिया था कि वे मोहिनी अट्टम की तकनीकों की पहचान करें और फिर उन्हें संकेतबद्ध करके उजागर करें। उन्होंने अपनी पी-एच.डी. थीसिस

का विषय उसी अनुरूप चुना—'मोहिनी अट्टम : प्रभाव के सभी पहलू और पक्ष।' मोहिनी अट्टम नृत्य-शैली के प्रदर्शन में वह शुद्धता पर बल देती हैं और 'नालंदा नृत्य-अनुसंधान केंद्र' की संस्थापक निदेशक तथा 'नालंदा नृत्य कला महाविद्यालय' की संस्थापक प्राचार्य के नाते अपने शिष्यों को प्रशिक्षण देते समय भी वे उन्हें कोई ढील नहीं देतीं।

एक लोक-आस्था के अनुसार, मोहिनी अट्टम का उद्गम सागर-मंथन की पौराणिक घटना से माना जाता है, जब विष्णु ने असुरों को रिझाने के लिए मोहिनी रूप धारण किया था। इस 'मिथ' को स्वीकारने-नकारने से तटस्थ डॉ. कनक रेले का कहना था कि यह ऐतिहासिक सच्चाई नहीं है, पर यह तो मानना होगा कि विष्णु भगवान् ने असुरों पर बल प्रयोग करने के बजाय सम्मोहन के जादू को अपनाया था। यह सम्मोहन मोहिनी अट्टम में है।

उनका मानना है कि अन्य शास्त्रीय नृत्य-शैलियों की तरह इसका प्रयोग भी पहले मंदिरों में ही होता था। प्राचीनकाल में गाँवों-कस्बों के मंदिर ही विभिन्न कलाओं के जातीय केंद्र थे। आदिवासी प्रथाओं में भी मंदिर ही उनकी कला-गतिविधियों के केंद्र रहे। इसलिए मंदिरों में शास्त्रीय व लोक नृत्य-शैलियों का फलना-फूलना सहज ही समझ में आने की बात है। आपत्ति की बात तब जुड़ी, जब अनेक शास्त्रीय नृत्य-शैलियों को देवदासियों तक सीमित कर दिया गया। कई सदियों यह परंपरा चली, तब जाकर आधुनिक काल की कुछ प्रमुख नृत्यांगनाओं ने कड़ा संघर्ष करके उनका उद्धार किया और उन्हें सार्वजनिक मंचों पर पुनर्प्रतिष्ठित किया। अब सरकार की जिम्मेदारी है कि वह नृत्य को स्कूलों-कॉलेजों में शैक्षणिक विषय बनाकर, इसे जन-जन तक पहुँचाए और बड़े उद्योगपति इनके स्तरीय कार्यक्रमों को बड़े मंचों पर प्रायोजित करें। दूरदर्शन की भूमिका तो इनके प्रचार-प्रसार के लिए महत्त्वपूर्ण है ही।

'गुजरात राज्य संगीत-नाटक अकादमी पुरस्कार', 'नृत्य चूड़ामणि' (चेन्नई) 'नर्तन विलास' (सुर सिंगार संसद्, मुंबई) और राष्ट्रीय अलंकरण 'पद्मश्री' से सम्मानित डॉ. कनक रेले की अनेक उपलब्धियाँ हैं; पर मोहिनी अट्टम की पुनर्स्थापना से जुड़ा उनका कार्य सर्वोपरि है।

□

गणेश नाट्यालय की संस्थापक

सरोजा वैद्यनाथन

सरोजा वैद्यनाथन भरतनाट्यम की प्रसिद्ध नर्तकी ही नहीं, नृत्य-संरचनाकार और नृत्य-गुरु भी हैं। राजधानी दिल्ली में उनके द्वारा स्थापित नृत्य संस्थान 'गणेश नाट्यालय' में उनके निर्देशन में अनेक विद्यार्थी नृत्य-प्रशिक्षण ले रहे हैं और समय-समय पर मंच-प्रदर्शन भी कर रहे हैं।

कुछ समय पूर्व त्रिवेणी सभागार में उनकी पाँच शिष्याओं द्वारा भरतनाट्यम की एक मोहक मंच प्रस्तुति देखने का अवसर मिला था और वह संध्या एक यादगार संध्या बन गई थी। पाँचों ने पहले बारी-बारी से राग नेत्री, ताल आदी, तोड़ी, ताल रूपकम, धरमावती राग जैसे कई रागों में एकल एवं युग्म प्रस्तुतियाँ दीं, अंत में पाँचों नृत्यांगनाओं द्वारा सामूहिक रूप से तिल्लाना का प्रदर्शन किया गया। कार्यक्रम समाप्ति पर गुरु सरोजा ने अपने वक्तव्य में कहा, "मेरे स्नेह व बच्चों की लगन ने इन्हें इस मुकाम तक पहुँचाया है। इतनी छोटी उम्र में इन छात्राओं द्वारा सी.सी.आर.टी. की छात्रवृत्ति प्राप्त करना और इस तरह की स्तरीय मंच प्रस्तुति देना आसान काम नहीं है। नृत्य को पूजा-रूप में अपनानेवाले साधक ही ऐसी सिद्धियों के हकदार बनते हैं।" और उन्होंने कामना की कि ये इससे आगे भी और दूर तक जाएँ।

सात वर्ष की छोटी आयु से ही सरोजा ने सरस्वती गण निलयम की गुरु ललिता से नृत्य सीखना शुरू कर दिया था। मद्रास विश्वविद्यालय के प्रो. सी.बी. सभामूर्ति से कर्नाटक संगीत की शिक्षा ली। कॉलेज स्तर पर पाश्चात्य संगीत भी सीखा और जाना। इस तरह का सर्वांगीण संगीत-प्रशिक्षण आगे उनके नृत्य और नृत्य-संरचना के लिए

वरदान सिद्ध हुआ। आज परंपरागत तंजावूर शैली की प्रख्यात भरतनाट्यम-नृत्यांगना के रूप में उन्हें वह मुकाम हासिल है, जिसका सपना अपने प्रारंभिक प्रशिक्षण-काल में हर कलाकार देखता है।

वैसे नृत्य एक ऐसा गहरा समुद्र है, जिसकी कोई थाह नहीं। फिर भी एक सच्चा कलाकार तल के समीप जाकर भी और अधिक गहरे जाना चाहता है तथा इसके लिए हमेशा नए-नए प्रयोग करने के लिए उत्सुक रहता है। सरोजा वैद्यनाथन भी अपने नृत्य के माध्यम से कुछ-न-कुछ नया करते रहना चाहती हैं। इसका आभास भी इंडिया इंटरनेशनल सेंटर में उनकी भरतनाट्यम प्रस्तुति के दौरान मिला था। बाद में उन्होंने बताया था कि ठुमरी और पद्म में यह नृत्य अपने परंपरागत तिल्लाना, वर्णम, अलारिपु, जातिस्वरम् से भिन्न हो जाता है।

शृंगारिक भाव की 'ठुमरी' हिंदुस्तानी संगीत का अंग है। कर्नाटक संगीत का 'पद्म' भी शृंगार-प्रधान है। दोनों के मिश्रण का नया प्रयोग कर उन्होंने इस भाव-नृत्य की रोचकता बढ़ा दी है। यों भी संगीत, नृत्य परस्पर ऐसे गुँथे हुए हैं कि एक के बिना दूसरे की कल्पना भी कठिन है। उसपर पद्म और ठुमरी को संयुक्त करने का उनका यह अनोखा प्रयोग इसे और आकर्षक बना गया। यह प्रयोग १९७४ में नई दिल्ली में 'गणेश नाट्यालय' की स्थापना के साथ ही प्रारंभ कर दिया गया था, जिसे दर्शकों ने खूब सराहा, क्योंकि दर्शक भी नवीनता चाहते हैं। गुरु सरोजा वैद्यनाथन ने प्रेम और शृंगार के रंग बिखेरनेवाले रागों का मिश्रण कर अपने नृत्य में ऐसा समाँ बाँधा कि दर्शकों में अतिरिक्त उत्साह का संचार हुआ और उनका यह सफल प्रयोग स्वयं उन्हें लोकप्रियता की ऊँचाई पर ले गया।

सरोजा वैद्यनाथन नृत्य-विदुषी के रूप में भी ख्यातिप्राप्त हैं। उनकी पुस्तक 'साइंस ऑफ भरतनाट्यम' (भरतनाट्यम का विज्ञान) तत्कालीन प्रधानमंत्री श्रीमती इंदिरा गांधी द्वारा विमोचित हुई थी, जिसे वर्ष की सर्वोत्तम कला-पुस्तक कहा गया था। उनकी दूसरी कला-पुस्तक 'भरतनाट्यम एन डैथ स्टडी' (भरतनाट्यम एक गहन अध्ययन) भी तत्कालीन राष्ट्रपति डॉ. शंकरदयाल शर्मा के हाथों विमोचित हुई थी। कर्नाटक संगीत पर उनकी 'कर्नाटक संगीतम्' शीर्षक पुस्तक भी अपने क्षेत्र में चर्चित हुई। एन.सी.ई.आर.टी. के 'एनसाइक्लोपीडिया ऑफ भरतनाट्यम' पर भी उन्होंने अपना शोध-पत्र प्रस्तुत किया और दक्षिण के प्रसिद्ध कवि सुब्रह्मण्यम भारती की नृत्योपयोगी रचनाओं पर प्रस्तुत उनका कैसेट भी लोकप्रिय हुआ। मंच प्रस्तुतियों के अलावा दूरदर्शन पर भी उनके नृत्य कार्यक्रम प्रसारित होते रहते हैं।

देश-विदेश में निरंतर भ्रमण कर इंग्लैंड, अमेरिका, कनाडा, जापान, मॉरीशस, नेपाल आदि अनेक देशों में अपने नृत्य-कार्यक्रम प्रस्तुत करनेवाली सरोजा वैद्यनाथन ने

कोरिया और श्रीलंका भेजे गए सांस्कृतिक दलों का नेतृत्व भी किया था। एक प्रबुद्ध कोरियोग्राफर के रूप में भी उन्होंने ख्याति अर्जित की है। नृत्य संरचनाओं के साथ नृत्य व्याख्यान भी देने की अपनी योग्यता के कारण उन्होंने देश-विदेश के दर्शकों व कला-पारखियों का ध्यान आकर्षित किया है। सन् २००२ में कंबोडिया, लाओस, सिंगापुर, मलेशिया की यात्राओं के अलावा, 'एशियन सम्मिट' के दौरान तत्कालीन प्रधानमंत्री श्री अटल बिहारी वाजपेयी के साथ जाने का श्रेय भी उन्हें प्राप्त है।

अपनी उपलब्धियों के कारण उन्हें कई संस्थागत, राज्य व राष्ट्र स्तर के पुरस्कार-सम्मान मिल चुके हैं, जिनमें दिल्ली प्रशासन का 'साहित्य कला परिषद् पुरस्कार', तमिलनाडु सरकार की 'कलामणि उपाधि' और भारत सरकार का 'पद्मश्री' अलंकरण मुख्य हैं। इनके अलावा दिल्ली से प्राप्त 'नाट्य रत्न' और 'व्यास सम्मान', चेन्नई से प्राप्त 'नाट्यकला शिक्षामणि', 'रुक्मणि देवी अरुंडेल पुरस्कार' और 'विशिष्ट सेवा पुरस्कार' उल्लेखनीय हैं। सन् २००४ में भारत सरकार के संस्कृत विभाग से प्राप्त फैलोशिप उनकी नई उपलब्धि है।

एक कोरियोग्राफर के नाते सरोजा वैद्यनाथन की कुछ प्रसिद्ध तमिल प्रस्तुतियों के अलावा संस्कृत व हिंदी में 'आदि शंकर', यजुर्वेद से 'रुद्रम्', 'भाव्यामि', 'कृष्णा पुराणम्', 'गंगा' आदि तथा केवल हिंदी में 'अनमोल मोती', 'पंचतत्त्व' प्रसिद्ध हैं। समय-समय पर जन-जागरण के सामाजिक अभियानों पर भी वे अपनी नृत्य प्रस्तुतियाँ तैयार व प्रदर्शित करती रही हैं। जैसे—नशा-मुक्ति, एड्स-मुक्ति के लिए 'जागृति', स्त्री-शक्ति को प्रोन्नत करने के लिए 'महिला सशक्तीकरण' आदि। पद्म, भजन, कीर्तन, श्लोक तथा संत-वाणियों पर एकल व बैले नृत्य देना भी उनके कार्यक्रमों की अतिरिक्त विशेषता है, जिसने उनकी लोकप्रियता बढ़ाई है।

राजधानी में दक्षिण दिल्ली के कुतुब संस्थागत क्षेत्र में अपने निजी भवन में स्थित उनके प्रसिद्ध नृत्य-स्कूल 'गणेश नाट्यालय' से सौ से ऊपर छात्राएँ प्रशिक्षित होकर देश के विभिन्न स्थानों पर अपने स्वतंत्र कला-केंद्र चला रही हैं। इनमें से कइयों को भारत सरकार के संस्कृति विभाग, साहित्य कला परिषद्, दिल्ली प्रशासन और 'सांस्कृतिक संबंध की भारतीय परिषद्' द्वारा छात्रवृत्तियों की सुविधा प्राप्त रही। यह नाट्यालय अपनी रजत जयंती मना चुका है और राजधानी से बाहर भी दूर-दूर तक इसका नाम है। निरंतर भ्रमण और 'गणेश नाट्यालय' की गतिविधियों के कारण गुरु सरोजा वैद्यनाथन राजधानी की व्यस्ततम नर्तकियों में से एक हैं।

□

कुचिपुडि नृत्य-प्रतिभा : राधा रेड्डी

भारतीय नृत्य-जगत् में पति-पत्नी नृत्यकारों की कई जोड़ियाँ हैं, पर उदयशंकर-अमला के बाद कोई जोड़ी उसी तरह चर्चित रही तो वह है, राजा-राधा रेड्डी की लोकप्रिय जोड़ी, जिसने कुचिपुडि को लेकर देश-विदेश में बहुत नाम कमाया है। राजा ने नृत्य के तांडव अंग को अपनाया है, राधा ने लास्य अंग को अपनाकर उसके साथ अद्‌भुत समीकरण बैठाया है। इसलिए इस जोड़ी को सीता-राम की, राधा-कृष्ण की और शिव-पार्वती की जोड़ी कहा जाता है। कुछ लोग तो पुरुष-प्रकृति की प्रतीक इस नृत्यरत जोड़ी को संयुक्त मुद्राएँ प्रदर्शित करते देखकर 'अर्धनारीश्वर' की संज्ञा ही देने लगते हैं।

राजधानी में पंडारा रोड स्थित इनका फ्लैट अपनी सजधज में जैसे एक कला-संग्रहालय है, तो अपनी गतिविधियों में एक कला-संस्थान, कि इसके पिछले भाग में बागवानीवाली जगह को घेरकर इनका नृत्य स्कूल 'नाट्य तरंगम्' चलाया जा रहा है। हारमोनियम, तबला, तानपूरा, मृदंग, घुँघरू आदि नृत्य-अभ्यास का हर सामान वहाँ मौजूद है और संगीत की ताल पर थिरकते घुँघरुओं की आवाज से घर का और आस-पास का सारा वातावरण गुंजायमान होता रहता है।

घर में प्रवेश करते ही बाहरी बरामदे को 'कवर' करके बनाए गए कार्यालय में उनके दो सहायक काम करते दिखाई देते हैं। सामने खजुराहो की पृष्ठभूमि में नृत्यरत युगल राजा-राधा रेड्डी के अर्धनारीश्वर रूप की बड़ी सी तसवीर टँगी है। बगल में कला-पुस्तकों और पुरस्कार-मंजूषाओं से भरी एक पूरी 'वाल यूनिट' ध्यान खींचती है। भीतर ड्राइंग-रूम में भी कोने की सभी मेजें देश-विदेश से प्राप्त उपहार-कलाकृतियों से सजी हैं। ऐसे कलापूर्ण स्थल को निहारती, ठगी सी मैं कुछ ही देर प्रतीक्षा करती हूँ

कि एकदम घरेलू सी दिखनेवाली एक सौम्य महिला आकर मेरा अभिवादन-सत्कार करती हैं। यही हैं राधा रेड्डी। वेशभूषा में ही सादगी नहीं, बातचीत में भी संकोच भरी सरलता और मैं कला-मंदिर जैसे उस घर में टँगी नृत्यांगना राधा व सामने बैठी सीधी-सादी राधा के बीच तालमेल बैठाने लगती हूँ।

इस मनःस्थिति से उबरते ही मैं पहला प्रश्न करती हूँ, "आप राजा के साथ युगल नृत्य में ही भाग लेती हैं या अकेले भी करती हैं?"

"नहीं, अकेले कभी नृत्य-प्रदर्शन नहीं किया। यों मैंने भरतनाट्यम् भी सीखा है, ओडिसी भी, पर पूरी तरह दक्षता प्राप्त करके अपनाया कुचिपुडि को ही, और मेरे सभी मंच-कार्यक्रम राजा के साथ युगल नृत्य के रूप में ही होते हैं। यही हमारी पहचान है।"

"कुचिपुडि नृत्य के बारे में कुछ बताएँगी, इसका इतिहास क्या है? पुनरुद्धार कैसे हुआ? वर्तमान स्थिति क्या है और भविष्य की संभावनाएँ?"

"इसका इतिहास तो बहुत पुराना है, पर हमारी अन्य शास्त्रीय कलाओं की तरह सामंती काल में यह भी देवदासियों तक सीमित हो गया था। मंदिरों में देवदासियाँ नृत्य करती थीं, बाहरी मंचों पर लड़के लोग—वह भी निम्न जाति के, ब्राह्मणों के लिए मनाही थी। लड़के ही स्त्री पात्रों की वेशभूषा में उनकी भूमिकाएँ किया करते थे। इसलिए इसका प्राचीन शास्त्रीय रूप विकृत हो गया और इसमें सस्तापन आ गया। गुरु वेदांतम् राघवय्या ने इस स्थिति को गंभीरता से अनुभव किया और इसके उद्धार का बीड़ा उठाया। फिर तो इसके पुनरुद्धार व पुनरुत्थान की एक प्रक्रिया चल पड़ी। कई लोग सामने आए—श्री लक्ष्मीनारायण शास्त्री, श्री सिद्धेंद्र योगी आदि, जिन्होंने कुचिपुडि को पुनः विकास के पथ पर अग्रसर किया। फिर यामिनी कृष्णमूर्ति ने इसे सीखा और दक्षिण से उत्तर की ओर भी पहुँचाया। अब तो यह शास्त्रीय नृत्यों की एक महत्त्वपूर्ण मान्य शैली है, जिसे भारत से बाहर अंतरराष्ट्रीय मंचों पर भी मान्यता व लोकप्रियता प्राप्त है।

"इस नृत्य में भी लीला-कथाएँ हैं, इसलिए शिव-पार्वती की, राधा-कृष्ण की जोड़ियाँ भी बनती हैं। परंपरा को अक्षुण्ण रखते हुए कई प्रयोग भी किए जाते हैं। नई पीढ़ी के बहुत लोग इसे सीख रहे हैं। नई-नई कथाओं पर नृत्य-नाटिकाओं की रचना की जा रही है। इस तरह अब तक के विकास को देखते हुए कहा जा सकता है कि कुचिपुडि का भविष्य उज्ज्वल है।"

"जब इतने लोग इसे सीख और कर रहे हैं तो आपकी जोड़ी की अद्भुत सफलता और अपार लोकप्रियता का रहस्य?"

"रहस्य नहीं, समर्पण कहिए। हम दोनों ने कुचिपुडि को आगे बढ़ाने के लिए

अपना पूरा समय, पूरा जीवन लगाने का निर्णय लिया और इसमें खप गए। एक ध्येय पर दृष्टि केंद्रित करके निरंतर साधना से जो सिद्धि संभावित हो सकती थी, परिणामस्वरूप वही सामने है, इससे अधिक कुछ नहीं।" एक सहज विनम्र, लेकिन आत्मविश्वास से पूरित उत्तर।

सचमुच, इस युगल की बचपन से अब तक की कहानी और कुचिपुडि-साधना की कहानी अलग नहीं, एकाकार है। राधा का जन्म १९५६ में कोटला गाँव (आंध्र) में हुआ। राजा-राधा दोनों एक ही समुदाय से संबंधित हैं—'फर्स्ट कजिंस'। परंपरागत रिवाज के अनुसार शादी के समय राधा की उम्र ५ साल थी, राजा की १४ साल। शादी के बाद दोनों अपने-अपने घरों में रहकर पढ़ते रहे। १९६५ में राधा ने मैट्रिक किया, तब तक राजा उस्मानिया विश्वविद्यालय से स्नातक हो चुके थे। १९६६ में राजा ने 'कोरियोग्राफी' में डिप्लोमा लिया। राधा ने इसके तीन साल बाद राजा से कोरियोग्राफी तब सीखी, जब दोनों साथ रहने लगे थे। यों साथ तो उनका बचपन से था, दोनों 'कुचिपुडि भागवतम्' में बाल भूमिकाएँ अभिनीत करते थे।

पर रेड्डी समुदाय शौर्य परंपरा से जुड़ा है। नृत्य-लगाव को इन लोगों में नीची नजर से देखा जाता है। इसलिए गाँव में इन्हें नृत्य में खुलकर भाग लेने का अवसर न था। राजा अकसर रात को चोरी-छिपे घर से निकल, गाँव के मध्य में स्थित एक जगह जाकर 'भागवत् मेला' में भाग लेते और नृत्य सीखते। कभी-कभी राधा को भी साथ ले लेते। फिर राजा अगले अध्ययन के लिए हैदराबाद चले गए, तब तक राधा भी साथ जाने लायक हो गई थी। इसलिए गाँव से प्रस्थान इनके लिए वरदान सिद्ध हुआ। राजा का नृत्य-लगाव विधिवत् प्रशिक्षण की राह पा गया। उन्होंने राधा को भी नृत्यांगना बनाने की इच्छा प्रकट की। राधा खुश हुई, सहमत हुई और दोनों प्रसिद्ध गुरुओं से प्रशिक्षण प्राप्त करने लगे। नृत्याचार्य वेदांतम् प्रह्लाद शर्मा के बाद उन्होंने एलरू के श्री कृष्ण शर्मा से भी नृत्य सीखा, कुचिपुडि गाँव के श्री सिद्धेंद्र से भी, पर एक नियत अवधि के बाद भी सीखना छोड़ा नहीं। निरंतर अभ्यास, निरंतर साधना करते रहे। घर लौटने के बाद भी, क्योंकि अब ये कुचिपुडि को पूरी तरह अपना चुके थे और लोकापवाद या आलोचना की इन्हें कोई परवाह न थी।

इस तरह यह नृत्य जोड़ी अपने घर-गाँव व राज्य से उभरकर सारे देश में चर्चित हुई और अंतरराष्ट्रीय मंचों पर भी छा गई। फ्रांस के अंतरराष्ट्रीय नृत्य-समारोह में भाग लेने के लिए विदेश-यात्रा करनेवाली यह पहली भारतीय कुचिपुडि नृत्य-जोड़ी थी। इसके बाद तो देश के अनेक भागों में और विदेशों में इनकी नृत्य-यात्राओं का जो सिलसिला शुरू हुआ, वह कभी थमा नहीं।

अपनी नृत्य-नाटिकाओं के लिए 'कोरियोग्राफी कंपोज' करना, उसे कुचिपुडि के

नए-नए प्रयोगों में प्रस्तुत करना, देश-विदेश की संस्थाओं के आमंत्रण पर वहाँ कार्यक्रम देना, सरकारी व सांस्कृतिक प्रतिनिधिमंडलों में सम्मिलित होकर अपने भाषणों में सर्वत्र कुचिपुडि की व्याख्याएँ प्रस्तुत करना, अपने घर पर 'नाट्य तरंगम्' के माध्यम से छात्र-छात्राओं को इस नृत्य-शैली का प्रशिक्षण देना आदि इनका अनवरत चलनेवाला कार्यक्रम है।

कुचिपुडि के क्षेत्र में इस नृत्य-युगल की महती सेवाएँ हैं, जिनमें से कुछ प्रमुख इस प्रकार गिनाई जा सकती हैं—एक प्राचीन नृत्य-शैली में क्रांतिकारी परिवर्तन-परिवर्धन करके इसे भारतीय बैले का स्वरूप प्रदान करना। सही तकनीक, शास्त्रीय गरिमा और आधुनिक 'ग्लैमर' में अनोखा समीकरण बैठाकर इसे लोकप्रिय बनाना। यक्षगान और देवदासी नृत्य के मेले से 'भामाकलापम्' जैसी प्रसिद्ध नृत्य-संरचना करना, जिसे आम जनता और शास्त्रीयताप्रिय कलापारखी समान रूप से पसंद करके अपना सकें। बोधायन से 'भगवतअज्जक्यम्', कुमारसंभव से 'उमा परिणयम्', मार्कंडेय पुराण से निकालकर 'मानमाधवीजयम्' जैसी नृत्य-संरचनाएँ देना। भामाकलापम् के अलावा इनकी 'सुदामा चरित्र', 'वसंतसेना' तथा अन्य कई रचनाएँ (नृत्य-नाटिकाएँ) भी बेहद लोकप्रिय हैं। शिव-पार्वती और कृष्ण-राधा की लीलाएँ तो इस जोड़ी की खास पहचान ही बन चुकी हैं।

इस तरह, कुचिपुडि नृत्य-शैली को देश-विदेश में लोकप्रिय बनाने के कारण सन् १९८२ में इन्हें आंध्र राज्य पुरस्कार से सम्मानित किया गया; १९८४ में 'पद्मश्री' के राष्ट्रीय अलंकरण से, १९९० में साहित्य कला परिषद् पुरस्कार, १९९१ में संगीत नाटक अकादमी पुरस्कार, १९९३ में नाट्य चूड़ामणि उपाधि से सम्मानित किया गया तो सन् २००० में 'पद्म भूषण' अलंकरण से भी अलंकृत किया गया। इसके पूर्व १९८९ में जर्मनी में इस जोड़ी पर 'कास्मि कडांस ऑफ शिवा' नाम से एक फिल्म भी बनाई गई थी। नृत्य में प्रकृति-पुरुष और लास्य-तांडव की प्रतीक इस जोड़ी के आगे संभावनाओं के अनेक द्वार ख़ुले हुए हैं।

□

छोटी उम्र में ओडिसी की बड़ी उपलब्धियाँ
माधवी मुद्गल

सन् १९९० की राष्ट्रीय अलंकरण–सूची में माधवी मुद्गल नाम के आगे 'पद्मश्री' देखकर एकबारगी मैं चौंक गई थी—इतनी छोटी उम्र में यह उपाधि पानेवाले कुछ गिने–चुने नाम ही होंगे, पर माधवी मुद्गल नाम न मेरे लिए नया था, न दर्शकों के लिए। ओडिसी नृत्य के प्रमुख नामों में से आज यह एक जाना–पहचाना नाम है। उन्हें सन् २००० के राष्ट्रीय संगीत–नाटक अकादमी पुरस्कार से भी सम्मानित किया गया। यह सम्मान ओडिसी के लिए ही था। इसके पूर्व सन् १९९६ में वह उड़ीसा काव्य संगीत–नाटक अकादमी पुरस्कार भी प्राप्त कर चुकी थीं। २००२ में दिल्ली प्रशासन की साहित्य–कला परिषद् ने भी उन्हें सम्मानित किया।

नृत्य–संगीत का संस्कार माधवी को अपने पारिवारिक परिवेश से मिला। पिताश्री विनय चंद्र मुद्गल सन् १९३९ से राजधानी का सुप्रसिद्ध 'गंधर्व महाविद्यालय' चला रहे थे, अब उसका दायित्व माधवी के भाई श्री मधुप ने सँभाल रखा है। माधवी का जन्म ४ अक्तूबर, १९५१ को हुआ। बहुत छोटी उम्र से ही माधवी ने अपने पिता के इस विद्यालय से नृत्य सीखना शुरू कर दिया था। प्रसिद्ध कार्टूनिस्ट श्री शंकर तब बाल चित्रकला प्रतियोगिता के साथ बाल नृत्य प्रतियोगिता भी चला रहे थे और चार साल की बच्ची माधवी ने इस प्रतियोगिता में विजयी होकर तत्कालीन उपराष्ट्रपति डॉ. सर्वपल्ली राधाकृष्णन के हाथों 'स्वर्ण पदक' प्राप्त किया था। दूसरा कारण यह भी कि १९५०–६० के दशक में जब भारत में ओडिसी नृत्य पर अनुसंधान करके भारत के इस संभवत: सर्वाधिक प्राचीन शास्त्रीय नृत्य का पुनरुद्धार किया जा रहा था, बालिका माधवी उन्हीं

दिनों नृत्य सीख रही थी। तभी तो उसने उत्तर के कत्थक व दक्षिण के भरतनाट्यम का प्रशिक्षण लेकर भी अंततः ओडिसी का चुनाव किया। पहले पिता के विद्यालय में गुरु हरे कृष्ण बहेरा से प्रारंभिक ओडिसी-प्रशिक्षण लेकर, फिर १९७१ से ओडिसी के सुविख्यात गुरु कालुचरण महापात्र की शिष्या बनकर। वर्तमान समय में ओडिसी के उद्धार व प्रचार-प्रसार में गुरु कालुचरण महापात्र के महत्त्वपूर्ण योगदान से सभी कला-प्रेमी परिचित हैं।

"आपके महान् गुरु का आपकी कला के निखार में निश्चय ही बड़ा योगदान रहा होगा, पर अपने क्षेत्र में आपके इतनी जल्दी आगे बढ़ जाने के पीछे आपके संगीताचार्य पिता श्री विनय चंद्र मुद्गल तथा संगीतज्ञ भाई श्री मधुप मुद्गल का भी काफी हाथ रहा होगा? उपलब्धि की इस मंजिल तक पहुँचने में आप इनका योगदान किस रूप में, किस स्तर पर स्वीकार करती हैं?" मैं अपने मन की एक दबी शंका को आकार देती हूँ।

"परिवार का सबसे बड़ा योगदान तो संस्कार रूप में ही मानती हूँ। इसके बाद इनकी प्रेरणा और अपनी रुचि, लगन, साधना, ईश्वर की कृपा का। हाँ, विवाह के बाद पति श्री विनय जैन, जो स्वयं भी डिजाइन आर्टिस्ट हैं, के निरंतर सहयोग-प्रोत्साहन का भी। कोई भी समर्पित कलाकार तब तक अपने लक्ष्य की ओर नहीं बढ़ सकता, जब तक कि घर-परिवार से उसे पूरा सहयोग न मिले। मेरे विचार में कलाकार युवतियों को विवाह करना भी तभी चाहिए जब पति उसे व उसकी कला को समझनेवाला हो और सहयोग बनाए रखे। इस दृष्टि से मैं अपना सौभाग्य मानती हूँ कि मेरे सास-ससुर भी कला-प्रेमी हैं, कोई बाधा नहीं देते।"

"आप गंधर्व महाविद्यालय में नृत्य शिक्षिका भी हैं। क्या बताएँगी कि कला-शिक्षण क्या गुरु-शिष्य परंपरा का स्थान ले सकता है? नहीं, तो पूर्व-परंपरा के ह्रास के साथ इसका विकल्प क्या है? आजादी के बाद देश में साधना के अभाव में कला-प्रशिक्षण की बढ़ती सुविधाओं और बढ़ती प्रशिक्षार्थी संख्या के मायने क्या हैं? कलाओं के विशुद्ध शास्त्रीय स्वरूपों के संरक्षण की आधुनिक पद्धति क्या है? परंपरा और प्रयोग के समन्वय एवं प्रवाह की दिशा और गति क्या है? ओडिसी का भविष्य आप किस रूप में देखती हैं?"

"निश्चय ही गुरु-शिष्य परंपरा का स्थान कक्षा-प्रशिक्षण बिलकुल नहीं ले सकता। न ही श्री कालुचरण महापात्र जैसे गुरु ही अधिक मिलेंगे, लेकिन कला-स्वरूप व परंपरा प्रवाह को लेकर अधिक निराश होने की आवश्यकता नहीं। अभी तो यही बात उत्साहित करनेवाली है कि इस ओर रुचि व चेतना जाग्रत् हुई है। अगर सौ बालक-बालिकाएँ हैं तो उनमें से पच्चीस पूरा कोर्स करेंगे ही। यद्यपि कला साधक के लिए यह प्रारंभिक प्रशिक्षण ही माना जाता है, आगे इससे दुगुने या कम-से-कम इतने वर्षों की

निरंतर साधना चाहिए, पर पच्चीस में से दो-चार ही अच्छे कलाकार निकल जाएँ तो यह प्रवाह रुकेगा नहीं, उत्तरोत्तर बढ़ेगा ही। गुरुओं की कोशिश जारी है कि विशुद्ध शास्त्रीय स्वरूपों का संरक्षण हो। ओडिसी की 'त्रिभंग' मुद्राएँ प्राचीन स्थापत्य प्रमाणों से ही तो अपनाई गईं। इस दृष्टि से मैं हमारे विद्यालय के सन् १९८५ के ओडिसी नृत्य समारोह का भी उल्लेख करना चाहूँगी, जिसमें दो पीढ़ियों के गुरु, तीसरी पीढ़ी के उनके शिष्य, प्राचीन परंपरा के ग्रामीण गोटीपुअ नर्तक, एक वृद्ध महारी (ओडिसी की प्राचीन देवदासी नर्तकी) एक साथ बुलाए गए थे। यह अनुसंधान व प्रदर्शन कार्यक्रम साथ-साथ चलता रहता है। पर शास्त्रीयता को अक्षुण्ण रखते हुए भी समयानुसार प्रयोग किए जाने चाहिए। इसी तरह तो परंपरा का प्रवाह निरंतर आगे बढ़ता रहता है। हाँ, ओडिसी के भविष्य को लेकर एक चिंता मेरे मन में जरूर है कि महापात्र जैसे अच्छे गुरु अपेक्षित संख्या में सामने नहीं आ रहे। इस ओर ध्यान दिया जाना चाहिए।''

''श्री अज्ञेय, सर्वेश्वर जैसे आधुनिक कवियों की रचनाओं पर नृत्य के अलावा आपने अपने ओडिसी नृत्य में अन्य क्या अभिनव प्रयोग किए हैं, जिनसे आपके ओडिसी की अलग पहचान बनी?''

''कालिदास के 'कुमारसंभव' पर नृत्य की बात तो अब पुरानी हो चुकी है। इधर मैंने 'ईशोपनिषद्' के मंत्रों पर आधारित संरचनाएँ भी तैयार की हैं, अपनी दो नृत्य-कुशल शिष्याओं के साथ, जिनकी प्रस्तुति काफी सराही गई। कुछ जर्मन कविताओं पर भी नृत्य किया है मैंने।...प्राचीन संस्कृत-काव्य हो या आधुनिक कविता, साहित्य व संगीत की समन्वित लय ही ओडिसी की जान है। हमारी स्थापत्य-कला, चित्रकला, प्राचीन पांडुलिपियाँ प्रमाण हैं कि यह लयात्मक शास्त्रीय नृत्य शायद भारत का सबसे पुराना नृत्य है, जिसे बारहवीं सदी के अमर गायक जयदेव ने 'गीतगोविंद' की रचना करके नया जीवन दिया। राधा-कृष्ण के चरित्रों के रसात्मक प्रसंगों और गीतगोविंद की कविता की लय की यह परंपरा आगे भी जारी है। इसीलिए ओडिसी की लयात्मक गति सचेतन व्यक्तिगत अभिव्यक्ति के बजाय हृदय के स्पंदन से जुड़ी भावात्मक और आध्यात्मिक अभिव्यक्ति अधिक है। यूँ भी कह सकते हैं कि इसके द्वारा स्थापत्य कला के बेजान पत्थरों में साँस का स्पंदन फूँका गया है। इसके 'नृत' (विशुद्ध नृत्य) और 'नृत्य' (भावाभिव्यक्ति के साथ नृत्य) दोनों भागों से 'नृत्य' में कुछ अधिक ही।''

माधवी मुद्गल को 'संस्कृति प्रतिष्ठान' दिल्ली द्वारा १९८४ में पुरस्कृत किया गया। १९९० के गणतंत्र दिवस में 'पद्मश्री' के राष्ट्रीय अलंकरण से, चार साल की उम्र में 'स्वर्ण पदक' पानेवाली माधवी मुद्गल ने ग्यारह साल की किशोरावस्था में भारत की बाल-राजदूत बनकर पूर्वी जर्मनी व रूस की यात्रा की थी। तब से लेकर अब तक भारत के लगभग हर बड़े नगर में और विदेशों में उनके अनेकों कार्यक्रम हो चुके हैं। पश्चिमी

जर्मनी, घाना, फ्रांस, अल्जीरिया, जापान, कीनिया, इंग्लैंड, मॉरीशस, स्विट्जरलैंड, ईरान, श्रीलंका, बेल्जियम, ऑस्ट्रिया, अमेरिका इत्यादि हर छोटे-बड़े देश की यात्राएँ कर वह अपने अद्‌भुत ओडिसी-प्रदर्शन द्वारा विदेशियों का मन जीत चुकी हैं। यूनेस्को और विंसकांसिन यूनिवर्सिटी की ओर से आयोजित क्रमशः 'अवर आर्ट' और 'गिवन टू डांस' दो विशेष कार्यक्रमों में भाग ले चुकी हैं। दूरदर्शन के 'परिचय' नृत्य कार्यक्रम में व्याख्या के साथ नृत्य प्रदर्शन कर चुकी हैं और माधवी मुद्‌गल की यह नृत्य-यात्रा अपने पूरे उत्साह के साथ निरंतर जारी है।

□

कत्थक में ओज की प्रस्तुति
शोभना नारायण

स्व. श्री सर्वेश्वर दयाल सक्सेना के शब्दों में—"शोभना नारायण के नृत्य का सौंदर्य ओज और उद्दामता का सौंदर्य है। वह मंच पर पहाड़ी जलप्रपात की तरह नाचती हैं। इतनी द्रुत गतिमयता किसी और कत्थक नृत्यांगना में नहीं। बिजली और बवंडर की तरह वह मंच पर आती हैं और लंबे-से-लंबे कार्यक्रम में भी अंत तक वैसी ही बनी रहती हैं। इस दृष्टि से युवा कत्थक नृत्यांगनाओं में उन्हें सर्वश्रेष्ठ ठहराया जा सकता है।"

सर्वेश्वरजी की सन् १९८२ की इस टिप्पणी के बाद शायद शोभना उतनी युवा न हों, पर ओज और गतिमयता में आज भी उनका जवाब नहीं। पुरुष कलाकारों में यह उद्दाम रूप केवल दुर्गालाल में मिलता है, जबकि शोभना के गुरु रहे हैं कुंदनलाल और बिरजू महाराज।

शोभना नारायण के नाचने का ढंग, नाच के बीच पढ़ंत करनेवाला पुरानी परंपरागत शैली का ही है, जिसे कई नर्तकियाँ छोड़ चुकी हैं, पर परंपरागत शुद्धता के लिए शोभना जिसे आवश्यक मानती हैं। फिर लय, गति, समझ और गणित का पूरा खरापन उनमें मौजूद है। उनके नृत्य में टुकड़े, परन, तोड़े, सब साफ-सुथरे तराशे हुए और निखरे हुए रूप में दमकते हैं। अच्छे संगीतकार के साथ यह निखार और भी उभरकर अपनी पूरी चमक के साथ सामने आता है।

उनकी दूसरी विशेषता है, पुरानी ठुमरियाँ छोड़कर नई-पुरानी उत्कृष्ट साहित्यिक रचनाओं पर नृत्य करना। हर जीवंत कलाकार प्रयोगशील होता है कि परंपरा व शास्त्रीयता

को सुरक्षित रखते हुए भी वह कुछ नया जोड़कर उसपर अपनी निजी छाप छोड़ सके। पहले उर्दू शेरों के साथ 'अदा' की अदायगी और सूर, जायसी से लेकर बच्चन तक की कविताओं के साथ 'चाँद' की प्रस्तुति ने उनकी अलग पहचान बनाई। फिर भारतीय व्यापार मेले के सांस्कृतिक विभाग की ओर से उन्होंने 'देशांतर' शीर्षक से जो नृत्य-नाटिका प्रस्तुत की, उसमें बँधुआ मजदूरों से लेकर अन्य समाजार्थिक समस्याओं की ओर कला-रसिकों का ध्यान आकृष्ट करने के उनके नए प्रयोग के लिए उनकी खूब चर्चा रही। अब तो जयशंकर प्रसाद की 'कामायनी' से लेकर महादेवी की कविताओं तक पर नृत्य प्रस्तुत करके उन्होंने कला के साथ साहित्य-जगत् का भी ध्यान अपनी ओर आकर्षित किया है। इधर सुप्रसिद्ध विधिवेत्ता, साहित्यकार डॉ. लक्ष्मीमल्ल सिंघवी के मानवाधिकार-दर्शन को 'मुक्ति लेखा' शीर्षक अपनी नृत्य-नाटिका में प्रस्तुत करने के साथ उनके काव्य-संग्रह 'संख्या का सूरज' की कुछ कविताओं को भी उन्होंने अपने नृत्य में ढाला है, जिनमें से 'चित्रलिखित सा देख रहा हूँ, मैं तेरे अंगों का वैभव' कविता की प्रस्तुति खूब सराही गई। उनकी कुछ अन्य उल्लेखनीय प्रस्तुतियाँ हैं—'उमर खय्याम', 'देवी दुर्गा', 'कब आओगे राम' आदि।

ऑस्ट्रियन टी.वी. के द्वारा उनके नृत्य पर एक घंटे की फिल्म भी बनाई है।

शोभना नारायण की तीसरी विशेषता है, उनका भारतीय लेखा परीक्षा सेवा (आई.ए.एस.) के विभिन्न पदों पर कार्यरत रहते हुए अपने उच्च अधिकारी (डायरेक्टर ऑडिट) के रूप और अपने नृत्यांगना के रूप को साथ-साथ निभा ले जाना। दो विपरीत दिशाओं में संतुलन साधने की सामर्थ्य रखना। फिर घर, बच्चे, नियमित नृत्य-अभ्यास, नृत्य कार्यक्रम, अपनी नृत्य-कक्षा, यात्राएँ, फिर नए कार्यक्रम प्रस्तुत करने के लिए अतिरिक्त अध्ययन-अभ्यास, इन सभी रास्तों पर एक साथ चलना। पर शोभनाजी से पूछिए तो उसी सहज मुसकान के साथ उत्तर मिलेगा, "कुछ करने की भीतरी चाह हो, अपने कार्य व अपने शौक के प्रति पूर्ण समर्पण हो तो सब हो जाता है। हाँ, उसी अनुसार अपनी दिनचर्या व कार्य-योजना बनानी होती है। इसके लिए व्यक्ति का आंतरिक अनुशासन भी चाहिए।" "मेरा दिन खासा लंबा होता है—सत्रह-अठारह घंटे का। मैं सोती कम हूँ। जब बाहर यात्रा पर जाना होता है तो छुट्टी न होने से जल्दी लौटना पड़ता है। आते ही काम पर जाना होता है। इससे कभी-कभी थकान अनुभव होती है और फुरसत के क्षणों की चाह भीतर मचलने लगती है, पर यह अस्थायी दौर शीघ्र ही निकल जाता है। यहाँ तक कि जमकर एक घंटे की फुरसत भी काटने लगती है। मन वापस अपनी सक्रियता की ओर लौट आता है और वहीं सुख पाता है।"

शायद यह आदत हर समर्पित कलाकार और सफल अधिकारी के व्यक्तित्व का एक अनिवार्य हिस्सा बन जाती है, अन्यथा वह वह न होता, जो है। मैं जब शाम को

उनके घर पर उनसे मिली, वह उसी समय राज्यसभा सचिवालय के अपने वर्तमान कार्यालय से घर लौटी थीं, कहने पर भी उन्होंने अपने लिए चंद लम्हे नहीं लिये और अपनी थकान को झटक, उसी सहज मुसकान के साथ बातचीत के लिए प्रस्तुत हो गईं। एक दिन पूर्व उनके बच्चे के सिर पर चोट लगी थी, उसे डॉक्टर के पास ले जाना था, वह दो बार आकर याद भी दिला गया था, पर उसे समझाकर, 'अभी चलते हैं, जरा इन आंटी से बात कर लें' उन्होंने अपनी बात जारी रखी। स्थिति भाँपकर मैंने ही बातचीत को समेटा और वह बच्चे को लेकर डॉक्टर के यहाँ चली गईं। उनके ऑस्ट्रियन पति तब ईरान में राजदूत थे, अत: पिता की जिम्मेदारी भी वही निभा रही थीं।

"कला के प्रति समर्पण, नृत्य-कैरियर और नौकरी, इस सबके साथ दांपत्य जीवन में कभी कोई बाधा या दरार उपस्थित हुई?" यह पूछने पर उनका उत्तर था, "कतई नहीं। मेरे पति ने मुझे अधिकारी नहीं, नृत्यांगना के रूप को ही पसंद किया, अत: कहीं कोई व्यवधान नहीं। वह बहुत उदार और कलापारखी हैं। अलग रहने का कारण हमारी नौकरियाँ ही हैं और हम दोनों ही एक-दूसरे की स्वतंत्रता का सम्मान करते हैं।"

शोभना ने तीन साल की छोटी उम्र से ही नृत्य सीखना शुरू कर दिया था। जमींदार पिता और राजनीतिज्ञ माँ की इस अफसर बेटी ने अपनी स्कूली शिक्षा से लेकर भौतिक शास्त्र में स्नातकोत्तर की डिग्री और फिर आई.ए.एस. परीक्षा तक शिक्षण-प्रशिक्षण के हर स्तर पर गणित और नृत्य में कैसे तालमेल बैठाए रखा? और नीरस आँकड़ों में जूझते हुए भी कैसे अपने नृत्य अभ्यास में व्यवधान नहीं आने दिया? यह वही जानती होंगी, पर पूछने पर उनका सीधा-सादा उत्तर था, "भौतिक शास्त्र और गणित मेरे दिमाग में हैं, नृत्य मेरी आत्मा में रचा-बसा है। नृत्य के बिना मैं जीवित नहीं रह सकती।" कलकत्ता, बंबई व दिल्ली में अपनी पढ़ाई समाप्त कर उन्हें औद्योगिक अनुसंधान परिषद् से 'फैलोशिप' मिल गई थी, जिससे 'सॉलिड स्टेट फिजिक्स' में रिसर्च करने के बाद, वह आई.ए.एस. में चली गईं और सफल होकर अफसर बन गईं। पर नृत्य के प्रति उनका समर्पण पूर्ववत् बना रहा, आज भी है। इसीलिए यह संतुलन संभव हो पाया।

कत्थक की लोकप्रियता के बावजूद सफल कत्थक नृत्यांगनाएँ कम क्यों हैं? आम धारणा के अनुसार, 'राजपूत शैली' व 'मुगल शैली' में वेशभूषा के अलावा क्यां अंतर है? कत्थक के घरानों की अलग पहचान क्या है? कत्थक की शास्त्रीयता पर प्रश्न-चिह्न क्यों लगते हैं? आपने कत्थक ही क्यों चुना? आदि अनेक प्रश्न थे, पर इनके विस्तार में जाना संभव न था। संक्षेप में उनके उत्तर हैं—

"जैसे समझा जाता है, कत्थक नृत्य उतना सरल नहीं है। किसी भी कत्थक

नृत्यांगना के सामने एक बड़ी चुनौती यह होती है कि उसके गुरु नृत्य प्रदर्शन में उसके साथ नहीं होते। अन्य नृत्यों में सबकुछ बँधा-बँधाया होता है। मृदंगवाले, पखावजवाले, सब अपने होते हैं और गुरु भी वहाँ मौजूद रहते हैं। पूरी रिहर्सल के बाद ही नृत्य पेश किया जाता है। कत्थक में कोई गुरु वहाँ मौजूद नहीं होता। तबलावादकों में से भी कभी बड़े नामी उस्ताद होते हैं, कभी नए वादक। बड़े वादक रिहर्सल नहीं कराते। नए वादक ठीक से तालमेल नहीं बैठा पाते। कत्थक में तो शुरू से ही अकेले सीखा जाता है कि नृत्यकार अपने पैरों पर खड़े रहकर स्वच्छंद रूप से अपनी कला दिखा सके। इस नृत्य-शैली में नर्तक का सीधे दर्शकों के साथ संपर्क और तालमेल होता है। संगीतकार ठीक तरह से साथ चलें तो ठीक, वरना नृत्यकार को कठिनाई का सामना करना पड़ता है। यही कारण है कि कभी-कभी संगतकार नृत्यकार पर हावी होते दिखाई देते हैं। इस प्रकार यह बड़ी चुनौतीपूर्ण नृत्य-शैली है, तभी सीखना तो बहुत लोग शुरू करते हैं, आगे कोई-कोई ही पहुँच पाता है। यों अन्य नृत्य-विधाओं में भी सफल व प्रसिद्ध नाम गिने-चुने ही होते हैं—नहीं?

''यह धारणा बिलकुल गलत है कि कत्थक में राजपूत व मुगल शैली जैसी कई शैलियाँ हैं। कत्थक का इतिहास हमारे यहाँ बहुत पुराना है। यह सीधे मंदिरों से निकला है और भगवान् की आराधना से जुड़ा है। महाभारत काल में भी इसका वर्णन है। वाजिद अली शाह ने खुद रुचि लेकर इसे सीखा, नाचा। वह स्वयं भी कृष्ण बनते थे और कृष्ण-लीलाओं का ही अभिनय करते थे। अत: वेशभूषा के अलावा कत्थक कत्थक में कोई अंतर नहीं। हाँ, गुरुओं के शिक्षण के अपने ढंग के अनुसार कुछ परिवारों में पीढ़ी-दर-पीढ़ी एक परंपरा चलने के कारण इसके कुछ घराने जरूर बन गए—लखनऊ घराना, जयपुर घराना, बनारस घराना। लच्छु महाराज, अच्छन महाराज, शंभू महाराज लखनऊ घराने के हैं। इसी तरह अन्य घरानों में भी गुरुओं की एक-एक पीढ़ी रही। अब तो दिल्ली में कत्थक नर्तक-नर्तकियाँ ज्यादा होने से 'दिल्ली घराना' भी कहा जाने लगा है। सिखाते सभी एक ही चीज हैं, केवल प्रस्तुति के ढंग अलग हैं। मैंने लखनऊ, ज़यपुर दोनों प्रसिद्ध घरानों का ढंग सीखा, अपनाया है।

''कत्थक की शास्त्रीयता पर प्रश्न-चिह्न लगाना गलत है। भरतमुनि का 'नाट्यशास्त्र' पढ़ें तो मालूम होगा, कथा की रस-निष्पत्ति, विभिन्न हस्त-मुद्राएँ, चक्कर आदि के ये ही व्याख्यान उसमें हैं। आज से तीस-पैंतीस वर्ष पूर्व 'ओडिसी' को ही शास्त्रीय कहाँ माना जाता था। यह श्रेय तो गुरु कालीचरण महापात्र को ही जाता है। कत्थक के साथ एक दुर्भाग्य यह रहा कि कलावंत प्राय: इसके क्रियात्मक पहलू पर अधिक ध्यान देते रहे, शास्त्रीयता की उपेक्षा कर दी गई। जैसे उमा शर्मा ने भारत के मंदिरों की अध्ययन-यात्रा करके 'बृज और रास लीला' पर हर पहलू से शोध कार्य किया तथा उसे अपने

अभिनय में अपनाया, वैसे प्रयत्न अभी कम हुए हैं। कई बार गुरु भी अपने घराने की बारीकियाँ अपने परिवार तक सीमित रखते हैं, पर मैं तो बहुत आशावान् हूँ। लोगों में आज अपनी संस्कृति जानने की जो जिज्ञासा जनमी है और हमारी संस्कृति ने जिस तरह विदेशियों का ध्यान आकर्षित किया है, वह न केवल नए कलाकारों को सामने लाती रहेगी, इसकी शास्त्रीयता को भी पुष्ट करेगी।

''मैंने कत्थक को इसलिए अपनाया कि यह मेरी अपनी भाषा में है और एक ही शैली पर इसलिए ध्यान दिया कि किसी भी कला से न्याय करने के लिए उसके प्रति पूर्ण प्रतिबद्धता अनिवार्य है। आप इसे इसकी भाव-प्रवणता के साथ मेरा गहरा लगाव भी कह सकती हैं। शोभना नारायण 'आसावरी' नाम से अपनी नृत्य प्रशिक्षण संस्था भी चलाती हैं, जिसने श्रुति गुप्ता जैसी निष्ठावान्, प्रतिभावान् शिष्याएँ तैयार की हैं।''

शोभनाजी के नृत्य कार्यक्रम देश-विदेश में विश्व के कई विशिष्ट राजनेताओं के सम्मुख हो चुके हैं। भारत महोत्सव रूस, 'अंतरराष्ट्रीय संगीत-नृत्य महोत्सव' पेरिस, लंदन, 'विश्व युवा महोत्सव' बर्लिन के अलावा, नीदरलैंड, घाना, सीरिया, अल्जीरिया, ऑस्ट्रिया, थाईलैंड, सिंगापुर आदि अनेक देशों की नृत्य-यात्राएँ करके वह अपार प्रेम-प्रशंसा अर्जित कर चुकी हैं—कई पुरस्कार-सम्मान, उपाधियाँ भी। पर लगता है, कत्थक नृत्य के क्षेत्र में तेजी से उभरती इस प्रतिभा की कई मायनों में राष्ट्रीय पहचान अभी भी शेष है। उन्हें सन् २००० के राष्ट्रीय संगीत नाटक अकादमी पुरस्कार से सम्मानित किया गया। यह सम्मान कत्थक के लिए ही था।

□

खंड : ३

वादक

संगीत-सरस्वती, सरोदपाणि : **शरन रानी**

"'संगीत-सरस्वती' वह श्रेष्ठतम उपाधि है, जो जनता द्वारा शरन रानी को दी जा सकती थी। जनता जिस रूप में किसी कलाकार को सम्मानित करती है, उसे सर्वाधिक महत्त्वपूर्ण समझा जाना चाहिए। 'पद्मश्री' तो सरकारी सम्मान है।" ये शब्द थे, तत्कालीन राष्ट्रपति डॉ. जाकिर हुसैन के, जिन्होंने ३० अप्रैल, १९६८ को राजधानी दिल्ली में विख्यात सरोदवादिका शरन रानी के 'नागरिक अभिनंदन समारोह' में बोलते हुए कहे थे। इसी अवसर पर श्रीमती विजय लक्ष्मी पंडित ने शरन रानी को अभिनंदन ग्रंथ भेंट करते हुए अपने उद्गार व्यक्त किए, "शरन रानी का सम्मान भारतीय नारी का, उनकी कला-साधना का सम्मान है। उनकी सेवाएँ अमूल्य हैं।" श्री हंसराज गुप्त, तत्कालीन महापौर दिल्ली और शरन रानी अभिनंदन समारोह समिति के अध्यक्ष ने कहा, "शरन रानी बाकलीवाल ने अपनी दीर्घकालीन कला-साधना द्वारा शास्त्रीय संगीत के क्षेत्र में जो उपलब्धियाँ अर्जित की हैं, उनपर देशवासियों को गर्व है।"

संगीत-साधना में पिछले छह-सात दशकों से रत शरन रानी भारत की पहली महिला सरोदवादिका हैं, जिन्हें राष्ट्रपति द्वारा १९६८ में कला-सेवा के लिए 'पद्मश्री' की उपाधि से अलंकृत किया गया था। इतनी धूमधाम से किसी कलाकार का नागरिक अभिनंदन भी इसके पहले नहीं हुआ था। उस अभिनंदन समारोह में राजधानी के सभी प्रमुख राजनेता, कलाकार और विशिष्ट नागरिक उपस्थित हुए थे। अभिनंदन ग्रंथ में भी बड़े गुलाम अली खाँ से लेकर देश-विदेश के अंतरराष्ट्रीय ख्याति-प्राप्ति महानुभावों और संगीतज्ञों के लेख तथा संदेश शामिल थे। कुछ प्रमुख नाम विश्वविख्यात हैं—वायलनवादक यहूदी मैनुहिन, उस्ताद अलाउद्दीन खाँ, पं. उदयशंकर, पं. जवाहर लाल

नेहरू, लाला हंसराज गुप्त, उपराज्यपाल दिल्ली श्री आदित्यनाथ झा, उपकुलपति दिल्ली विश्वविद्यालय डॉ. बी.एन. गांगुली, ब्रिटिश हाई कमिश्नर, फ्रांस के राजदूत, कई राज्यों के राज्यपाल, मंत्री संगीत-नाटक अकादमी, श्री रामधारी सिंह दिनकर, शिवमंगल सिंह सुमन आदि।

इतने महत्त्वपूर्ण समारोह में सम्मानित होनेवाले कलाकार के लिए भावुकता से बचकर निर्लिप्त और संतुलित रह पाना कठिन होता है, पर शरन रानी ने सभी प्रशंसात्मक भाषणों के बाद केवल अपना सरोद वादन सुनाया और इतना डूबकर सुनाया कि लगा, शरन रानी को केवल अपनी कला से मतलब है। राग 'पूर्णिया' और 'कल्याण' की बारी-बारी से गत बजाकर उन्होंने श्रोताओं को मंत्रमुग्ध कर दिया। यों उनकी कला द्रुत-गति में अधिक निखरती है, पर उन्होंने मंथर गति पर भी अपना पूरा अधिकार दरशाया, साथ ही पूरी तरह तन्मय होकर कला में लीन रहते हुए यह दिखा दिया था कि उनके लिए सबसे ऊपर है उनकी संगीत-साधना।

भारत में सरोद उतना नहीं अपनाया जाता, जितना कि सितार। सरोद इने-गिने कलाकार ही बजाते हैं, क्योंकि यह सभी को रास नहीं आता। इस जटिल वाद्य को बजाना आसान नहीं। शरन रानी ने न केवल इसे अपनाया, परंपरा और प्रयोग का समन्वय कर अपनी एक विशिष्ट शैली भी बनाई और इस कारण संगीत जगत् में अपना विशिष्ट स्थान भी निर्धारित किया। सरोद का अपना व्यक्तित्व है, अपना क्षेत्र है। इसलिए इसकी साधना भी कुछ विशिष्ट ही है।...महर्षि भरत ने कहा है, "स्त्रियों का प्रधान कार्य 'गान' है, पुरुषों का प्रधान कार्य 'वादन' है, क्योंकि नारी कंठ स्वभावतः मधुर होता है और पुरुषों में शारीरिक बल स्वभावतः अधिक होता है, जो वादन के लिए अनिवार्य है।" श्रीमती शरन रानी बाकलीवाल इस दृष्टि से एक अपवाद ही हैं। वह न केवल सरोद बजाती हैं, एक अग्रणी सरोदवादिका भी हैं। उनका नाम भारत के चोटी के चार कलाकारों में से एक है—ये अंतरराष्ट्रीय ख्याति-प्राप्त अन्य तीन नाम हैं उस्ताद अली अकबर खाँ, विलायत खाँ और पं. रविशंकर।

सुप्रसिद्ध रामपुर घराने की परंपरा को आगे बढ़ानेवाली शरन रानी तानसेन के वंशज उस्ताद अलाउद्दीन खाँ की प्रिय शिष्या रही हैं। उन्हें सिखाने में खाँ साहब ने उनके धैर्य की कम परीक्षा नहीं ली थी। उनकी अपेक्षाओं पर खरी उतरने पर ही उन्हें बाबा, अलाउद्दीन खाँ का अनुग्रह, आशीर्वाद और वात्सल्य प्राप्त हुआ था। खाँ साहब के प्रशिक्षण ने उन्हें सही दिशा दी, अली अकबर खाँ ने उन्हें लक्ष्य की ओर आगे बढ़ाने में मदद की तथा अपनी धुन, लगन व मेहनत ने उन्हें सिद्धि की ओर, अंतरराष्ट्रीय ख्याति की ओर अग्रसर किया। प्रसिद्ध सेन्या घराने से संबद्ध होने से शरन रानी ने घराने की शैली को तो पूरी तरह आत्मसात् किया ही, उसकी संगीतात्मा को अक्षुण्ण रखते हुए

उसमें अपने प्रयोग भी किए। वह देश के उन गिने-चुने संगीतज्ञों में से एक थीं, जिन्होंने भारतीय संगीत को विदेशों में लोकप्रिय बनाया और विदेशी कला-प्रेमियों में इसकी समझ पैदा की। उनका संगीत ब्रिटेन, अमेरिका, ऑस्ट्रेलिया, फिजी द्वीप में और यूरोप तथा एशिया के अनेक देशों में रुचि से सुना गया। शरन रानी प्रथम महिला कलाकार थीं, जिन्होंने दिल्ली विश्वविद्यालय से कला में स्नातकोत्तर उपाधि ग्रहण की और वह पहली ऐसी महिला कलाकार थीं, जो भारतीय संगीत की विशिष्टताओं को विदेशी श्रोताओं के सामने उनकी भाषा में समझती थीं।

शरन रानी ने उस समय संगीत-साधना आरंभ की थी, जब संगीत एक विशेष वर्ग में ही गाया-सुना जाता था। संभ्रांत घरों की लड़कियों के लिए यह सम्मानजनक पेशा नहीं माना जाता था। ऐसे समय में एक हिंदू परिवार की सुशिक्षित लड़की इस ओर झुके, इसके लिए बड़े साहस की आवश्यकता थी। पर बाधाओं की परवाह न कर शरन रानी इस ओर बढ़ती ही गईं। दिल्ली में ९ अप्रैल, १९२९ को जनमी शरन रानी ने बचपन से ही कला-शिक्षा लेना आरंभ कर दिया था। पिता लाला पुन्नूलालजी और माता श्रीमती नंद रानीजी उन्हें १२-१३ वर्ष की आयु में ही छोड़कर स्वर्ग सिधार गए थे। दस भाई-बहनों में सबसे छोटी शरन रानी को अपने (प्रसिद्ध इतिहासज्ञ) मामा श्री ताराचंदजी से प्रेरणा-प्रोत्साहन मिला। तीन साल की उम्र में ही ग्रामोफोन रिकॉर्ड पर थिरककर बच्ची शरन ने अपनी कला-रुचि का परिचय दे दिया था और सात साल की उम्र में महान् कत्थक गुरु अच्छन महाराज से विधिवत् नृत्य-प्रशिक्षण लेना भी शुरू कर दिया था। कत्थक नृत्य अभ्यास जारी रखते हुए शरन रानी ने गुरु नभ कुमार से मणिपुरी नृत्य भी सीखा।

नौ साल की उम्र में उन्होंने शास्त्रीय संगीत सीखना और सरोद बजाना शुरू किया और बाद में नृत्य गायन छोड़, इसी ओर झुक गईं। तब उन्होंने सोचा भी नहीं होगा कि एक दिन वह भारत की अग्रणी सरोदवादिका बनेंगी। उस समय तो बस एक के बाद एक संगीत-वाद्य बजाकर देखना, उसे समझना ही उनका शौक था, पर उनका यह शौक और झुकाव अंत तक कम नहीं हुआ, बल्कि बढ़ा ही, इस रूप में कि उन्हें विविध संगीत-वाद्य खोजने, उन्हें सँजोने और समझने का शौक था, इतने विकसित रूप में कि अब तक वह सात सौ विभिन्न नए-पुराने संगीत-वाद्य खोजकर उनका संग्रह कर चुकी थीं। अब इतने सारे वाद्य कहाँ रखे जाएँ? तो राष्ट्रीय कला-संग्रहालय में एक वीथी बनाई गई। इस 'शरन रानी कला-वीथी' में तीन सौ चुने गए वाद्य रखे गए हैं। शेष चार सौ अभी तक उनके घर में जैसे-तैसे शरण लिये हैं, जिनके लिए उन्हें उपयुक्त जगह की तलाश थी; १८ सितंबर से १८ अक्तूबर, २००२ को इन संगृहीत वाद्ययंत्रों की एक प्रदर्शनी भी लगाई गई, जिसमें उनके द्वारा खोजे गए प्राचीन दुर्लभ वाद्य यंत्र भी प्रदर्शित किए गए थे। यह

एक और बड़ा काम उन्होंने किया, जो उनकी कीर्ति को अमर बनाएगा।

यदि शरन रानी का इस ओर झुकाव देखकर उनके परिवारवाले उन्हें यह प्रशिक्षण न दिलाते, तो नृत्य व शास्त्रीय संगीत से गुजरते वह अपने लिए उपयुक्त वादन क्षेत्र का चुनाव कैसे करतीं? तब यह 'संगीत-सरस्वती' न जाने कहाँ दबी-घुटी रह जाती। इसके बाद तो वह संगीत-सरस्वती ही नहीं 'सरोदपाणि', 'अभिनव संगीत शारदा', 'कला-मूर्ति', 'कला-रत्न', 'आचार्य', 'तंत्री-विलास' आदि न जाने किन-किन कला-उपाधियों से विभूषित की गईं। 'पद्मश्री' (१९८६) के बाद 'पद्म भूषण' (२०००) और २००४ में 'राष्ट्रीय कलाकार' की मान्यता भी। इसके पूर्व वे 'संगीत नाटक अकादमी पुरस्कार' (१९८६), दिल्ली प्रशासन का साहित्य कला परिषद् पुरस्कार (१९७४) और न जाने किन-किन राज्य व क्षेत्रीय सम्मानों-पुरस्कारों से विभूषित हो चुकी थीं। इनमें देशी ही नहीं, कई विदेशी पुरस्कार-सम्मान और विश्वविद्यालयीन ऑनरेरी उपाधियाँ भी शामिल हैं। देश भर के विदेश के, अनेक समारोहों, सेमिनारों में भाग ले चुकी थीं। दर्जनों कला-संस्थाओं, सामाजिक-सांस्कृतिक व शैक्षणिक संस्थाओं की प्रबंध व निर्णायक समितियों में रहकर नई पीढ़ी के भाग्य का फैसला कर चुकी थीं। कला-प्रदर्शन से संबंधित उनके देशी-विदेशी दौरों की तो कोई सीमा ही नहीं थी। इसलिए कि अपने क्षेत्र में यह अकेला ही महिला नाम अपनी कला और ख्याति में इस ऊँचाई तक पहुँचा था। १९९२ में प्रकाशित उनकी बेजोड़ पुस्तक 'डिवाइन सरोद' भी खूब सराही गईं। उनके विकास में उनके कला-प्रेमी पति श्री सुलतान सिंह बाकलीवाल का साथ-सहयोग भी महत्त्वपूर्ण रहा, जिसे वह खुले मन से स्वीकारती थीं। यह भी अपने आप में एक अपवाद न कहें, आदर्श उदाहरण तो कह ही सकते हैं, क्योंकि ऐसी पारिवारिक खुशी बहुत कम महिलाओं को नसीब होती है। उनकी एकमात्र पुत्री राधिका रानी भी नृत्य-संगीत, चित्रकला और विद्वत्ता की ओर उन्मुख है। इस तरह, सभी दृष्टियों से शरन रानी का कोई सानी नहीं। उनके शिष्यों में भी उनका स्थान लेने की संभावना अभी किसी ने नहीं दरशाई है, क्योंकि जन्मजात प्रतिभा और दीर्घ साधना का समन्वय कर किसी कला में पूर्णता की ऊँचाइयाँ छूने की क्षमता विरल ही होती है।

□

सितार व सुरबहारवादिका : अन्नपूर्णा देवी

अन्नपूर्णा देवी उस्ताद अलाउद्दीन खाँ की पुत्री और उनके शिष्य अंतरराष्ट्रीय ख्याति-प्राप्त सितारवादक रवि शंकर की पहली पत्नी हैं। उस्ताद अलाउद्दीन खाँ उदयशंकर की पार्टी के साथ प्रायः देश-विदेश में घूमते थे। एक बार जब वह उदयशंकर की मंडली के साथ विदेश यात्रा पर थे, तभी १९२७ में उनके घर विंध्य प्रदेश के मेहर कस्बे में एक पुत्री ने जन्म लिया। मेहर के महाराजा ने इस लड़की का नामकरण किया— अन्नपूर्णा।

अन्नपूर्णा बचपन से ही अपने उस्ताद पिता से सितार सीखने लगी थी। सन् १९४० तक निरंतर साधना द्वारा जब वह सितार में सिद्धहस्त हो गई तो पिता ने सितार-शिक्षा बंद कर उसे सुरबहार का अभ्यास शुरू करा दिया। इसके बाद तो ध्रुपद शैली की वादक के रूप में वह शिखर पर पहुँची।

उदयशंकर के छोटे भाई रविशंकर उस्ताद अलाउद्दीन खाँ के प्रिय शिष्य थे। वह रविशंकर को सितार, ऑर्केस्ट्रा और नृत्य तीनों की शिक्षा दे रहे थे। आगे चलकर उदयशंकर नृत्य-सम्राट् के रूप में तो रविशंकर सितार-सम्राट् के रूप में प्रसिद्धि के शिखर पर पहुँचे। अपने इसी होनहार शिष्य रविशंकर से उस्ताद अपनी कलाकार बेटी का ब्याह करना चाहते थे। हिंदू-मुसलिम सांप्रदायिकता की दीवार और परिवारों के कट्टर विरोध के बावजूद १९४१ में यह विवाह संपन्न हो गया। विवाह के बाद अन्नपूर्णा पिता की आज्ञा लेकर पति सहित 'इप्टा' संस्था के साथ भारत-भ्रमण के लिए निकल पड़ी। श्री नेहरू की 'डिस्कवरी ऑफ इंडिया' का विभिन्न स्थानों पर मंचन इसी संस्था द्वारा किया गया था। अन्नपूर्णा देवी पार्श्व में वादिका थीं।

अन्नपूर्णा देवी को रागों में 'यमन कल्याण', 'मालकौंस' और तालों में 'चौताल'

व 'धमार' बजाना विशेष प्रिय रहा। अपने घराने की सारी विशेषताएँ उनके वादन में हैं। जनता में वह बहुत कम प्रदर्शन करतीं। उनके अनुसार, ''पिता की आज्ञा से सुरवादन मेरे लिए आत्मानंद की वस्तु बन चुका है।'' फिर भी कला-पारखियों के बीच अपनी कला के प्रदर्शन में उन्हें हिचक नहीं। दिल्ली और बंबई में कई बार अपने 'सुरबहार-वादन' से वह दर्शकों-श्रोताओं को मंत्रमुग्ध कर चुकी थीं। समझ रखनेवाले श्रोता उनके जोड़ और आलापचारी के अंगों में अजस्र रूप से प्रवाही संगीत से भाव-विभोर हो जाते रहे। पति-पत्नी की युगलबंदी जब-जब जिन्होंने देखी, वे उस वातावरण की तन्मयता और स्तब्धता से परिचित थे।

अन्नपूर्णाजी के सुपुत्र श्री शुभेंदु शंकर भी सितारवादक के रूप में उभरकर सामने आ चुके हैं।

शास्त्रीय संगीत के एक पूरे युग का प्रतिनिधित्व करनेवाले और अपने जीते-जी ही मिथक बन जानेवाले 'पद्मभूषण' उस्ताद अलाउद्दीन खाँ ही 'मेहर घराने' के संस्थापक-संचालक रहे, जिनके शिष्यों में संगीत-जगत् की बड़ी-बड़ी हस्तियों के नाम हैं। उनके जाने के बाद उनकी बेटी अन्नपूर्णा ही बंबई में 'आचार्य अलाउद्दीन खाँ संगीत संस्थान' चलाकर गुरु-शिष्य की उस उज्ज्वल परंपरा को आगे बढ़ाती रहीं। अपने पिता की तरह उनके शिष्यों में भी अनेक ख्यातिप्राप्त नाम हैं, जैसे—'सितार' में स्व. पं. निखिल बैनर्जी से लेकर श्री शुभ शंकर, श्री अमित राय, श्री सुधीर फड़के, श्रीमती संध्या आप्टे, श्रीमती शाश्वती घोष, श्रीमती विजया चट्टोपाध्याय आदि। 'सरोद' में स्व. उस्ताद बहादुर खाँ से लेकर उस्ताद आशीष खाँ, उस्ताद ध्यानेश खाँ, श्रीमती स्तुति डे, श्रीमती उमा गुहा आदि। 'बाँसुरी' में श्री हरिप्रसाद चौरसिया, श्री नित्यानंद हल्दीपुर आदि।

इस गुरु-शिष्य परंपरा पर उनके विचार : ''देश की आजादी के बाद संगीत-नृत्य आदि कलाओं को दरबारी संरक्षण समाप्त होने से एक लाभ तो यह हुआ कि ये कलाएँ अब किन्हीं घरानों की बपौती नहीं रहीं और आम जनता में इन्हें सीखने-समझने-अपनाने की ललक पैदा हुई है। आज बहुत से माता-पिता अपने बच्चों को 'हॉबी' के तौर पर इनकी शिक्षा दिलाते हैं और बच्चे शौकिया इन्हें सीखते भी हैं, पर इससे कलाओं का प्रसार ही बढ़ा है। विकास, जो लंबी साधना व समर्पण माँगता है, रुक-सा गया है। फिर भी चंद समर्पित लोग हैं जो इन्हें आगे बढ़ाने में लगे हैं। इससे लगता है, यह प्रवाह रुकेगा नहीं, जहाँ कहीं संस्कारिता और समर्पण पाएगा, उसे लेकर आगे बढ़ता जाएगा।''

'स्वर-साधना' गायन और वादन, दोनों के लिए अनिवार्य है। शिष्य को गुरु के निर्देशानुसार 'सरगम', 'बोल', 'पल्टे' आदि का अभ्यास करना चाहिए और नियमित

रियाज करना चाहिए। रियाज में भी पूर्ण एकाग्रचित्त न हों तो वह सही साधना नहीं, खानापूरी होगी। गायन में साँस-नियंत्रण, स्वर-नियंत्रण, शुद्ध उच्चारण और आलापचारी से आवाज सधती है तथा खुलाव पाती है। इसी तरह वादन में भी वाद्य-यंत्र को सही ढंग से पकड़ना, सही स्थान पर उँगलियों का सही दबाव, बैठने की सही मुद्रा, आवाज का संतुलन, सही बजाव द्वारा आवाज को घटाना-बढ़ाना, उसमें चमत्कार या जादू पैदा करना आदि बातें शिक्षण और अभ्यास के लिए जरूरी हैं।

अपने शिष्यों को अपने बाबा की तरह ही तालीम देनेवाली अन्नपूर्णाजी की संगीत-उपलब्धियों के लिए भारत सरकार ने उन्हें १९७७ में 'पद्म भूषण' की उपाधि से विभूषित किया था। उनके इस क्षेत्र में अनुपम योगदान के लिए १९८८ में उन्हें बंबई की 'सुर-सिंगार' संस्था ने 'शारंगदेव फैलोशिप' देकर सम्मानित किया था। एक अवधि बाद इधर २००५ के प्रारंभ में संगीत-नाटक अकादमी ने भी फैलोशिप (रत्न सदस्या) देकर जैसे अभी तक उन्हें भूलने की अपनी भूल का सुधार कर लिया है।

इस तरह यह छुपी प्रतिभा एक बार फिर संगीत-प्रेमियों की नजर में आ चढ़ी, अन्यथा सन् १९५०-६० के दशक में भारत के सभी बड़े नगरों में धारावाहिक सितार और सुरबहार के कार्यक्रम देकर, जो कला-समीक्षकों व कला-रसिकों की दृष्टि में 'उस्तादों की उस्ताद' कहलाने का गौरव प्राप्त कर चुकी थीं, वह जन-दृष्टियों से ओझल कैसे हो गई थीं? कारणवश पति-पत्नी के अलग हो जाने पर पति तो इस तरह अपनी कला का गला नहीं घोंट लेते। कलाकार पत्नी ही क्यों अकेले यह दारुण यंत्रणा भोगती है? संगीत-नाटक अकादमी से उनका वर्तमान पता लेकर लिखने पर भी किसी ने आशा नहीं बँधाई थी कि वह जवाब देंगी। गनीमत है कि जवाब आया। लेकिन जीवन-परिचय (बायोडाटा) व अपेक्षित चित्र से रहित, केवल विचार रूप में। इसीलिए यह प्रश्न मैं समस्त कला-जगत् के सामने रखकर उसे सोचने के लिए उत्प्रेरित कर रही हूँ।

□

वायलिन-वादन में एक अग्रणी नाम

एन. राजम्

वाद्य-संगीत में बहुत कम महिलाएँ हैं। उसपर कर्नाटक और हिंदुस्तानी, दोनों संगीत-धाराओं में पारंगत, दोनों की खूबियों को एक विदेशी समझे जानेवाले वाद्य, वायलिन में ढालकर, वायलिन के गायकी अंग को ऊँचाइयों तक पहुँचानेवाली राजम् आज हमारे देश की चोटी की वायलिनवादिका और संगीतशास्त्री हैं। लेकिन इतनी बात से तो शायद हर संगीत-प्रेमी परिचित है। यह बहुत कम लोग जानते होंगे कि इस प्रतिष्ठित स्थान तक पहुँचने में उन्होंने कठिन साधना की कितनी सीढ़ियाँ पार की हैं।

श्रीमती एन. राजम् के जीवन की संघर्ष-कथा किसी भी क्षेत्र में आगे आने की इच्छुक नारी के लिए प्रेरणा-स्रोत है। शैशव से ही संगीत के क्षेत्र में रिकॉर्ड बनानेवाली राजम् को बचपन में ही वायलिनवादक पिता ने जमकर साधना करवाई थी। फिर भी टाइप सीखकर क्लर्की के लिए उन्हें साक्षात्कार देना पड़ा था और अपनी संगीत-साधना जारी रखने के लिए कई वर्ष तक गरीबी से संघर्ष करना पड़ा था। यह एक अलग कहानी है, जो शायद अनेक कला-साधकों की नियति रही है, इसलिए इसके विस्तार में न जाकर इस आलेख को मैं उनके कला-कर्म एवं उपलब्धियों तक ही सीमित रखना चाहूँगी।

एन. राजम् का जन्म एर्नाकुलम के एक परंपरागत संगीत-परिवार में १९३८ में हुआ। पिता श्री ए. नारायण स्वयं प्रशिक्षित वायलिनवादक थे। अपनी पाँचों संतानों को उन्होंने बहुत छोटी उम्र से ही वायलिन सिखाना शुरू कर दिया था। पर इतनी कम उम्र

में गहरी रुचि किसी ने प्रदर्शित नहीं की थी, जितनी कि राजम् ने। डेढ़ साल की यह बच्ची वायलिन की ध्वनि को बड़े ध्यान से सुनती और अपने बड़े भाइयों के घंटों चलनेवाले अभ्यास को ध्यान से देखा करती। बीच-बीच में उनसे प्रश्न भी करती। बच्ची की लगन देख, पिताश्री अय्यर ने उसे अक्षर-ज्ञान देने से पहले वायलिन पर उँगलियाँ रखवाकर स्वर स्थान बताना शुरू कर दिया। साज बच्ची के लिए बहुत भारी पड़ता, पर चार साल की उम्र तक राजम् की उँगलियाँ वाद्य-यंत्र पर आसानी से चलने लगी थीं, तो इसी उम्र से पिता उसे विधिवत् नियमित शिक्षा देने लगे थे। कठोर अनुशासनप्रिय पिता बच्ची को समझाकर, टॉफियाँ आदि से फुसलाकर दिन में कई-कई घंटे अभ्यास कराते। फिर क्लिष्ट तकनीक भी बताने लगे। एक वर्ष में राजम् ने लगभग तकनीकी ज्ञान प्राप्त कर लिया। वह 'वर्णम्' (कर्नाटक संगीत) बजाने लगी। तभी उसने सेंट्रल कॉलेज ऑफ कर्नाटक म्यूजिक के प्रिंसिपल 'संगीत कलानिधि' श्री मूसिरि सुब्रह्मण्यम अय्यर से सीखने का सौभाग्य भी पाया। इस तरह वह पाँच साल तक नियमित प्रशिक्षण व अभ्यास के बाद नौ वर्ष की आयु में मद्रास रेडियो के 'आडीशन टेस्ट' में पास होकर कार्यक्रम भी देने लगी थी। अल्प आयु में उसने कई पुरस्कार व स्वर्ण-पदक जीत लिये थे। सन् १९५० में मद्रास संगीत अकादमी द्वारा आयोजित वाद्य-संगीत प्रतियोगिता में प्रथम पुरस्कार भी पाया।

इसके बाद एन. राजम् हिंदुस्तानी संगीत की शिक्षा प्राप्त करने बनारस चली गईं। संगीत में इंटरमीडिएट की परीक्षा प्रथम श्रेणी में पास की। साथ में एल.आर. केलकर से एक वर्ष तक निजी तौर पर भी सीखा। फिर बंबई लौटकर वहाँ भी कई प्रमुख संगीतज्ञों से सीखती रहीं। वापस बनारस लौटकर हिंदू विश्वविद्यालय से बी.ए. किया। संस्कृत विषय लेकर एम.ए. किया। गंधर्व महाविद्यालय से बी. म्यूजिक और प्रयाग संगीत समिति से एम. म्यूजिक किया। बंबई से बनारस तक इस सारी शिक्षा के दौरान गरीबी, लाचारी, बीमारी से लड़ती रहीं, पर दृढ़ संकल्प और उच्च संस्कार ने सदा सहारा दिया। अतः अचल-अटल रहकर धीरे-धीरे अभ्यास बढ़ाते हुए, उनके चरण प्रगति व प्रसिद्धि की ओर उठते चलते गए।

कर्नाटक संगीत पर इतनी कम आयु में इतना अधिकार पाने के बाद वह हिंदुस्तानी संगीत की ओर कैसे मुड़ीं? यह पूछने पर उनका उत्तर था, ''इसे तेरह वर्ष की आयु में घटी एक घटना का चमत्कार ही कह सकती हूँ। मुझे पं. ओंकारनाथ ठाकुर के रिकॉर्ड्स सुनने का अवसर मिला। पहला रिकॉर्ड सुनते ही में दंग रह गई। उस अलौकिक संगीत ने मुझपर जादू सा कर दिया। कई दिनों तक वह दिव्य स्वर मेरे कानों में गूँजता रहा। मन में तीव्र इच्छा उत्पन्न हुई, 'क्या कभी मैं भी संगीत की इस महान् विभूति से सीख सकूँगी?' परीक्षा के लिए बनारस में रहते हुए मेरा यह सपना साकार हुआ। पं. ओंकारनाथ

ठाकुर के सौजन्य और पांडित्य ने मेरा मन मोह लिया और वह भी मेरा वायलिन-वादन सुनकर प्रसन्न हुए। उन्होंने आशीर्वाद दिया, शिष्या रूप में स्वीकार भी किया। मैं बनारस अधिक दिन न रहकर बंबई लौट गई। संगीत-पीठ के आचार्य के नाते और कार्यक्रमों के सिलसिले में पंडितजी बंबई आते रहे और मैं उनसे सीखती रही। बड़े ही वात्सल्य भाव से प्रोत्साहित करते और भविष्यवाणी करते, 'धैर्य न खोना, एक दिन तू बहुत यश पाएगी।' उनकी संगीत-सभाओं में उनके साथ जाने, कुछ समय संगत भी करने से मेरा आत्मविश्वास बढ़ा और हिंदुस्तानी संगीत मेरे वाद्य में समाता चला गया।''

पं. ओंकारनाथ ठाकुर बनारस विश्वविद्यालय से संबद्ध न थे, पर बनारस में रहते थे और उनका अच्छा-खासा प्रभाव था। सन् १९५९ में एन. राजम् को बनारस हिंदू विश्वविद्यालय में हिंदुस्तानी संगीत (वायलिन-वादन) में लेक्चरर के रूप में नियुक्ति मिल गई। इस तरह पंडितजी से आगे सीखने का रास्ता भी खुल गया। आठ साल की नौकरी के बाद एन. राजम् ने भारतीय शास्त्रीय संगीत की हिंदुस्तानी और कर्नाटक प्रणालियों के तुलनात्मक अध्ययन में उसी विश्वविद्यालय से डॉक्टरेट की डिग्री भी प्राप्त कर ली।

सन् १९६० में श्रीमती एन. राजम् को आकाशवाणी के अखिल भारतीय संगीत कार्यक्रम में भाग लेने का अवसर मिला। फिर आकाशवाणी और दूरदर्शन पर अकसर उनके कार्यक्रम होने लगे। सन् १९६५ में अपने बड़े भाई, सुप्रसिद्ध वायलिन-वादक टी.एन. कृष्णन के साथ कर्नाटक युग-संगीत में भागीदारी की। विभिन्न कार्यक्रमों में भाग लेने के लिए सुप्रसिद्ध गायिका सुब्बलक्ष्मी के साथ भी जगह-जगह जाती रहीं और उनके साथ संगत करती रहीं। कई बार, कई जगह उस्ताद बिस्मिल्ला खाँ साहब के साथ शहनाई-वायलिन की जुगलबंदी भी की। पं. ओंकारनाथ ठाकुर के न रहने पर १९७२ में उनकी स्मृति में श्रीमती एन. राजम् ने 'ठाकुर स्मारक संगीत संस्था' की स्थापना की और इस संगीत साधना केंद्र के लिए धन एकत्रण हेतु बंबई व बनारस में कई संगीत सम्मेलनों का आयोजन किया।

अब तो श्रीमती एन. राजम् एक अंतरराष्ट्रीय ख्याति-प्राप्त वायलिनवादक हैं और कई सांस्कृतिक शिष्टमंडलों की सदस्या के नाते यूरोप, अमेरिका, रूस, चीन, जापान आदि देशों की यात्रा कर चुकी हैं। उनके वादन की मुख्य विशेषताएँ हैं— गायकी अंग, कर्नाटक व हिंदुस्तानी संगीत की दोनों प्रणालियों का समन्वय और दोनों में निपुणता के बाद अपनी विशेष शैली का विकास। वह जो भी बजाती हैं, वह वादन-शैली उनसे ही शुरू हुई है।

वायलिन-वाद्य पर उनका कहना है, ''वायलिन का वर्तमान रूप भले ही पाश्चात्य हो, यह वाद्य विदेशी नहीं है, भारत से ही विदेश गया है। दक्षिण भारत में बहुत पहले से

यह घर-घर में प्रचलित रहा और आज भी है। जो लोग वायलिन का इतिहास जानते हैं, वे इसे विदेशी वाद्य नहीं मानते, पर प्राचीन और इस रूप की, किसी वाद्य-यंत्र की किसी अन्य वाद्य-यंत्र से तुलना बेमानी है। सबकी अपनी-अपनी विशेषताएँ हैं। जरूरत है, इनकी आकृतियों, खूबियों और धुनों को बचाकर रखने की। वाद्य-यंत्रों और संगीत धुनों का व्यवसायीकरण नहीं होना चाहिए। उत्तर भारत में अभी वायलिन तकनीक शैशवावस्था में है, दक्षिण की तरह यहाँ भी इसका विकास होना चाहिए।''

वायलिन का गायकी अंग चूँकि एन. राजम् से ही शुरू हुआ है, इसपर उनकी राय पूछने पर उनका कहना था, ''वायलिन पर खयाल, ध्रुपद, ठुमरी, टप्पा, तराना आदि को सही-सही उतारना आसान नहीं, पर श्रम, लगन व साधना से ऐसा संभव है।''

वायलिन-वादन में बचपन से ही कई प्रतियोगिता-पुरस्कार और स्वर्ण-पदक प्राप्त करती आ रही एन. राजम् को १९६७ में 'सूर-सिंगार संसद्' की 'सुरमणि' उपाधि से विभूषित किया गया; १९८५ में राष्ट्रीय अलंकरण 'पद्मश्री' से। इसके बाद श्रीमती राजम् केंद्रीय संगीत नाटक अकादमी पुरस्कार से भी समादृत हुईं और सन् २००४ में 'पद्म भूषण' के राष्ट्रीय अलंकरण से भी। जिस बनारस हिंदू विश्वविद्यालय की वह छात्रा और लेक्चरर रहीं, उसने आगे चलकर उन्हें 'अमेरिट्स प्रोफेसर' का सम्मान देकर उनकी प्रतिभा पर अपनी मान्यता की मुहर भी लगाई।

नई पीढ़ी में साधना की लगन की कमी की शिकायत करते हुए भी श्रीमती एन. राजम् भारतीय शास्त्रीय संगीत (वादन सहित) के भविष्य के प्रति निराश नहीं हैं, पर उनकी राय में, ''संगीत की अनुभूति व शिक्षा घरेलू संस्कार से लेकर पाठशाला स्तर तक होनी चाहिए और होनहार कलाकारों को यहीं से पहचानकर आगे बढ़ाने की कोशिश होनी चाहिए। इस दिशा में हमारे समाज और शासन को अभी बहुत कुछ करना है। कोई कारण नहीं कि सभी देशों में जब संगीत व कला को प्रोत्साहन दिया जा रहा है, इनकी बहुत प्राचीन व समृद्ध परंपरावाले देश भारत में इन्हें गंभीरता से न लिया जाए।'' □

वरिष्ठ सितारवादिका : **कल्याणी राय**

सितार में गायकी अंग को महत्त्व देकर ध्रुपद जैसी कठिन शैली प्रस्तुत करनेवाली कल्याणी राय सितार-वादन के क्षेत्र में लगभग छह दशकों तक निरंतर छाई रहीं। फिल्म 'सुभाष चंद्र बोस' में उनका सितार-वादन था। सत्यजित राय की फिल्म 'चिड़िया घर' में एकाकी सितार-वादन के लिए उनका ही नाम चुना गया था। दूसरे वाद्य-यंत्रों के साथ जुगलबंदियाँ करने में भी उनका जवाब नहीं रहा।

कलकत्ता के एक रूढ़िवादी परिवार में जन्म लेकर भी गायन में कुशल माँ की प्रेरणा से कल्याणी ने संगीत के क्षेत्र में प्रवेश पा लिया था। माँ-बेटी की इच्छा देखकर पिता शेलेश्वर राय ने भी न केवल अनुमति दे दी थी, बल्कि आठ साल की कल्याणी इनायत खाँ घराने के गुरु एन.सी. गांगुली से विधिवत् प्रशिक्षण भी पाने लगी थी।

पाँच साल तक इस प्रारंभिक शिक्षा के बाद उस्ताद विलायत खाँ की तालीम शुरू हो गई और यह पूरे छह साल तक चली। सितार में निपुण होकर कल्याणीजी संगीत-सम्मेलनों, चर्चा-परिचर्चाओं में भाग लेने लगीं।

जब उन्हें भवानीपुर संगीत-सम्मेलन में 'स्वर-श्री' की उपाधि प्रदान की गई, तब उनकी उम्र मात्र १३ वर्ष थी।

इलाहाबाद से 'बी. म्युजिक' और 'संगीत प्रभाकर' करने के बाद कल्याणी राय तानसेन महाविद्यालय में संगीत शिक्षिका नियुक्त हुईं। इस औपचारिक शिक्षण कार्य के साथ निजी तौर पर वह अपनी कई शिष्याओं को विशेष प्रशिक्षण देती रहीं कि गुरु-शिष्य परंपरा ही संगीत-शिक्षण का उत्तम माध्यम है।

सन् १९४४ में उन्होंने आकाशवाणी पर अपना पहला कार्यक्रम दिया।

सन् १९४७ के 'तानसेन संगीत सम्मेलन' में उनका प्रथम सार्वजनिक कार्यक्रम हुआ और फिर आकाशवाणी पर तथा सम्मेलन-मंचों पर कार्यक्रम प्रस्तुत करने का यह सिलसिला चल पड़ा।

कल्याणी राय की तकनीक इनायत खाँ घराने की है, जिसमें गायकी अंग पर जोर दिया जाता है। राग का माधुर्य व सौंदर्य बनाए रखने में दक्ष कल्याणीजी के वादन में मींड के काम और जमजमा का प्रदर्शन अद्‌भुत होता है। राग का व्यवस्थित रूप प्रदर्शित करने की वह पक्षपाती हैं। उनके अनुसार, "आलाप, जोड़, झाला रबाब अंग में हों, राग का रूप पूरी तरह निखारा जाए, सपाट तान द्रुत गत में ली जाए और गत के अंत में झाला तालबद्ध हो तो ही वादन का पूरा आनंद मिलता है; किंतु इस सबके साथ तबलावादक की अच्छी संगत भी जरूरी है। सितारवादक और तबलावादक में परस्पर सुसंगति न होकर लड़ंत हो तो सारा आनंद ही फीका हो जाता है। अत: इस चयन व संगीत पर भी अवश्य ध्यान दिया जाना चाहिए।"

आलाप में गहराई और स्वरों की स्पष्टता कल्याणी राय के सितार-वादन की विशेषता है। उन्होंने टैगोर परिवार के ध्रुपद व अप्रचलित रागों का विस्तृत अध्ययन किया है और ध्रुवपद शैली को सितार पर सफलतापूर्वक उतारा है। उनके पास अप्रचलित रागों का अच्छा-खासा संग्रह है। इसलिए भी उनका वादन समृद्ध है।

कल्याणी राय की एक अतिरिक्त उपलब्धि है—वादन में जुगलबंदी। राधिका मोहन मैत्र और बहादुर खाँ (सरोद), बी.वी. जोग और एस.पी. रानडे (वायलिन), जे.पी. घोष (हारमोनियम), गौर गोस्वामी (बाँसुरी) के साथ सफल जुगलबंदियाँ पेश करके उन्होंने रिकॉर्ड बनाए हैं। कल्याणी राय के सितार-वादन के कई एल.पी. रिकॉर्ड भी बने, जिनकी अच्छी माँग रही। १९५५ से उनका जो विदेश-भ्रमण का सिलसिला शुरू हुआ, वह भी किसी रिकॉर्ड से कम नहीं—१९५८, १९६० में पाकिस्तान व बर्मा के संगीत-सम्मेलनों में, १९६३ में सोवियत संघ की यात्रा करके वहाँ वादन व भाषण के कई कार्यक्रम, १९६४ में भारतीय सांस्कृतिक शिष्टमंडल के साथ काबुल और नेपाल की यात्रा, इसके बाद यूरोप, अमेरिका की यात्राएँ। इस तरह यह वरिष्ठ सितारवादिका विगत ५५-६० वर्षों तक निरंतर भारतीय संगीत-जगत् में अपना डंका बजाए रहीं। देश-विदेश से उन्हें हजारों प्रशंसक मिले, प्रशंसा पुरस्कार भी। इसके बावजूद, इधर कुछ वर्षों से वह दृष्टि से ओझल हैं, लोग उन्हें भूल से गए हैं तो इसका कारण कहीं दूरदर्शन द्वारा उनकी उपेक्षा तो नहीं?

□

तबला-वादन की विशिष्ट प्रतिभा
आबान मिस्त्री

तबला-वादन में दिल्ली, फर्रुखाबाद, अड़ा, बनारस—इन घरानों की जानकारी रखनेवाली सुप्रसिद्ध तबलावादिका डॉ. आबान मिस्त्री इस क्षेत्र की एक जानी-मानी हस्ती हैं। इसलिए नहीं कि वे विगत पचास-पचपन साल से तबला-वादन में निरंतर सक्रिय हैं, इसलिए भी कि वे इस कला के सैद्धांतिक पक्ष की विदुषी हैं और प्रायोगिक पक्ष में भी वादन-लय की सूक्ष्म समझ रखती हैं। ये दोनों पक्ष मिलकर ही उनकी कला को विशिष्ट बनाते हैं।

'पखावज और तबला के घराने एवं परंपराएँ' शीर्षक उनका शोध-ग्रंथ (जिसपर उन्हें डॉक्टरेट मिली) इस कला का एक अमूल्य दस्तावेज है। संगीत-वादन पर उनके अध्ययनशील व विद्वत्तापूर्ण लेख भी विभिन्न पत्र-पत्रिकाओं में प्रकाशित होते रहे हैं। अपने क्षेत्र की इसी विशिष्टता के कारण उन्हें समय-समय पर 'संगीताचार्य', 'संगीत सेतु', 'ताल मणि', 'तबला भूषण' आदि अनेक उपाधियाँ एवं सम्मानों से सम्मानित किया गया।

संगीत को 'भावना की भाषा' कहनेवाली आबान मिस्त्री को संगीत का वातावरण बचपन से ही मिला। पिता वायलिनवादक, माँ गायिका और मौसी सितारवादिका। बालिका पर गायन-वादन के संस्कार पड़ने ही थे। फिर भी उस जमाने में, जब तबला-वादन पर पुरुषों का एकाधिकार था, आबान को इस क्षेत्र में आगे आने के लिए काफी जद्दोजहद करनी पड़ी। प्रवाह के विपरीत जाकर रूढ़ि-भंजन कोई आसान काम नहीं होता। आबान ने जब इस दुनिया में कदम रखा, तब महिलाओं को रूढ़ियों की तमाम जंजीरों ने जकड़ रखा था—तबले की तो बात ही क्या, संगीत सीखना भी संभ्रांत घरों की लड़कियों के लिए आसान न था। सीखने की इजाजत मिल भी जाती तो सार्वजनिक मंचों पर प्रदर्शन वर्जित था।

ऐसे वातावरण में पुरुष-प्रधान कला के किसी क्षेत्र में एक महिला को अतिरिक्त

योग्यता अर्जन के साथ, अतिरिक्त साहस का भी प्रदर्शन करना होता है। आबान मिस्त्री ने लगातार साधना और संघर्ष के साथ यह कर दिखाया तो देर-सवेर उनकी इस उपलब्धि को मान्यता मिलनी ही थी। फिर तो देश के मंचों से आगे जाकर इंग्लैंड, फ्रांस, जर्मनी, इटली, स्विट्जरलैंड आदि कई देशों में सफल प्रदर्शन कर उन्होंने अंतरराष्ट्रीय मंच पर भी अपनी प्रतिभा का लोहा मनवाया। आज वे देश-विदेश में पहचानी जानेवाली विशिष्ट तबला-प्रतिभा हैं।

डॉ. आबान मिस्त्री बताती हैं, ''मैंने गायन की शिक्षा प्रसिद्ध संगीतज्ञ पं. लक्ष्मण राव बोडस से, सितार की शिक्षा पं. जिजिना से, पखावज-वादन की शिक्षा पं. नारायण राव मंगलबेढेकर से और तबला-वादन की शिक्षा सुप्रसिद्ध तबला-वादक उस्ताद अमीर हुसैन खाँ से प्राप्त की। कुछ समय कथक नृत्य भी सीखा, पर बाद में लगा, हरफनमौला बनने के बजाय किसी एक क्षेत्र में विशिष्टता प्राप्त करनी चाहिए और मैंने तबला-वादन चुन लिया, यद्यपि इस कारण मुझे अनेकानेक प्रारंभिक बाधाओं को पार करने में बहुत परेशानियाँ झेलनी पड़ीं। पुरुष कलाकार मंच पर महिला तबलावादक को बरदाश्त करने को तैयार न थे। लेकिन मैंने चुनौती स्वीकार की। उनके पुरुष तबलावादकों से आगे निकलकर दिखाया और सफलता एवं मान्यता प्राप्त की। आज जिस मुकाम पर हूँ, उससे संतुष्ट हूँ। देश भर के संगीत-विद्वान् मुझे आदर-मान देते हैं और मेरी कला की सराहना करते हैं।''

डॉ. आबान मिस्त्री ने आर्थिक रूप से कमजोर शिष्यों को नि:शुल्क तबला-वादन सिखाने के लिए 'स्वर साधना समिति' की स्थापना की है। उनके कई शिष्य आज अच्छे तबलावादक हैं। उनकी समिति इस कला के प्रसार के लिए प्रतिवर्ष उत्कृष्ट कलाकारों का त्रिदिवसीय संगीत सम्मेलन आयोजित करती है। अखिल भारतीय बाल-किशोर संगीत सम्मेलन और गायन-वादन प्रतियोगिताएँ भी आयोजित की जाती हैं। ये सभी कार्यक्रम नि:शुल्क होते हैं। इतना ही नहीं, समिति प्रतिवर्ष दस प्रतिभाशाली छात्रों को छात्रवृत्ति देती है और इस अवसर पर मूर्धन्य कलाकारों का सम्मान भी करती है।

नई पीढ़ी के छात्र-छात्राओं के लिए उनका कहना है, ''घरानों का अपना महत्त्व है, पर किसी एक घराने तक सीमित न रहें, सबकी अच्छाइयाँ अपनाकर अपनी शैली विकसित करें। पर यह कला शास्त्रीय है, इसके शास्त्रीय नियमों का पालन करते हुए ही विधिवत् तबला बजाना चाहिए। मनमाने प्रयोग नहीं किए जाने चाहिए, न ही कला-साधना को हलके स्तर पर लिया जाना चाहिए। किसी की नकल भी ठीक नहीं, अपनी मौलिक पहचान बनाएँ। शास्त्रीय पक्ष को गंभीरता से न लेने के कारण ही बहुत सी बंदिशें लुप्त होती जा रही हैं, जिन्हें बचाना जरूरी है। हर समृद्ध विरासत संरक्षण की अपेक्षा रखती है। तबला इसका अपवाद नहीं। इसके शास्त्रीय पक्ष की रक्षा करना हमारा कर्तव्य है।'' □

भारत की पहली शहनाईवादिका
बागेश्वरी देवी

बागेश्वरी देवी भारत की पहली महिला शहनाईवादक ही नहीं, एकमात्र ऐसी महिला भी हैं, जो इस कठिन वाद्य को बजा रही हैं। भारत से बाहर भी अंतरराष्ट्रीय मंचों पर अपनी शहनाई की धूम मचानेवाली बागेश्वरी ने सिद्ध कर दिया कि कला का कोई भी क्षेत्र आज महिला-स्पर्श से अछूता नहीं है।

बागेश्वरी सात-आठ साल की छोटी उम्र से शहनाई बजा रही हैं। यह अलग बात है कि पहले पिता की अनुमति न मिलने से वह लुक-छिपकर बजाती रहीं। उनके पिता जगदीश प्रसाद कँवर उस्ताद बिस्मिल्ला खाँ के प्रमुख शिष्यों में से एक हैं। इसलिए घर में सुबह-शाम रियाज चलती थी। उनके शिष्यों को शहनाई बजाते देखकर बागेश्वरी भी शहनाई सीखने के लिए लालायित हो उठीं। पिता उसे सिखाने के लिए किसी भी तरह तैयार नहीं होंगे, यह जानकर उसने माँ का आँचल पकड़ा। बेटी का हठ देखकर माँ को भी झुकना पड़ा। माँ ने उसके हाथों में शहनाई तो दे दी, पर कहा, 'जब पिता घर में न हों, तभी बजाना।' माँ अपने पति के विचार जानती थी कि शहनाई बजाना लड़कियों के वश की बात नहीं है, इसके लिए बहुत सारी ऊर्जा चाहिए। बागेश्वरी ने माँ की बात मान ली और पिता की अनुपस्थिति में रियाज करती रही।

संयोग से एक दिन जब वह शहनाई बजा रही थी, पिता अचानक घर आ गए। पूछा, 'कौन बजा रहा है?' पत्नी से पता चलने पर वे क्रोधित नहीं, प्रसन्न हुए और आश्चर्यचकित भी कि 'अरे, बागेश्वरी शहनाई बजा लेती है!' और फिर चाह के लिए राह खुल गई। पिता ने बागेश्वरी को बुलाकर कहा, "बजाना चाहती हो तो कायदे से सीखो और बजाओ। गुरु बिना ज्ञान नहीं आता। पर तुम जानती हो, मैं इसके पक्ष में नहीं हूँ कि लड़कियाँ शहनाई बजाएँ। कैरियर रूप में इसे अपनाना तो बहुत कठिन काम है।" बागेश्वरी का उत्तर था, "पिताजी, आज जब लड़कियाँ पुलिस अफसर बन रही हैं, हवाई जहाज उड़ा रही हैं, तब अपनी इच्छा से शहनाई क्यों नहीं सीख-बजा सकतीं?" पिता

निरुत्तर हो गए और उन्होंने बागेश्वरी को अपने शिष्यों में शामिल कर लिया।

फिर भी उनके मन में संकोच बना रहा। सन् १९७८ में जब उनके उस्ताद बिस्मिल्ला खाँ दिल्ली आए तो उनसे इजाजत लेकर ही बागेश्वरी के पिता जगदीश प्रसाद कँवर ने अपनी पुत्री को अपने साथ कार्यक्रमों में ले जाना शुरू किया। सन् १९८३ में बागेश्वरी ने अपना एकल कार्यक्रम दिया, प्रसिद्ध गायिका शन्नो खुराना द्वारा आयोजित कार्यक्रम 'भैरव से सोहनी' के मंच पर, जिसमें केवल महिला कलाकारों की भागीदारी थी और सभी साज स्त्रियाँ ही बजा रही थीं। बागेश्वरी देवी ने 'मियाँ की तोड़ी' राग बजाया। वहीं चंडीगढ़ की संस्था 'कला दर्पण' के संयोजक उपस्थित थे। उन्होंने अपनी संस्था की ओर से भाग लेने के लिए बागेश्वरीजी को आमंत्रित किया, और फिर बाहर के मंचों के लिए भी राह खुल गई। जालंधर के कार्यक्रम में बागेश्वरी देवी को 'शहनाई क्वीन' की उपाधि दी गई। इसके बाद तो बागेश्वरी देवी के कार्यक्रम यहाँ-वहाँ लगभग नियमित होने लगे। स्वामी हरिदास संगीत सम्मेलन में उन्हें 'स्वर मणि' की उपाधि से भी विभूषित किया गया।

अपने प्रथम एकल कार्यक्रम का अनुभव बताते हुए वह कहती हैं, "उस दिन मेरी परीक्षा की घड़ी थी। बचपन से तब तक सीखी और साधी गई अपनी कला को दर्शकों के बीच परखना था। कार्यक्रम सफल रहा। देर तक बजती तालियों ने मेरा हौसला बढ़ाया और मुझे लगा, मैंने ढंग से बजाने की अपने पापा की चाहत पूरी कर दी है। आज भी मैं उन रोमांचक क्षणों की याद से अभिभूत हो उठती हूँ और मेरी आँखें नम हो जाती हैं। शहनाई बजाना हो या अन्य कोई कला, यह ईश्वरीय देन होती है, जिसे गुरु सँवारकर गीत और प्रगति देता है। सौभाग्य से मेरे पिता और गुरु, दोनों एक ही हैं। बहुत कम कलाकारों को इस तरह पिता का निर्देशन, संरक्षण और उस्ताद बिस्मिल्ला खाँ जैसे महान् कलाकार का आशीर्वाद मिलता है। उस्ताद खाँ साहब ने मेरे लिए कहा था, 'यह लड़की अगर ईमानदारी से, सच्चाई से, लगन से इसी तरह सुर लगाती रही तो एक दिन शहनाई-वादन में ऊँचाई पर पहुँचेगी।' उन्हीं का आशीर्वाद है कि आज मुझे शहनाई को अपने देश की ओर से विश्व मंचों पर पहुँचाने का गौरव प्राप्त हुआ है।"

यहाँ तक पहुँचने में बागेश्वरी देवी को एक दशक का समय लगा; पर आज विश्व मंचों पर उनकी शहनाई की धूम मची हुई है। सन् १९८८ में मास्को में आयोजित 'भारत महोत्सव' में उनकी भागीदारी को लेकर उन्हें भरपूर सराहना व प्रसिद्धि मिली थी। इसके बाद ८ मार्च, २००१ को 'अंतरराष्ट्रीय महिला दिवस' के अवसर पर राष्ट्रीय महिला आयोग ने विज्ञान भवन, नई दिल्ली के विशाल मंच पर उनका कार्यक्रम आयोजित किया था और मीडिया ने उसे खूब प्रचारित किया था। यह उनकी मान्यता व पहचान के लिए नई उपलब्धि थी। फिर तो उनके पिता को भी मानना पड़ा कि शहनाई-वादन केवल पुरुषों का ही एकाधिकार नहीं है। लड़कियाँ भी इसे सीखकर बखूबी बजा सकती हैं। □

हिंदी फिल्मों की अमर गायिका
लता मंगेशकर

लता मंगेशकर, जिन्हें ७ मई, १९९० को फिल्म-जगत् के सर्वोच्च पुरस्कार 'दादा साहब फाल्के पुरस्कार' से सम्मानित किया गया; १९९८ में 'पद्मभूषण' के उच्च अलंकरण के बाद २००१ में सर्वोच्च नागरिक सम्मान 'भारत रत्न' से भी अलंकृत किया गया, का नाम आज सुगम संगीत व फिल्म संगीत का पर्याय या कहें एक मिथक बन चुका है। उनकी आवाज सुर-लय-ताल में बँधी एक मीठी आवाज ही नहीं, एक अलग तरह की, खास किस्म की पुरजोर आवाज भी है, जो सरल और जटिल गायन, मंद और उच्च स्वर, लघु स्वर और शास्त्रीय संगीत के-से दम पचाते लंबित स्वर, सभी स्वरों को समान सहजता के साथ साध लेती हैं, तभी तो उन्हें 'स्वर सम्राज्ञी' कहा जाता है।

लता का नाम भारतीय फिल्म संगीत के साथ कुछ इस कदर जुड़ गया है कि उनके समक्ष अन्य कोई नाम ठहरा ही नहीं, उनकी बहन और सिद्ध गायिका आशा भोंसले सहित कितने ही नाम और स्वर उभरे और जमे, पर उनके बराबर उन्हें नहीं रखा गया। एक लंबे समय तक लता की आवाज का सिक्का कुछ ऐसा चला कि जिस फिल्म में लता का गीत नहीं रहता था, दर्शकों को उसमें कुछ अभाव सा खटकता था, आज भी इस स्थिति में विशेष अंतर नहीं आया है। कारण, लता एक ऐसा साधक नाम है, जो स्वर साधते-साधते स्वयं स्वर ही बन चुका है। चार दशकों से भी अधिक समय से बहती यह अजस्र धारा अब तक पच्चीस हजार से अधिक गीतों से जन-मन को सराबोर

कर चुकी है। भिन्न-भिन्न सुरों में सजे, अनेक रागों में बँधे और सत्रह भाषाओं में पिरोए लता के गीतों के रिकॉर्ड टोकियो से तेहरान और मुंबई से बैंकॉक तक प्रतिदिन लाखों व्यक्तियों द्वारा सुने और गुनगुनाए जाते हैं। उन्हें अपने प्रशंसकों से प्राप्त पत्रों का दैनिक औसत सौ तक पहुँचता रहा है, इससे भी उनकी लोकप्रियता का अनुमान लगाया जा सकता है। तभी तो पुरस्कार-प्राप्ति के शीघ्र बाद दूरदर्शन के अपने दर्शकों के सामने उन्होंने कहा था, ''यह सब आप लोगों के प्रेम का ही प्रतिफल है।''

लता मंगेशकर के संगीत-जीवन की रजत जयंती के अवसर पर समारोह के अध्यक्ष डॉ. सी.डी. देशमुख ने उन्हें 'भारतीय पार्श्व गायन की सम्राज्ञी' कहकर संबोधित किया था। प्रसिद्ध अभिनेता दिलीप कुमार के अनुसार, ''इस सुविख्यात गायिका ने हजारों प्रेमियों के दिल जीतकर उन्हें असीम आनंद और आध्यात्मिक संतोष प्रदान किया है।'' लताजी का जीवन है ही आंतरिक आनंद और आध्यात्मिक संतोष का प्रतीक। अपनी श्वेत धवल वेशभूषा, सादगी और मीठी जबान से उन्होंने भारतीयता के प्रति अपने गहरे लगाव को सिद्ध किया है और अपने लोकप्रिय व्यक्तित्व द्वारा लाख-लाख लोगों के हृदयों पर शासन किया है।

गोवा के मंगेशी गाँव में २८ सितंबर, १९२९ को जनमी लता के विकास के लिए वहाँ की कला-संगीत की उपजाऊ भूमि विशेष सहायक सिद्ध हुई। संगीत वहाँ धार्मिक भावनाओं का और समर्पण का प्रतीक माना जाता है। प्रातः सोकर उठते समय, घर में, खेत में काम करते समय, अवकाश के समय गोवानी लोग प्रायः संगीत के सुर-ताल में मग्न रहते हैं। मंदिरों और भोजनालयों में साजों की स्वर-लहरी पर उनके पाँव थिरकते मिलेंगे। ऐसे वातावरण में एक गरीब पुजारी परिवार में जनमी लता को संगीत विरासत में मिला। दादा संगीतज्ञ थे। पिता मास्टर दीनानाथ विनायक मराठा रंगमंच और संगीत के एक अग्रणी कलाकार थे। मास्टर विनायक अमर गायक सहगल के दीवाने थे। लता को भी वे सहगल के गाने सुनवाया करते थे। अभिनय और शास्त्रीय संगीत बालिका लता ने अपने पिता से ही सीखा। मास्टर दीनानाथ विनायक जीवन भर मराठी रंगमंच के विकास में लगे रहे। अभिनय और संगीत को उन्होंने कला-साधना के रूप में ही लिया, इससे धन कमाने की चिंता नहीं की। यही कारण था कि १९४२ में उनकी मृत्यु के बाद परिवार आर्थिक संकट से घिर गया और चौदह साल की किशोरी लता पर चार छोटे भाई-बहनों के भरण-पोषण का भार आ पड़ा।

घर-खर्च चलाने के लिए लता ने मराठी फिल्मों में अभिनय और पार्श्व गायन शुरू किया। तत्कालीन प्रसिद्ध मराठी अभिनेता और निर्माता मास्टर बाबूराम विनायक ने लता को भरपूर सहयोग दिया। सन् १९४३-४७ में उनके हर चित्रपट में लता ने गाया

और अभिनय किया। फिर बाबूराम विनायक भी चले गए और लता मंगेशकर फिर संघर्ष में फँस गईं, लेकिन तब तक वह परिस्थिति को झेलने में समर्थ हो चुकी थीं। केवल पार्श्व गायन के रूप में उनकी पहली फिल्म आई 'आपकी सेवा में'। पर इससे संघर्ष का अंत नहीं हो गया, बल्कि आरंभ हुआ। उनकी आवाज पतली और चीखती हुई करार दी गई। शशिधर मुखर्जी ने इस आवाज को अस्वीकृत कर दिया, तब विख्यात संगीत निर्देशक गुलाम हैदर ने मुखर्जी से कहा, "आप गलती पर हैं। इस आवाज को जरा निखार देकर देखिए, यही कल को गजब ढाएगी।" संगीत निर्देशक नौशाद यह बात सुन रहे थे। उन्होंने नोट किया और लता को बुलवा भेजा। इस तरह संघर्ष के आरंभ में ही राह भी निकल आई। शायद लताजी के भाग्य ने भी जोर मारा और भविष्य की इस संभावना को बुझने से पहले ही पहचान लिया गया।

पहली बार जब लताजी नौशाद के यहाँ पहुँचीं, तब जोरदार बारिश हो रही थी और फटे-पुराने छाते के कारण वह काफी भीग गई थीं। फिर भी उन्हें समय पर उपस्थित देखकर तथा उनके फटे छाते, टूटी चप्पल और सस्ती सूती साड़ी पर निगाह डालकर वे स्थिति भाँप गए। पूछा, "बहुत भीग गई हो?" बिना किसी छिपाव-दुराव के सहज उत्तर आया, "हाँ, घर से स्टूडियो तक पैदल ही आना पड़ा है इसलिए।" छोटा सा सीधा-सादा उत्तर, पर कितना कुछ कह गया। निर्भीकता और आत्मविश्वास से भरा यह उत्तर सुनकर नौशाद चकित रह गए। गरीब लिबास में छिपी प्रतिभा पहचान ली गई और लता को काम मिलना शुरू हो गया। लगभग हमउम्र लता और किशोर ने अगली बार साथ-साथ स्टूडियो में प्रवेश किया। लता आगे जा रही थीं, किशोर पीछे-पीछे। घबराकर लता रिकॉर्डिंग-रूम में घुस गईं और सचिव देव बर्मन से बोलीं, "कोई युवक मेरा पीछा कर रहा है।" बर्मन ने देखा तो हँस दिए, "अरे, यह तो किशोर कुमार है, तुम्हारे साथ गाया करेगा।" बाद में तो लता उन्हें दादा कहती थीं और किशोर कुमार उन्हें दीदी। दोनों ने कई गाने साथ-साथ गाए।

'चाँदनी रात' के गीतों के लिए अनुबंध हुआ। यह लताजी का हिंदी फिल्मों में प्रथम प्रवेश था। रिकॉर्डिंग के लिए आवाज पतली घोषित की गई, पर इससे लताजी निराश नहीं हुईं। उन्हें अपनी साधना पर भरोसा था तो नौशादजी को उनकी प्रतिभा पर। जमकर मेहनत की, कराई गई और स्वर निखरता चला गया। फिर तो जो क्रम चला, वह कभी थमा नहीं और देखते-देखते एक नाम फिल्म उद्योग के साथ-साथ लोगों के दिलों पर भी छाता चला गया। आज तो किसी ऐसे भारतीय का नाम लेना कठिन होगा, जो यह नाम न जानता हो। ठेठ आंचलिक देहाती आदमी से पूछो तो वह भी कहेगा, "हाँ, हम जानत हैं, जे लता बाईजी गावत हैं।" क्या यह पुरस्कार किसी 'पद्म भूषण' या 'फाल्के पुरस्कार' से भी बड़ा नहीं?

पर यहाँ तक पहुँचने में लताजी को क्या-क्या सहना पड़ा, कितना-कितना श्रम करना पड़ा, यह अपने आप में एक अलग कहानी होगी।

'मधुमति' के एक गीत पर लता मंगेशकर को 'फिल्म फेयर पुरस्कार' मिला था। 'बीस साल बाद' फिल्म के 'कहीं दीप जले कहीं दिल' गीत पर उन्हें १९६२ में पुनः इस पुरस्कार से सम्मानित किया गया। फिल्म 'खानदान' के एक गीत पर १९६६ में तीसरी बार भी। इसके बाद तो दिनोदिन बढ़ती उनकी लोकप्रियता के साथ ही उन्हें मिलनेवाले पुरस्कारों-सम्मानों की संख्या भी बढ़ती गई—सर्वोच्च राष्ट्रीय अलंकरण 'सुर-सम्राज्ञी' की उपाधि और 'दादा साहब फाल्के पुरस्कार' उनकी षष्ठिपूर्ति पर उन्हें 'संगीत नाटक अकादमी की फैलोशिप' भी प्रदान की गई। लगभग हर राष्ट्रीय महत्त्व के अवसर पर उन्हें सम्मान के साथ बुलाया जाता रहा है और वह गाती रही हैं। चाहे 'ऐ मेरे वतन के लोगो, जरा आँख में भर लो पानी, जो शहीद हुए हैं उनकी जरा याद करो कुरबानी' हो या 'सत्यमेव जयते' जैसे राष्ट्रीय आमुख गीत।

पर लता मंगेशकर मूलतः धार्मिक हैं। अपनी गायन-प्रतिभा को, अपनी हर सफलता को वह भगवान् की देन मानती हैं और अपने हर काम को पूजा-भाव से ग्रहण करती हैं। उनका पूरा परिवार नियमित रूप से मंदिर जाकर पूजा-उपासना करता है। उनके अनुसार, "भगवान् तक पहुँचने के लिए संगीत से बढ़कर दूसरा कोई माध्यम नहीं।" इसलिए जब वह गाती हैं तो उनके पैर में चप्पल नहीं होतीं, चाहे वह लंदन की सर्दी में विदेशी भूमि पर ही क्यों न खड़ी हों। पर धार्मिक गायन में उनके लिए हिंदू, सिख, मुसलिम, ईसाई का कोई भेदभाव नहीं। वह सभी धर्मों के गीत, भजन समान उत्साह से और पूरी श्रद्धा से गाती हैं। उनके विचार में भगवान् एक हैं, पूजा-पद्धति चाहे जो हो। हिंदुस्तान और पाकिस्तान ने कितने ही सीमा-युद्ध लड़े हों, लताजी के गीत सीमा के इस पार और उस पार समान रुचि से सुने जाते हैं। पाकिस्तानी बाशिंदे भी उनके गानों के उतने ही शौकीन हैं, जितने भारतीय जन। उन्हें विश्वास है कि अंततः ये कृत्रिम दीवारें एक दिन ढहकर रहेंगी। एक मानव-धर्म और उसे मुखरित करनेवाले संगीत, साहित्य, कला, अध्यात्म, दर्शन ही मनुष्य को जोड़ने का काम करेंगे।

आज के फिल्मी गीत-संगीत से लताजी असंतुष्ट ही नहीं, क्षुब्ध भी हैं। "अब्बल दर्जे के संगीतकार अब हमारे बीच रहे भी कहाँ? संगीत अनुभूति भी जैसे मशीनी बन गई है। संगीतकार, गायक कोई भी तो संगीत को, गायन को सृजनात्मक रूप में नहीं ले रहा है। हमने तो अच्छा गाने के लिए जीवन खपा दिया, खूब-खूब मेहनत करके। अब 'रेडीमेड' धुनों पर गाए जानेवाले गीत बिकाऊ तो हो सकते हैं, टिकाऊ नहीं। शायद इसीलिए पिछले कुछ वर्षों से लताजी ने फिल्मों में गाना कम कर दिया है। उन्हें

पुरस्कार प्रदान करते समय राष्ट्रपति श्री वेंकटरमन ने फिल्मकारों से अपील की थी कि वे फिल्मों को हिंसा व अश्लीलता के जाल से मुक्त करें। निर्माण की ओर कदम बढ़ानेवाली लता मंगेशकर से भी हम सबकी यही अपेक्षा है। लताजी राज्यसभा की सम्मानित सदस्य भी रही हैं। आशा है, वे फिल्म और कला क्षेत्र के लिए प्रेरणास्रोत बनी रहेंगी।

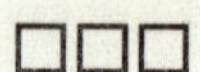